복음 제자 소명 시리즈 ②

토라 출애굽기, 레위기로 배우는

# 복음 제자 소명

배성환 지음

기독교문서선교회

**기독교문서선교회**(Christian Literature Center: 약칭 CLC)는 1941년 영국 콜체스터에서 켄 아담스에 의해 시작되었으며 국제 본부는 미국 필라델피아에 있습니다.
**국제** CLC는 59개 나라에서 180개의 본부를 두고, 약 650여 명의 선교사들이 이동도서차량 40대를 이용하여 문서 보급에 힘쓰고 있으며 이메일 주문을 통해 130여 국으로 책을 공급하고 있습니다.
**한국** CLC는 청교도적 복음주의 신학과 신앙서적을 출판하는 문서선교 기관으로서, 한 영혼이라도 구원되길 소망하면서 주님이 오시는 그날까지 최선을 다할 것입니다.

# Exodus & Leviticus, the Great Message to the Christian
# - Gospel, Disciple, Calling

*Written by*
Pae, Sung Hwan

Korean Edition

Copyright ⓒ 2018 by Christian Literature Center

Seoul, Korea

## 추천사 1

**박영호** 박사
기독교문서선교회(CLC) 대표
전 한국성서대학교 실천신학 교수

 본서는 배성환 목사님의 "복음 제자 소명 시리즈" 제2권으로 사도적 신앙과 실천, 즉 복음, 제자, 소명에 관한 가르침인데, 토라(모세오경) 말씀을 통해 복음, 제자, 소명의 가치를 깨닫고 예수님을 닮아 가도록 안내합니다. 저자 배성환 목사님은 목회지인 성남산성교회에서 "세상을 생명의 빛으로, 열방을 그리스도께로, 성도를 순결한 그리스도의 신부된 교회로"라는 표어로 목회사역에 전념하고 있는데, 이 교회에서 주일마다 선포한 강해설교는 뛰어나고 신선한 메시지들입니다. 본서는 이 강해설교의 모음집인데, 시내산에서의 가르침인 토라, 성막, 제사, 정결과 거룩함을 통해 은혜언약의 복음을 깨닫고 제자가 되어 소명을 따르는 삶을 가르칩니다.

 저자는 유대인들이 안식일마다 회당에서 토라를 읽는 순서에 따라 성도들이 한 주간 토라를 읽도록 시킵니다. 이러한 언급이 모든 설교의 서두 부분에 등장합니다. 그뿐만 아니라 저자의 설교 본문도 그 주에 성도들이 읽을 토라의 본문 가운데서 선택합니다.

이러한 본서의 설교의 특징은 다음과 같습니다.

**첫째,** 본문을 해석함에 있어서 히브리어 원어의 문자적 의미를 구속사적 관점에서 해석하여 생명력 있는 메시지를 도출합니다. 따라서 거룩한 '메시아 프로그램'(messiah program)이 중심이 되어 거룩한 그리스도의 피로 맺은 약정이 흐르고 있으며, 때로 매우 독창적이고 통찰력 있는, 순수하고 깨끗한 의미와 해석이 등장합니다.

**둘째,** "복음 제자 소명 시리즈"라는 이름에서 알 수 있듯이 성도들의 청교도 신앙과 실천적 삶을 강조합니다. 특히 이번 설교집은 출애굽기와 레위기를 본문으로 한 설교들인데, 위의 같은 설교적 특징이 각종 율법 규례를 해석하는 데도 나타나서, 성도들이 이 땅에서 은혜언약의 복음을 믿고, 제자가 되어, 소명에 따라 사는 삶을 사는 데 매우 유익한 메시지를 제시하고 있습니다.

**셋째,** 불타는 논리적(logic on fire) 메시지로 성도들의 삶의 변화를 가져오며, 예수 그리스도의 보좌로 인도하여 그 궁극적인 영화에 참여하도록 안내합니다.

본서는 제1부 출애굽기, 제2부 레위기, 제3부는 더 묵상하기로 구성되어 있습니다. 이 귀한 시리즈가 계속 출간되기를 바라며, 특히 신학도들과 한국 교회 성도님들에게 강력히 추천합니다.

# 추천사 2

**마이클 조** 선교사
IM 선교회 대표

모세는 왜 창세기를 기록해야 했을까요?

바로 출애굽기의 이야기를 하기 위해서입니다. 이스라엘 백성이 이집트에서 구원받은 일은 이스라엘 백성뿐만 아니라 온 인류에게 의미가 있습니다. 지난 번에 『토라 창세기로 배우는 복음 제자 소명』의 출간을 기뻐하며 성경 66권 모두 "복제소"(복음 제자 소명)로 배울 수 있게 되기를 바랐는데 이렇게 『토라 출애굽기, 레위기로 배우는 복음 제자 소명』을 맞이하게 되어 기쁨이 배가 됩니다.

출애굽기야말로 구약 "복제소"의 원형을 보여줍니다. 이스라엘 백성은 복음, 제자, 소명을 위하여 선택되었습니다. 유월절만큼 예수 그리스도의 복음을 선명하게 드러내 주는 것이 없고, 십계명만큼 제자도를 드러내 주는 것이 없으며, 성막만큼 소명을 드러내 주는 것이 없습니다.

"복제소"의 발전을 위해 기꺼이 말씀을 연구하고 전파하는 수고를 아끼시지 않으시는 배성환 목사님의 열정에 감사드립니다. 하나님의 은혜

가 목사님의 사역과 성남산성교회 위에 항상 함께하기를 소망하며, 동시에 『토라 출애굽기, 레위기로 배우는 복음 제자 소명』을 통해 출애굽기와 레위기가 오늘날 한국의 그리스도인들의 삶 가운데 깊이 심겨지기를 바랍니다.

## 저자 서문

**배성환 목사**
성남산성교회 담임

　사도 바울은 다메섹에서 예수님을 만난 후 즉시 '예수님은 하나님의 아들이며 그리스도'라는 복음을 증언하였습니다(행 9:20, 22). 바울은 예수님을 만나고 복음의 일꾼이 되어(골 1:23) 은혜의 복음을 증언하는 일을 마치기 위해서는 생명조차 조금도 귀한 것으로 여기지 않았습니다(행 20:24). 바울은 받은 복음을 전하였는데(고전 15:1-3), 그 복음은 구약 성경인 모세의 율법과 선지자의 글에 이미 기록되었고(행 28:23; 행 17:2) 바울은 그것을 풀어 강론하였습니다. 신약에만 예수 그리스도에 관한 복음이 기록된 것이 아니라 율법과 선지자의 글과 시편(눅 22:44; 요 5:39)에도 예수 그리스도에 대한 복음이 가득합니다.
　모세 율법인 토라 속에 보석처럼 숨겨져 있는 복음을 캔다는 것은 감격적이고 행복한 일입니다. 『토라 창세기로 배우는 복음 제자 소명』을 출판한 후 많은 분들이 읽고 격려해 주셔서 『토라 출애굽기, 레위기로 배우는 복음 제자 소명』을 출판할 용기를 얻었습니다.

출애굽기의 히브리어 성경 이름은 '이름들'(셰모트, שמות)입니다. 출애굽기 1장에는 이스라엘의 아들 12명의 이름이 나오고, 70명의 가족이 애굽에 이르러 생육하고 번성하여 온 땅에 가득하게 되었다는 내용이 있습니다. 놀랍게도 예수님도 12명의 제자들을 부르시고 70명의 전도 제자들을 각 지역으로 보내시기 시작하셨습니다. 예수님은 복음을 전하는 제자들이 소명에 충실하면 장차 온 땅에 복음이 전파되어 하나님의 나라가 겨자나무처럼 자란다고 하셨습니다. 출애굽으로 시작된 광야의 여정은 복음을 전하는 소명을 감당하는 우리들에게 큰 은혜가 되고, 율법과 규례는 복음을 전하는 제자들이 어떻게 살아야 하는지의 지침이 되며, 하나님께서 거하시는 성막은 큰 위로가 됩니다.

레위기의 히브리어 성경의 이름은 그리고 '그가 부르시다'(봐이크라, ויקרא)입니다. 하나님께서 부르신 목적은 무엇이며 소명 받은 자로서 어떻게 살아야 하는지에 대한 가르침은 은혜가 됩니다.

회당에서 성경을 읽는 순서에 따라 성남산성교회에서 토라의 가르침을 나누면서 받은 은혜와 행복은 이루 말할 수 없습니다. 토라의 말씀을 통해 큰 은혜를 주신 하나님께 영광을 돌리고, 함께 주님의 몸된 교회를 섬기는 장로님들과 모든 교우들께 감사를 드립니다. 그리고 본서를 출판하는 데 수고해 주신 CLC(기독교문서선교회)의 박영호 목사님과 직원들께 감사드립니다.

# 목차

◆ 추천사 1 박영호 박사 | 기독교문서선교회(CLC) 대표,　　　　　4
　　　　　　전 한국성서대학교 실천신학 교수
◆ 추천사 2 마이클 조 선교사 | IM 선교회 대표　　　　　　　6
◆ 저자 서문 배성환 목사 | 성남산성교회 담임　　　　　　　　8

## 제1부 출애굽기

1장  이름들이라(출 1:1-7)　　　　　　　　　　　　　14
2장  나타나셨던 하나님(출 6:1-9)　　　　　　　　　　27
3장  들어가서 이르라(출 10:1-11)　　　　　　　　　　43
4장  바로가 보내다(출 13:17-22)　　　　　　　　　　54
5장  이드로(출 18:1-12)　　　　　　　　　　　　　　66
6장  판결 규례라(출 21:1-11)　　　　　　　　　　　　77
7장  예물(출 25:1-9)　　　　　　　　　　　　　　　　90
8장  너는 명령하라(출 27:20-21)　　　　　　　　　　101
9장  수효를 조사하라(출 30:11-16)　　　　　　　　　111
10장 회중을 모으라(출 35:1-9)　　　　　　　　　　　124

## 제2부  레위기

11장  여호와께서 부르시다(레 1:1-9)  138
12장  명령하여 이르라(레 6:8-13)  150
13장  여덟째 날에(레 9:1-7)  162
14장  여인이 임신하여(레 12:1-5)  171
15장  죽은 후에(레 16:1-5)  184
16장  제사장들에게 말하라(레 21:1-9)  197
17장  시내산에서(레 25:1-5)  208

## 제3부  더 묵상하기

18장  유월절 - 종려주일(고난주일, 출 12:1-14)  223
19장  갈라진 홍해로 걸어가기(출 14:19-21)  235
20장  광야의 시험에서 승리하기(출 16:1-4)  238
21장  말씀을 행하고 듣기(출 24:1-11)  242
22장  예수님을 모시는 성전 만들기(출 25:1-9)  245
23장  순수한 기름 만들기(출 27:20-21)  249
24장  주님만을 원합니다(출 33:1-11)  253
25장  영광이 임하다(출 40:17-38)  258
26장  오메르(레 23:9-22)  260
27장  제사장의 옷(레 16:1-5)  263

◆ 부록 ◆

1. IM 선교회 소개　　　　　　　　　　　　　　267
2. 트리플 스쿨 MAP　　　　　　　　　　　　　269
3. 안식일 회당에서 토라 읽기 순서　　　　　　270


토라 출애굽기, 레위기로 배우는
**복음 제자 소명**

# 제1부

# 출애굽기

1장 이름들이라(출 1:1-7)

2장 나타나셨던 하나님(출 6:1-9)

3장 들어가서 이르라(출 10:1-11)

4장 바로가 보내다(출 13:17-22)

5장 이드로(출 18:1-12)

6장 판결 규례라(출 21:1-11)

7장 예물(출 25:1-9)

8장 너는 명령하라(출 27:20-21)

9장 수효를 조사하라(출 30:11-16)

10장 회중을 모으라(출 35:1-9)

# 1장

## 이름들이라
(출 1:1-7)

히브리어 성경은 창세기, 출애굽기, 레위기라는 이름이 없습니다. 이런 이름은 히브리어 성경을 헬라어로 번역한 70인역(Septuagint)에서 시작되었습니다. 히브리어 성경의 이름은 각 성경의 1장 1절에 나오는 단어 중에 있습니다. 창세기는 태초(베레쉬트, בראשית)이고 출애굽기는 이름들(쉐모트, מות ש)입니다. 창세기가 태초에 하나님께서 천지를 창조하시는 일부터 시작한다면 출애굽기는 언약 백성들의 뿌리인 조상들의 이름부터 시작합니다.

이름(셈, שם)이라는 의미의 히브리어를 거꾸로 쓰면 모세(모세, משה)입니다. '그의 이름을 모세'(세모 모세, שמו משה)라고 했습니다(출 2:10). 출애굽기는 12지파로 구성된 언약 백성의 뿌리가 되는 야곱의 12명 아들들의 이름을 기록하면서 그들을 애굽에서 구원하는 구원의 중보자 이름을 암시하고 있습니다.

'모세'(משה)를 발음할 때 모세 뒤에 소리가 거의 들리지 않는 묵음이 하나(흐, ה) 있습니다. 들리지 않는 묵음까지 합쳐서 모세 이름을 거꾸로 쓰면 정관사(하, ה)가 있어 바로 '그 이름'(하셈, השם)이 됩니다. 온 세상을 구원하는 유일한 그 이름이 바로 예수님입니다. '예수'(예수아, ישוע)라는 이름은 '여호와(יהוה)는 우리의 구원자(야샤, ישע)'라는 뜻입니다. 우리를 죄와 사망과 저주에서 구원할 바로 그 이름은 예수님입니다. 예수님께서 이 땅에 오실 때 천사장 가브리엘을 통해서 계시되기도 했습니다.

> 아들을 낳으리니 이름을 예수라 하라. 이는 그가 자기 백성을 그들의 죄에서 구원할 자이심이라 하니라(마 1:21).

예수님께서 구원자로서 자기 백성을 죄에서 구원하시기 위해 오셨습니다. 출애굽은 예수님께서 오시기 1,500년 전에 일어난 사건이지만 구원자 되시는 예수님을 예시(豫示)적으로 보여 줍니다. 출애굽기를 통하여 예수님께서 어떻게 우리를 구원하시는지를 배울 수 있습니다.

이번 주에 읽을 토라의 말씀은 출애굽기 1:1-6:1로 제목은 "이름들"(쉐모트, שמות)입니다.

출애굽기는 흉년이 들었을 때 야곱과 함께 애굽에 간 12명의 아들들의 이름으로 시작합니다. 야곱의 12명의 아들들은 르우벤, 시몬, 레위, 유다, 잇사갈, 스불론, 베냐민, 단, 납달리, 갓, 아셀이고 애굽에 있던 요셉을 합치면 12명입니다. 그들의 가족은 70명이었습니다. 세월이 지나 요셉 시대의 사람들은 다 죽었고 그 자손은 생육하고 많아져 번성했고 매우 강하여 온 땅에 가득했습니다. 계수된 남자의 수만 63만 명 이상이었습니다. 여자와 아이들까지 합치면 수백만 이상이 되었을 것입니다. 그들은 모두 12명의 조상들에게 속했습니다. 마치 열방에 교회가 수만 개 이상 있겠지만 모든 교회가 머리되신 예수님께 속한 것처럼 이스라엘 모든 자손이 12지파에 속했습니다.

　이스라엘은 하나님의 약속대로 크게 번성했지만 구원자가 꼭 필요할 정도로 압박과 고통을 당했습니다. 요셉을 알지 못하는 애굽 왕이 나타났을 때 이스라엘이 번성하고 강해지는 것을 달갑게 여기지 않았습니다. 혹시라도 전쟁이 일어나면 대적들과 합하여 독립하려 할까 두려워했습니다. 그래서 국고성인 비돔과 라암셋을 건축할 때 무거운 짐을 지워 괴롭게 하며 학대했습니다. 이스라엘이 학대를 받을수록 오히려 번성하자 산파들에게 아들이 태어나면 죽이라고 명령했습니다. 그러나 산파들이 하나님을 두려워하여 애굽 왕의 명령을 어기고 아들들을 죽이지 않으니 나라의 법을 정하여 아들이 태어나면 나일강에 던지라고 했습니다.

　그 시대는 이스라엘이 번성했지만 학대와 고통을 당하는 시대였습니다. 남자아이가 태어나자마자 죽어야 하는 슬픔의 시대에 모세가 태어났습니다. 이때 모세의 부모가 3개월 동안 모세를 숨겨 키우다가 더 이상 숨길 수 없기에 갈대 상자를 가져다가 역청과 나무 진을 칠하고, 아기를 갈대 상자에 담아 나일강 갈대 사이에 두며, 그의 누이가 그것을 지키도록 했습니다. 이처럼 이 시대는 눈에 넣어도 아프지 않는 아기를 어쩔 수 없이 버려야 하는 아픔의 시대였습니다.

　감사하게도 애굽 왕 바로의 딸이 목욕하러 왔다가 갈대 사이에 있는 상자 안의 아기를 발견합니다. 아기가 엉엉 우니 불쌍한 마음이 생깁니다. 그때 옆에서 망을 보던 모세의 누이 미리암이 나타나 바로의 딸에게 아기를 위해 유모를 소개한다고 하면서 모세의 친 엄마인 요게벳을 소개합니다. 그래서 요게벳이 모세가 젖떼기까지 양육합니다. 모세는 젖을 뗀 후 바로의 왕궁에 가서 모든 학문을 배웁니다. 역사, 문학, 군사, 지리, 외교, 철학 등 모든 학문을 최고의 선생들로부터 배웁니다. 40세가 되어 독립 운동을 하려다 예기치 않게 애굽 사람을 죽이게 되고 지명 수배를 받아 미디안 광야로 도피합니다. 그리고 그곳에서 양을 치며 40년의 세월을 보냅니다.

이스라엘이 애굽에서 크게 번성했지만 학대와 고통을 당하는 슬픔의 시대였습니다. 구원자가 필요한 시대였습니다.

우리 시대도 번성의 시대입니다. 먹을 것이 차고도 넘치는 시대입니다. 아이들 책상에는 쓰지 않는 학용품이 넘쳐 나고, 옷장에는 입지 않는 옷들이 가득하며, 손마다 최신 스마트폰이 있으며, 길에는 차들이 가득하며, 고급 음식점이 즐비할 정도로 번성의 시대입니다. 많은 사람들이 비행기로 여행을 즐길 정도로 번성의 시대입니다.

번성의 시대이지만 스트레스를 많이 받아 우울과 불안함과 두려움을 감추지 못하는 시대입니다. 만인이 만인을 압박하고 만인이 만인에게 스트레스를 받는 시대입니다. 아가페 사랑이 없습니다. 이해하고 배려함이 없습니다.

이 시대는 바로처럼 자기 마음에 맞지 않으면 죽이고 멸하고 짓밟으려고 달려드는 사람들이 사방에 포진한 시대입니다. 마치 부자 집 앞에서 거지 나사로가 굶주려 죽어가는 것처럼 번성의 시대이지만 숨을 쉬지 못할 정도의 압박과 스트레스를 받는 시대입니다. 번성의 시대이지만 구원자가 필요한 시대입니다.

우리는 어떻게 구원자이신 예수님을 만나 구원을 받을 수 있을까요?

**1. 그의 이름을 믿는 자들이 갈망하면 하나님께서 구원자를 보내주십니다**

모든 것이 잘되고 평안할 때는 하나님을 찾지 않았지만 이스라엘이 애굽에서 고통과 탄식 속에 살아갈 때는 하나님을 찾았습니다. 고통 중에 있지만 바로의 손에서 벗어날 방법이 없을 때 하나님을 찾아 부르짖은 것입니다.

> 이스라엘 자손은 고된 노동으로 말미암아 탄식하며 부르짖으니 그 고된 노동으로 말미암아 부르짖는 소리가 하나님께 상달된지라. 하나님이 그들의 고통 소리를 들으시고 하나님이 아브라함과 이삭과 야곱에게 세운 그의 언약을 기억하사 하나님이 이스라엘 자손을 돌보셨고 하나님이 그들을 기억하셨더라 (출 2:23-25).

인생이 고달프고 괴로워서 탄식하며 부르짖을 때, 하나님께서 부르짖는 소리를 들으셨습니다. 하나님께서 고통 소리를 들으시고, 아브라함에게 하신 언약을 기억하시며 이스라엘 자손을 돌보셨습니다. 그들을 구원하기 위해 미디안 광야에서 훈련받고 있던 모세를 보내셨습니다.

모세는 죽을 수밖에 없는 시대에 태어났지만 극적으로 건짐을 받고 80살이 되기까지 광야에 살았습니다. 하나님께서 이스라엘을 구원하기 위해 모세를 준비하신 것입니다. 하나님께서 모세의 부모님이 준비한 방주(테바, תבה)와 같은 갈대 상자(테바, תבה)를 통해 보호하셨고, 때에 맞춰 공주를 보내 모세를 건지게 하셨습니다. 바로는 모세를 죽이려고 했지만 그의 딸 바트야(בתה)를 통해 살리셨습니다. 이처럼 하나님의 역사는 오묘합니다.

모세가 40살에 애굽 사람을 죽이고 미디안으로 도피할 때도 하나님께서 미디안 제사장 이드로(르우엘)를 통해 모세가 가정을 이루고 살도록 하셨습니다. 하나님께서 모세를 준비시키셨습니다. 모세가 왕궁에서 보낸 40년은 당대의 모든 학문을 배우는 훈련의 과정이었고, 미디안에서 40년은 참된 영성을 배우는 훈련의 과정이었습니다. 하나님께서 모세를 준비시키신 것입니다. 모세라는 이름 자체가 물에서 건졌다(마샤, משה)는 뜻입니다.

모세는 건짐 받은 자, 구원받은 자입니다. 모세는 건지는 일꾼입니다.

이스라엘이 탄식하며 부르짖을 때 하나님께서 그들을 구원하기 위해 모세를 불렀습니다. 모세가 광야 서편 하나님의 산 호렙에서 양 떼를 칠 때에 하나님의 사자가 떨기나무 가운데에서부터 나오는 불꽃 안에서 나타나셨습니다. 떨기나무에 불이 붙었으나 타지 않아 모세는 이상하게 생각하여 가까이 갈 때에 하나님께서 모세에게 말씀하셨습니다. "애굽에 있는 내 백성의 고통을 분명히 보고 그들의 부르짖음을 듣고 그들의 근심을 알고 그들을 애굽인의 손에서 구원하여 건져내고 아름답고 광대한 땅 젖과 꿀이 흐르는 땅으로 데려가려 한다"라고 하시면서 애굽 왕 바로에게 가라고 하셨습니다. 그리고 하나님께서 모세를 통해 이스라엘을 구원하시겠다는 약속도 주셨습니다.

하나님께서 모세에게 구원 계획을 알려 주신 것은 모세를 구원의 일꾼으로 쓰시기 위함입니다. 모세를 구원의 일꾼으로 부르신 것입니다. 이 때 모세 나이가 80세입니다. 모세는 나이도 많고, 자신감도 없으며, 무기도 없어서 하나님의 명령을 정중하게 사양합니다.

"내가 누구이기에 바로에게 가서 이스라엘을 애굽에서 인도하겠습니까? 저는 그 일을 할 자신도 없고 할 능력도 없습니다."

사양하는 모세에게 하나님께서 반드시 함께하시겠다고 보증하십니다.

"애굽에서 이스라엘을 구원하는 일은 네가 하는 것이 아니고 내가 할 것이다. 너를 일꾼으로 사용하겠다."

그래도 모세는 다시 사양합니다.

"만약에 내가 간다고 해도 이스라엘 자손이 나를 믿겠습니까? 누가 보내었느냐고 하면 내가 할 말이 없습니다."

하나님께서 모세에게 자신을 알리며 이스라엘이 애굽에서 자유와 해방을 받아 출애굽 할 것을 생생하게 말씀하십니다. 아브라함과 이삭과 야곱의 하나님께서 "나는 나다(에흐에 아쉐르 에흐에, אהיה אשר אהיה). 나는 스스로 있는 자이다"라고 하시면서 "모세를 보내 그들을 구원하여 약속의 땅으로 인도하겠으니 지도자들은 바로에게 가서 여호와께 제사를 드리기 위해 광야로 갈 것을 청하라"고 지시하셨습니다. 하나님께서 말씀하시기를, 여러 재앙으로 치기 전에는 바로가 이스라엘을 보내지 않겠지만 마침내 보낼 것이니 그때는 빈손으로 가지 않고 이웃들이 선물하는 금, 은 패물과 의복을 가지고 갈 것이라고 하셨습니다.

모세는 하나님께서 약속하신 말씀을 받아도 다시 거절합니다. 모세는 이스라엘 백성과 바로가 결국 자신을 믿지 않고 말을 듣지도 않을 것이라고 지레짐작합니다.

하나님께서 능력으로 모세가 표적을 행하게 하십니다. 모세가 지팡이를 던지니 뱀이 되고 다시 꼬리를 잡으니 지팡이가 됩니다. 그리고 모세가 손을 품 속에 넣으니 손에 나병이 생겼고 다시 넣었다 빼니 회복이 되었습니다. 마치 뱀과 같이 되고 나병 환자처럼 된 이스라엘이지만 다시 회복시켜 주실 것이라는 표시입니다.

하나님께서 모세에게 능력을 주셨지만 모세는 다시 거절합니다. 모세는 자기가 입이 둔하여 말이 어눌해서 바로와 협상할 자신이 없다고 합니다.

하나님께서 모세가 말을 잘하게 하시겠다고 약속했지만 모세는 다시 거절하며, 보낼 만한 자를 찾아 보내라고 말합니다.

하나님께서 모세가 알아들을 만큼 말을 해도 들으려고 하지 않자 화를 내셨습니다. 하나님께서 진노하실 때 모세는 거부할 수 없는 부르심인 것을 깨닫고 지팡이와 가족을 데리고 애굽으로 출발합니다.

고통과 학대에서 구원은 하나님께서 하신 일입니다. 모세가 한 것이 아니다. 모세가 40년간 모든 학문을 배웠지만 모세가 구원한 것이 아닙니다. 모세는 실패하고 도피했습니다. 하나님께서 찾아오실 때도 모세는 자신이 없어 선뜻 나서지 못했고, 거듭하여 거절했습니다.

괴롭고 고달픈 인생에서 벗어나는 것은 사람이 할 수 없습니다. 하나님께서 하셔야 합니다. 하나님께서 모세와 같은 사람을 세워 건져 주셔야 구원을 받습니다.

약속의 자녀들이 고통 속에서 갈망하며 부르짖을 때 하나님께서 구원자를 세우십니다. 이스라엘 모든 사람들이 야곱의 아들 12명의 자손들입니다. 모두가 12명의 이름 안에 속해 있는 언약의 자손들입니다. 언약의 자손들이 갈망하며 부르짖으면, 하나님께서 들으시고 구원자를 세워 주십니다. 주님은 부르짖으면 크고 은밀한 일을 알게 하시겠다고 약속하셨습니다.

> 일을 행하시는 여호와, 그것을 만들며 성취하시는 여호와, 그의 이름을 여호와라 하는 이가 이와 같이 이르시도다 너는 내게 부르짖으라. 내가 네게 응답하겠고 네가 알지 못하는 크고 은밀한 일을 네게 보이리라(렘 33:2, 3).

하나님께서 일을 행하시고 그것을 지어 성취하십니다. 부르짖어 간구하면 크고 은밀할 일을 보여 주십니다.

예수님을 주와 그리스도로 믿는 성도들은 예수님 이름 안에 소속되어 있습니다. 예수님을 믿는 성도들이 고통 속에서 갈망하며 부르짖으면 하나님께서 건져 주십니다. 어떤 고통 속에서도 건져 주십니다. 질병, 우울함, 좌절, 낙담, 절망에서 건져 주십니다. 바로의 압제에서 건져 주신 하나님께서 친히 내려오셔서 모든 사탄의 권세에서 건져 주십니다.

"내가 내려가서 그들을 애굽인의 손에서 건져낸다"(출 3:8)라고 하셨습니다. 하나님께서 그들을 구원하시기 위해 내려오신 것입니다. 구원은 하나님께서 내려오셔서 사역할 때 이루어집니다. 하나님께서 이 땅에 육신이 되어 내려오심이 예수님의 성육신입니다. 죄와 사망에서 우리를 구원하기 위해 내려오신 것입니다.

> 하늘에서 내려온 자 인자 외에는 하늘에 올라간 자가 없느니라(요 3:13).

하늘에서 내려오신 예수님께서 십자가에서 우리를 대신하여 속량제물이 되시고 우리를 구원하여 하나님 보좌 우편으로 올라가셨습니다. 우리의 모든 죄 값을 지불하시고 승리하셨기에 믿음으로 예수님께 속한 성도들이 예수님 이름으로 부르짖어 간구하면 하나님께서 구원의 은혜를 주십니다.

예수님을 믿는 성도들이 갈망함으로 부르짖으면 하나님께서 건져 주십니다. 답이 없을 정도로 답답할 때 갈망하며 부르짖어 간구하면 건져 주십니다. 잠이 오지 않을 정도로 속이 상할 때 갈망하며 부르짖어 간구하면 건져 주십니다. 생각만 해도 두려움에 사로잡힐 정도의 환경에서도 갈망하며 부르짖어 간구하면 건져 주십니다. 예수님의 이름으로 간구하면 구원자 예수님을 통해 건져 주십니다. 예수님 이름으로 갈망하며 간구함으로 구원의 은혜를 누리길 바랍니다.

### 2. 그의 이름을 부르는 자들이 구원을 받아 예배자가 되게 하십니다

하나님께서 모세와 같은 구원자를 보내신 것은 단순히 고통에서 건지기 위함만이 아닙니다. 단순히 고통에서만 건지는 것은 배고픈 사람에게 빵만 주는 것과 같습니다. 배고픈 사람에게 빵도 주어야 하지만 일자리를 주어야 자립할 수 있습니다. 마찬가지로 하나님께서 구원자를 보내신 목적은 고통에서 건질 뿐 아니라 하나님을 섬기는 하나님의 백성을 만들기 위함입니다. 하나님의 백성이 되어 하나님의 말씀을 배워 하나님을 잘 섬기면 참된 자유와 안식과 평강의 복을 받습니다.

언약을 통하여 하나님의 백성이 되면 하나님께서 지키시고 복 주시고 은혜를 주십니다. 하나님의 백성들은 마땅히 하나님을 섬기고 예배해야 합니다. 구원받은 성도들은 자원하여 감사함으로 하나님을 섬기고 예배합니다. 하나님께서 구원자인 모세를 보낼 때 말씀하셨습니다.

> 그 백성을 애굽에서 인도하여 낸 후에 너희가 이 산에서 하나님을 섬기리니 (출 3:12).

> 애굽 왕에게 이르기를 … 우리가 우리 하나님 여호와께 제사를 드리려 하오니 사흘길쯤 광야로 가도록 허락하소서 하라(출 3:18).

모세는 하나님의 명령을 받고 애굽에 가서 바로에게 하나님을 예배하겠다고 선포했습니다.

> 그 후에 모세와 아론이 바로에게 가서 이르되 이스라엘의 하나님 여호와께서 이렇게 말씀하시기를 내 백성을 보내라. 그러면 그들이 광야에서 내 앞에 절기를 지킬 것이니라 하셨나이다(출 5:1).

절기를 지킨다는 말은 축제의 예배를 드린다는 것입니다. 믿는 성도들은 예배를 가장 중요하게 여기지만 세상 사람들은 예배의 중요성을 모릅니다. 예배드리기 위해 주일에 일할 수 없다고 해도 세상 사람들은 이해를 하지 못합니다.

애굽 왕 바로도 모든 이스라엘 사람들이 예배드리기 위해 광야로 가겠다고 할 때 받아들이지 않습니다.

"여호와가 누구이기에 모든 이스라엘 사람들이 예배드리도록 며칠 휴가를 줄 수 있겠느냐?"

바로는 이스라엘 사람들을 절대 보낼 수 없다고 합니다. 다시 모세와 아론은 예배할 수 있게 해 달라고 말합니다.

> … 히브리인의 하나님이 우리에게 나타나셨은즉 우리가 광야로 사흘길쯤 가서 우리 하나님 여호와께 제사를 드리려 하오니 가도록 허락하소서 …(출 5:3).

예배드림의 가치를 모르는 바로는 단순히 백성들이 일을 하지 않고 노역을 쉬기(출 5:4, 5) 위한 수단으로 생각하여 불쾌하게 여기며 더욱더 학대합니다. 이전에는 짚을 주어 흙으로 벽돌을 만들게 했는데 이제는 짚도 주지 않고 이전의 수량대로 벽돌을 만들라고 합니다. 예배를 드리겠다고 하는 것은 거짓말이고 실제로는 게으르기에 예배를 핑계로 쉴 궁리를 한다고 여겼습니다. 그래서 더 많은 일을 시키므로 노동을 무겁게 하고 수고롭게 하여 예배드릴 생각을 하지 못하게 합니다.

이스라엘 백성들이 모세의 말대로 예배드리려고 하다가 더 힘들게 되었습니다. 들로 나가 짚을 주어다가 이전의 숫자만큼 벽돌을 만들어야 하고 그렇게 하지 못하면 독촉하고 폭력을 휘둘렀습니다. 사람들이 바로를 찾아가서 왜 매질을 하느냐고 항의합니다. 그때 바로가 말합니다.

> 바로가 이르되 너희가 게으르다. 게으르다. 그러므로 너희가 이르기를 우리가 가서 여호와께 제사를 드리자 하는도다(출 5:17).

게으르다는 것은 같은 일을 해도 일부러 천천히 늦추면서 시간만 때운다는 것입니다. 시간이 많아도 부지런하지 않고 일정 분량만 하려는 마음입니다. 게으르기에 한가하게 예배할 생각을 한다는 것입니다.

세상 사람들은 하나님을 섬기는 예배의 가치를 모릅니다. 한가하고 할 일이 없는 사람들이나 예배한다고 생각합니다. 게으른 사람들이 할 일이 없으니 예배한다고 생각합니다.

애굽 왕 바로는 여호와 하나님을 예배하지 못하도록 일을 더 많이 시켰습니다. 오늘날도 마찬가지입니다. 마귀는 예배할 틈을 주지 않으려고 합니다. 예배를 통해 은혜를 받고 예배를 통해 평강과 안식의 복을 누린다고 하면 마귀는 거짓말이라고 하며, 더욱 일해야 복을 받는다고 합니다. 마귀는 더 일하고 더 돈을 벌고 더 수고해야 행복할 것이라고 하며, 우리를 더 바쁘게 합니다. 마귀는 우리가 영과 진리로 예배할 마음을 가지지 못하도록 온갖 일로 바쁘게 합니다.

마귀는 주일을 쉬는 날로 착각하게 하고, 잠을 푹 자야 피로가 풀린다고 속입니다. 잠을 푹 자거나 TV를 보거나 밖에 나가 놀고 오면 마음이 치유된다고 속입니다. 사실 잠을 푹 자고 놀고 와도 마음의 치유가 없습니다. 더 스트레스 받고 우울해집니다. 참된 치유는 예배를 통해 은혜를 받는 때 이루어집니다.

세상은 예배를 드리지 못하게 방해하지만 하나님께서 예배의 자리로 우리를 부르십니다. 예배를 통해 가르침을 받고 하나님을 섬김이 복입니다. 예배를 통해 지혜를 얻고, 예배를 통해 인생의 방향성을 발견하며, 예배를 통해 평강과 힘을 얻습니다. 세상 사람들은 한가하고 게으른 사람들이 예배를 드린다고 생각하지만, 사실은 예배를 통해 몸과 마음이 치유되고 회복되는 복을 받습니다.

'게으르다'(라파, רפה)는 말은 '치료하다'(라파, רפה)는 말과 같습니다. 사람들은 한가하고 할 일 없는 사람들이 예배한다고 생각하지만, 사실 예배의 중요성을 아는 사람들은 하나님께 예배함으로 몸과 마음이 치료되고 회복되는 복을 받습니다.

예배의 가치와 중요성을 아는 성도들은 예배자로 살기로 날마다 결심합니다. 다윗은 다음과 같이 고백했습니다.

> 오직 나는 주의 풍성한 사랑을 힘입어 주의 집에 들어가 주를 경외함으로 성전을 향하여 예배하리이다(시 5:7).

하나님께 영과 진리로 바르게 예배함이 복입니다. 하나님께서 예배의 자리로 우리를 부르시고, 구원받은 사람들이 예배드려야 한다고 말씀하십니다. 모세를 통해 전한 복음은 단순히 고통에서 건짐 받는 것만이 아닙니다. 하나님은 우리를 고통에서 건지시고, 예배자가 되도록 부르십니다. 영과 진리로 드리는 참된 예배는 구원받은 성도들이 복을 받는 길입니다.

사탄은 예배가 복이라는 말이 거짓말이라고 단정하지만, 우리는 사탄의 거짓말에 속지 말고 하나님을 예배하는 예배의 승리자가 되어야 합니다. 예배를 통해 하나님께서 주시는 회복의 은혜를 날마다 누리길 바랍니다. 인생의 고통에서 갈망함으로 부르짖어 구원을 받고, 예배를 통해 은혜를 누리길 바랍니다.

## 2장

## 나타나셨던 하나님
(출 6:1-9)

예수님을 믿는 성도들이 종종 던지는 질문이 있습니다.

왜 이런 일이 나에게 일어났는가?

왜 하필 나인가?

왜 하나님께서 나에게 고난을 주셨을까?

왜 나를 힘들게 하시고, 억울하게 하셨을까?

사실 인생에서 일어나는 모든 일의 답은 다 알 수 없습니다. 왜 아브라함에게 100세가 되도록 아들이 없어야 했는지, 왜 이삭은 묶여서 번제로 드릴 처지가 되었는지. 왜 이삭은 우물을 파기만 하면 블레셋 사람들에게 빼앗겨야 했는지, 왜 야곱의 딸 디나가 성폭행을 당해야 했는지, 왜 요셉이 종으로 팔려야 했는지, 왜 요셉이 억울하게 감옥에 갇혀야 했는지를 알 수 없습니다. 수많은 문제들과 사건들이 일어나지만 그 시점에서는 답을 알 수 없습니다.

주님의 뜻대로 살기 위해 힘쓰고, 주어진 사명을 감당하기 위해 최선을 다했음에도 불구하고, 원치 않는 이상한 일들이 일어날 수 있습니다.

모세는 하나님의 부름을 받고 순종하여 바로에게 가서 하나님 백성을 보내라고 했지만, 일이 이상하게 꼬였습니다. 바로가 이스라엘 백성을 보내기는커녕 오히려 더 학대했습니다. 바로가 일을 더 많이 시키고, 일을 못했다고 때리며 괴롭게 했습니다. 이스라엘 백성들은 모세에게 왜 바로의 심기를 건드려 힘들게 하냐고 원망했습니다. 그때 모세가 하나님께 나아가 아룁니다.

> 모세가 여호와께 돌아와서 아뢰되 주여 어찌하여 이 백성이 학대를 당하게 하셨나이까 어찌하여 나를 보내셨나이까 내가 바로에게 들어가서 주의 이름으로 말한 후로부터 그가 이 백성을 더 학대하며 주께서도 주의 백성을 구원하지 아니하시나이다(출 5:22, 23).

"어찌하여 이 백성이 학대를 당하게 하십니까?"

"어찌하여 나를 보내셨습니까?"

"하나님의 말씀에 순종하여 바로에게 가서 주님 이름으로 이 백성을 보내라고 했더니 바로가 이 백성을 더 학대하고 주님도 이 백성을 구원하지 않으셨습니다."

"왜 이렇게 되어야 하고, 왜 하나님께서 침묵하십니까?"

대부분 사람들은 너무 조급합니다. 하나님을 신뢰한다고 하면서 조금만 힘들면 모세처럼 소심해집니다. 오늘 씨를 뿌린다고 해서 당장 내일 추수하지는 못한다는 것을 잘 알면서 하나님께서 하시는 일은 믿고 기다리지 못합니다. 씨를 뿌리고 열매 맺기까지 바람 부는 날도 있고, 비가 오지 않아 마음 조릴 때도 있으며, 태풍이 올까 조마조마할 때도 있습니다. 이런 과정을 거치며 열매가 맺는다는 것을 알면서 신앙에서는 조그마한 어려움과 힘듦이 생기면 '왜 하나님께서 가만히 있냐'고 투정을 부립니다.

하나님께서 말씀하신 것을 반드시 이루시지만 이루심에는 과정이 있습니다. 아이가 잉태되고 해산하기까지 과정이 있듯이 하나님께서 하시는 일에도 과정이 있습니다. 이스라엘 백성들이 학대를 당하는 것도 과정이고, 모세를 보내 메시지를 전하게 하는 것도 과정이며, 기다림도 과정입니다. 하나님께서 과정을 거쳐서 하나님께서 약속하신 일들을 이루십니다.

하나님께서 일하실 때 우리가 할 일은 믿음으로 기다리는 것입니다. 일을 행하시는 여호와, 그것을 성취하시는 여호와를 믿고 신뢰하며 기다리는 것입니다. 임신이 되었을 때 아기가 뱃속에서 잘 자랄 것이라고 믿고 기다리는 것처럼 하나님께서 말씀하셨으면 반드시 이루심을 믿고 기다려야 합니다.

출애굽기는 하나님께서 나타나셔서 말씀하신 구원을 이루시는 과정을 보여 주고 있습니다.

이번 주간에 읽을 토라의 말씀은 출애굽기 6:2-9:35로 제목은 "내가 나타났다"(바에라, וארא)입니다. 하나님께서 나타나셨다는 것은 하나님께서 자신을 스스로 나타내 보여 주셨다는 것입니다.

아브라함과 이삭과 야곱에게 나타나셔서 자신을 보여 주시고 약속을 주신 하나님께서 이스라엘이 갈망하며 부르짖을 때 약속을 이루시기 위해 다시 나타나 보여 주십니다. 하나님께서 나타나셔서 보여 주시면 뭔가 일이 이루어집니다.

하나님께서 나타나실 때 무슨 일이 이루어질까요?

## 1. 언약에 신실하신 하나님께서 나타나셔서 구원을 이루십니다

모세는 하나님께, "순종하여 바로에게 가서 하나님께서 주신 말씀을 전했는데 어찌하여 하나님께서 주의 백성을 구원하시지 않습니까?"라고 질문하자, 하나님께서 다음과 같이 말씀하셨습니다.

> 이제 내가 바로에게 하는 일을 네가 보리라. 강한 손으로 말미암아 바로가 그들을 보내리라. 강한 손으로 말미암아 바로가 그들을 그의 땅에서 쫓아내리라(출 6:1).

하나님께서 자신의 강한 손으로 바로로 하여금 이스라엘을 보내게 할 것이라고 두 번이나 반복하여 약속하셨습니다. 하나님께서 나타나셔서 강한 손을 펼치시면 어떤 사람도 하나님을 대적할 수 없고, 굴복할 수밖에 없습니다. 하나님께서 모세에게 다시 말씀하셨습니다.

> 내가 아브라함과 이삭과 야곱에게 전능의 하나님으로 나타[나서] … 가나안 땅 곧 그들이 거류하는 땅을 그들에게 주기로 그들과 언약하였더니 이제 … 이스라엘 자손의 신음 소리를 내가 듣고 나의 언약을 기억하노라(출 6:3-5).

전능하신 하나님께서 아브라함과 이삭과 야곱에게 나타나셔서 약속의 땅을 주시기로 언약하셨습니다. 아브라함의 자손이 이방에서 나그네가 되어 400년 동안 괴롭힘을 받지만 반드시 약속의 땅으로 돌아오게 할 것이라고 언약하셨습니다. 그리고 약속의 땅으로 돌아올 때는 가나안 땅에 사는 아모리 족속의 죄악이 차고 넘쳐 가나안에 살고 있는 사람들이 하나님의 심판을 받게 되고 그 땅을 아브라함의 후손에게 주시겠다고 언약하셨습니다(창 15장).

하나님은 언약에 신실하십니다. 이스라엘이 애굽에서 괴롭힘을 받을 때에 이스라엘은 하나님께 갈망하며 부르짖어 간구했고 그때에 하나님께서 아브라함과 이삭과 야곱에게 하신 언약대로 그 땅을 주시기 위해 다시 나타나셨습니다. 언약에 신실하신 하나님께서 찾아오시면 구원을 이루십니다.

> 나는 여호와라. 내가 애굽 사람의 무거운 짐 밑에서 너희를 빼내며 그들의 노역에서 너희를 건지며 편 팔과 여러 큰 심판들로써 너희를 속량하여 너희를 내 백성으로 삼고 나는 너희의 하나님이 되리니 나는 애굽 사람의 무거운 짐 밑에서 너희를 빼낸 너희의 하나님 여호와인 줄 너희가 알지라. 내가 아브라함과 이삭과 야곱에게 주기로 맹세한 땅으로 너희를 인도하고 그 땅을 너희에게 주어 기업을 삼게 하리라. 나는 여호와라(출 6:6-8).

여호와 하나님께서 오셔서 하시는 일이 있습니다. 무거운 짐 밑에서 빼내고, 노역에서 건지며, 속량하며, 인도하여 약속의 땅으로 데리고 가십니다. 여기에 나오는 동사들을 사역 동사라고 합니다. 짧은 구절에 사역 동사가 아주 많이 나옵니다. 하나님께서 우리를 빼내고, 건지며, 속량하며, 인도하여 약속의 땅으로 데리고 가는 일을 하시기 위해 나타나셨습니다.

사람들은 단지 고통에서 건져 달라고 부르짖었는데 하나님께서 고통에서 건져 주실 뿐 아니라 젖과 꿀이 흐르는 약속의 땅으로 데리고 가십니다. 사람들은 단지 무거운 짐을 해결해 달라고 했는데 하나님께서 노예에서 해방하여 자유를 주시고 거룩한 백성으로 만들어 주시겠다고 하셨습니다. 사람들은 단지 어려운 문제를 해결해 달라고 간구했는데 하나님께서 자신의 아들딸로 만들어 천국을 주시겠다고 하십니다. 하나님께서 친히 오실 때 얼마나 큰 복을 받는지 모릅니다.

언약에 신실한 하나님께서 지금도 우리 가운데 오셔서 사탄의 세력과 세상의 고초에서 우리를 빼내고, 건지시며, 속량하시며, 인도하십니다. 하나님께서 그렇게 구원을 이루어 가십니다. 하나님께서 고통에서 빼내고 건지는 것에서 끝내시지 않고 속량도 하십니다. '속량'이란 값을 지불하는 것입니다. 양이나 소를 속량제물로 드리는 일은 사람들의 죄의 값을 짐승의 피로 대신 지불하는 것입니다. 하나님께서 우리를 빼내고 건진 다음에 속량하십니다. 하나님은 우리의 모든 값을 지불하시고, 우리를 인도하여 약속의 땅으로 데리고 가셔서 하나님 나라에 이르게 하십니다.

모세 시대에 친히 오셔서 구원을 이루신 하나님께서 2,000년 전 육신이 되어 세상에 오셔서 구원을 위한 모든 일을 하셨습니다. 하나님께서 우리를 죄와 사망과 죽음의 권세에서 빼내고 건지기 위해 십자가에서 속량제물이 되셨습니다. 우리의 모든 죄와 저주의 값을 흠 없는 자신의 핏값으로 다 지불하셨습니다. 예수님께서 속량제물이 되심으로 우리의 죄와 우리의 저주가 속량되었습니다. 예수님께서 십자가에서 우리를 죄와 저주에서 속량하신 것을 믿으면 예수님의 의가 우리에게 전가되어 우리가 구원을 받습니다.

십자가는 단순한 사건이 아니라 새 언약의 표로서 구원을 위한 복된 소식입니다. 십자가와 부활의 복음을 믿으면 언약에 신실하신 하나님께서 우리를 구원하십니다. 하나님께서 우리를 고통과 저주에서 빼내어 건지고, 속량하며, 안식과 평강의 나라인 하나님 나라로 인도하십니다.

'왜'라는 질문을 던질 수밖에 없는 환경이 우리에게 생길 때도 있습니다. 그래서 우리는 "왜 내가 학대를 당해야 하며, 왜 하나님께서 나를 보내셨으며, 왜 하나님께서 구원의 손을 나타내지 않는가"라고 투정을 부릴 수가 있습니다.

주님은 다음과 같이 말씀하셨습니다.

"이제 보게 될 것이라. 내가 나타나 구원을 이룰 것이다."

하나님께서 펼치시는 구원의 손길을 보기 원하는 성도들이 해야 할 일은 하나님의 구원을 기대하며 신뢰하는 것입니다. 하나님께서 하실 일을 믿고 신뢰할 때 평안과 안식을 누립니다.

이스라엘 백성들은 마음의 상함과 가혹한 노역으로 하나님의 말씀이 전해져도 듣지 않고 믿지 않았습니다(출 6:9). 하나님을 믿지 않으면 마음이 흔들리고, 원망이 생기며, 평안이 사라집니다. 하나님을 믿지 않으면 모든 것을 내려놓고 도망가고 싶은 마음이 생깁니다. 하나님을 신뢰하고 믿어야 흔들림 없이 평안을 누립니다.

하나님의 계획을 다 알지는 못해도 믿고 기다리며 갈망하고 간구하면, 하나님께서 하나님의 방식대로 일하십니다. 즉 하나님께서 우리를 빼내고, 건지며, 속량하여 인도하십니다. 하나님께서 우리를 고통에서 건지고, 눈물에서 건지며, 아픈 가슴에서 건져 평강과 안식으로 인도하십니다. 언약에 신실하신 하나님을 믿고 승리하길 바랍니다.

### 2. 하나님께서 나타나셔서 방해하는 세력을 능력의 손으로 심판하시고 구원을 완성하십니다

하나님께서 나타나셔서 이스라엘을 건져서 약속의 땅으로 인도하려고 할 때, 애굽 왕 바로가 방해합니다. 바로는 노예였던 이스라엘을 절대 보낼 수 없다고 합니다. 모세가 바로에게 가서 이스라엘이 하나님을 섬기도록 보내라고 말하였으나 바로는 단호하게 거절합니다.

여호와가 누구이기에 내가 그의 목소리를 듣고 이스라엘을 보내겠느냐 나는 여호와를 알지 못하니 이스라엘을 보내지 아니하리라(출 5:2).

애굽 왕 바로가 여호와 하나님을 알지 못해 여호와 하나님의 말씀에 순종할 수 없다고 할 때, 여호와 하나님께서 온 세상을 다스리는 만왕의 왕이심을 알리십니다. 여호와께서 10가지 재앙을 통해 자기 백성을 구원하시고 방해하는 세력을 심판하시는 하나님임을 알리십니다(출 7:5).

하나님의 구원 사역을 방해하는 세력은 궁극적으로 사탄입니다. 세상의 신인 사탄이 사람들을 미혹하여 하나님의 일을 방해합니다. 사탄은 세상 나라와 단체를 미혹하기도 하지만 개인을 미혹하기도 합니다. 사탄은 사람들이 여호와 하나님께서 누구이신지 인식하지 못하게 하고 여호와 하나님의 말씀을 순종하지 못하게 합니다.

아마 사람들은 여호와 하나님께서 어떤 분인지 제대로 알기만 하면 달려가서 하나님을 섬길 것이고, 여호와 하나님을 바로 알기만 하면 모든 것을 버리고 주님의 말씀을 따를 것입니다. 사람들이 여호와 하나님의 영광을 조금만 보아도 "내가 여기 있습니다. 나를 보내소서"라고 하며 자원하여 헌신할 것입니다.

그래서 사탄은 사람들이 하나님을 알지 못하게 함으로써 죄의 노예로 살게 합니다. 사탄은 사람들이 예수 그리스도도 알지 못하게 함으로써 사람들이 자기 정욕과 죄악에서 떠나지 못하게 합니다. 자기 정욕과 죄악에서 벗어나려면 나 자신을 묶고 있는 모든 세력들이 심판을 받아야 합니다. 내 안에 있는 죄의 세력들이 심판을 받아야 기쁨으로 자원하여 주님의 인도함을 따릅니다.

바로가 여호와 하나님을 알지 못하여 "내 백성을 보내라"는 하나님의 말씀을 거부할 때 하나님께서 여러 가지 표적과 이적을 나타내셨지만, 그래도 바로가 거부하자 10가지 재앙으로 심판하십니다.

하나님께서 나타내신 이적은 지팡이가 뱀이 되는 것이었습니다. 지팡이가 뱀이 될 때 바로가 부른 애굽의 요술사들도 지팡이가 뱀이 되게 합니다. 그때 아론의 지팡이가 요술사의 지팡이를 삼켰습니다(출 7:8-13). 그러나 바로는 이런 이적을 보고도 믿지 않았습니다.

표적이나 이적을 보았다면 믿고 순종함이 복인데 완악하면 심판을 받기 전까지 아무리 큰 이적을 보고 들어도 순종하지 않고 믿지 않습니다. 바로가 하나님의 말씀을 듣지 않을 때 하나님께서 10가지 심판을 통해 이스라엘을 구원하셨습니다.

7가지 심판을 먼저 살펴보겠습니다.

**첫째 심판은 나일강이 피(담, דּם)가 되는 것입니다.**

모세가 먼저 바로에게 경고하고 돌이킬 기회를 줍니다.

> 그[바로]에게 이르기를 히브리 사람의 하나님 여호와께서 나를 왕에게 보내어 이르시되 내 백성을 보내라 그러면 그들이 광야에서 나를 섬길 것이니라 하였으나 이제까지 네가 듣지 아니하도다 여호와가 이같이 이르노니 네가 이로 말미암아 나를 여호와인 줄 알리라 볼지어다 내가 내 손의 지팡이로 나일강을 치면 그것이 피로 변하고 나일강의 고기가 죽고 그 물에서는 악취가 나리니 …
> (출 7:16-18).

바로가 말씀을 듣고도 순종하지 않을 때 나일강을 향하여 지팡이를 드니, 말씀대로 모든 물이 피가 되었고, 고기가 죽어 악취가 났습니다. 그래서 아무도 그 물을 마실 수가 없어 지하수를 파기 시작했습니다. 나일강은 풍요의 상징이었습니다. 나일강에 흐르는 물로 인해 애굽 사람들이 농사하여 부강한 나라가 되었습니다. 나일강이 피가 된 것은 부요함을 주는 원줄기가 심판을 받은 것입니다.

부요함은 축복이지만 부요함이 우상이 되면 심판을 받을 수밖에 없습니다. 부요함을 신뢰하여 하나님의 복된 말씀을 거부할 정도가 되면 부요함은 우상입니다. 하나님께서 부요함의 우상을 심판하신 것입니다.

**둘째 심판은 개구리**(체파르데아, צפרדע)**를 통해서 일어났습니다.**

하나님께서 모세를 보내 바로에게 경고하고 기회를 다시 주셨습니다.

> … 여호와의 말씀에 내 백성을 보내라. 그들이 나를 섬길 것이니라. 네가 만일 보내기를 거절하면 내가 개구리로 너의 온 땅을 치리라. 개구리가 나일강에서 무수히 생기고 올라와서 네 궁과 네 침실과 네 침상 위와 네 신하의 집과 네 백성과 네 화덕과 네 떡 반죽 그릇에 들어갈 것이며 개구리가 너와 네 백성과 네 모든 신하에게 기어오르리라 …(출 8:1-4).

바로가 경고를 듣지 않을 때 말씀대로 개구리 떼의 습격을 받았습니다. 기가 찬 바로는 모세에게 이스라엘 백성을 보내어 예배하게 하겠다고 말합니다.

> … 여호와께 구하여 나와 내 백성에게서 개구리를 떠나게 하라. 내가 이 백성을 보내리니 그들이 여호와께 제사를 드릴 것이니라(출 8:8).

바로의 약속을 듣고 모세가 간구하니 개구리 떼가 죽었습니다. 바로의 약속은 물론 거짓말이었습니다. 바로는 다급하여 듣는 척했던 것입니다. 바로는 개구리 떼가 사라지고 숨을 쉴 수 있게 되었을 때 마음을 완강히 하여 이스라엘 백성을 보내지 않았습니다.

사람들은 평상시 개구리를 좋아할 수 있습니다. 개구리가 있다는 것은 물이 있다는 반증입니다. 물이 전혀 없으면 개구리가 존재하기 힘듭니다. 물이 있다는 것은 애굽의 땅이 비옥하다는 것입니다. 비옥한 땅은 축복이지만 그것이 우상이 되면 심판을 받습니다.

사람들이 비옥한 땅을 좋아하는 이유는 어쩌면 개구리와 같은 특성을 가지고 있기 때문일 수 있습니다. 양서류인 개구리는 냉혈동물로서 피가 차갑습니다. 개구리는 피가 차기에 뜨거움이 없습니다.

사람들은 하나님도 섬기고 우상도 섬기는 두 마음으로 살 뿐 아니라, 사랑도 없고 배려도 없는 이기적인 모습을 갖고 있습니다. 사람들이 피가 차가운 개구리처럼 사랑이 식어져 친밀함이 없고 냉담해지면, 개굴개굴하는 개구리처럼 말만 많아져 시끄럽습니다. 사람들은 비옥한 땅만 바라보는 것처럼 자신에게 잘해 주는 사람에게는 한없이 너그러운 것 같은데 자신에게 아무런 도움도 되지 않는, 약하고 힘든 사람들에게는 냉담합니다. 찬기가 무섭게 흐릅니다. 이것은 비옥함이라는 우상을 따르는 것입니다. 비옥함이 축복이지만 비옥함이 우상이 되어 하나님을 섬길 수 없다면 심판을 받습니다.

**셋째 심판은 이(켄, ㅁ)를 통해 왔습니다.**

지팡이로 티끌을 치니 애굽 온 땅의 티끌이 이가 되어 사람과 가축에게 올랐습니다. 애굽의 요술사들도 시도했으나 실패한 후 바로에게 이는 하나님의 권능이라고 말하여도 바로는 여호와의 말씀을 듣지 않았습니다 (출 8:16-19).

이(각다귀)는 남의 피를 빨아먹고 기생하여 사람을 괴롭게 합니다.

내 안에 죄가 있을 때 남의 피를 빨아먹으면서 남이야 괴롭더라도 나만 잘 되면 복이라고 생각합니다. 이것은 자기 욕망이 우상이 된 왜곡된 마음입니다. 이러한 마귀의 생각이 심판을 받아야 하나님께 나아갈 수 있습니다.

**넷째 심판은 파리(아로브, ערב)를 통해 왔습니다.**

자비하신 하나님께서 심판 전에 다시 바로에게 경고하며 기회를 줍니다.

> … 내 백성을 보내라. 그러면 그들이 나를 섬길 것이니라. 네가 만일 내 백성을 보내지 아니하면 내가 너와 네 신하와 네 백성과 네 집들에 파리 떼를 보내리니 … 그 날에 나는 내 백성이 거주하는 고센 땅을 구별하여 그 곳에는 파리가 없게 하리니 이로 말미암아 이 땅에서 내가 여호와인 줄을 네가 알게 될 것이라 (출 8:20-22).

하나님의 말씀대로 파리가 가득하여 그 땅이 황폐하니 바로가 모세를 불러 "애굽 땅에서 하나님께 제사를 드리라"(출 8:25)고 협상합니다. 모세는 거절하면서 하나님께서 명령하신 대로 광야에 가서 예배를 드려야한다고 하니 다급한 바로는 허락하면서 너무 멀리는 가지 말라(출 8:28)고 합니다. 바로의 약속을 듣고 모세가 하나님께 간구하여 파리 떼가 떠났을 때, 바로는 마음이 완강해져 이스라엘 백성을 보내지 않았습니다.

출애굽기 8장에서 말하는 파리는 날아다니는 파리보다 모기 떼에 가까운 곤충입니다. 모기 떼는 사람을 귀찮게 하고 은근히 화가 나게 하는 곤충입니다. 우리 안에도 이런 모습이 있습니다. 모기처럼 상처를 주어 은근히 사람을 귀찮게 하는 모습이 있습니다. 내 안에 있는 이러한 죄성이 심판을 받아야 하나님께 나아가 예배하게 됩니다.

**다섯째 심판은 가축의 죽음을 가져온 돌림병(데베르, דבר), 곧 전염병입니다.**
전염병이 생기기 전 하나님께서 동일한 메시지로 경고하고 기회를 주십니다.

> … 내 백성을 보내라. 그들이 나를 섬길 것이니라. 네가 만일 보내기를 거절하고 억지로 잡아두면 여호와의 손이 들에 있는 네 가축 곧 말과 나귀와 낙타와 소와 양에게 더하리니 심한 돌림병이 있을 것이며 여호와가 이스라엘의 가축과 애굽의 가축을 구별하리니 이스라엘 자손에게 속한 것은 하나도 죽지 아니하리라 (출 9:1-4).

말씀대로 가축이 돌림병으로 죽었지만 바로는 완강하여 하나님 백성을 보내지 않았습니다.

가축은 재산입니다. 닭이나 오리 농장을 운영하는 사람들이 조류 인플루엔자로 인해 가축 수천 마리를 살처분 했다면 가슴이 무너질 것입니다. 다섯째 심판은 말, 나귀, 낙타, 소, 양에게 돌림병이 생기는 심판입니다. 돌림병은 은밀하게 병이 전염되어 생명을 위협합니다. 가축은 재산이며 재물입니다. 재물은 축복이지만, 우리가 재물을 의지하여 하나님의 말씀도 듣지 않을 정도가 되었다면 그 재물은 우리에게 우상이 됩니다. 재물의 우상이 심판을 받아 날아갈 때, 믿음의 사람은 미련 없이 모든 것을 내려놓고 하나님을 섬김으로 참된 복을 받습니다.

**여섯째 심판은 괴롭게 하는 악성(아바부아, אבעבעה) 종기(세힌, שחין)입니다.**

> … 화덕의 재 두 움큼을 가지고 모세가 바로의 목전에서 하늘을 향하여 날리라 그 재가 애굽 온 땅의 티끌이 되어 애굽 온 땅의 사람과 짐승에게 붙어서 악성 종

기가 생기리라(출 9:8, 9).

양성이 아닌 악성 염증이 생겨 사람과 짐승이 생고생을 했습니다. 우리 안에 있는 악성 종기, 염증과 같은 죄성은 심판을 받아야 합니다.
**일곱째 심판은 무거운(카베드, כבד) 우박(바라드, ברד)으로 농작물을 파탄 내는 심판입니다.**
여전히 하나님께서 모세를 바로에게 보내 경고하며 돌이킬 기회를 줍니다.

> 내 백성을 보내라. 그들이 나를 섬길 것이니라. 내가 이번에는 모든 재앙을 너와 네 신하와 네 백성에게 내려 온 천하에 나와 같은 자가 없음을 네가 알게 하리라. 내가 손을 펴서 돌림병으로 너와 네 백성을 쳤더라면 네가 세상에서 끊어졌을 것이나 내가 너를 세웠음은 나의 능력을 네게 보이고 내 이름이 온 천하에 전파되게 하려 하였음이니라 내일 이맘때면 내가 무거운 우박을 내리리니 … 이제 사람을 보내어 네 가축과 네 들에 있는 것을 다 모으라. 사람이나 짐승이나 무릇 들에 있어서 집에 돌아오지 않는 것들에게는 우박이 그 위에 내리리니 그것들이 죽으리라(출 9:13-19).

바로의 신하 중에 여호와의 말씀을 두려워하는 자들은 종들과 가축을 집으로 피신시켰으나 말씀을 마음에 두지 아니하여 들에 가축과 종들을 남겨 둔 사람들도 있습니다. 무거운 우박과 불덩어리가 우레 소리와 함께 내릴 때에 들에 있는 것들은 다 죽었습니다. 모든 채소와 나무와 농작물도 다 파괴되었습니다. 이스라엘 사람들이 사는 고센 땅을 제외하고 애굽의 모든 농작물이 다 날아갔습니다. 하나님의 심판으로 나라에 큰 재앙이 임할 때 바로가 잠시 회개합니다.

> … 이번은 내가 범죄하였노라. 여호와는 의로우시고 나와 나의 백성은 악하도다. 여호와께 구하여 이 우렛소리와 우박을 그만 그치게 하라. 내가 너희를 보내리니 너희가 다시는 머물지 아니하리라(출 9:27, 28).

모세가 여호와를 향하여 손을 펼 때 우박은 그쳤지만 바로는 완악하여 하나님 말씀을 듣지 않았습니다.

바로가 어리석을 정도로 완악함은 사실 우리의 모습이기도 합니다. 하나님께 나아가 순종하는 것을 방해하는 세력들이 마음 깊은 곳에 엄청나게 많이 있습니다.

우리는 풍요와 재물이 우상이 되어 하나님께로 온전히 나가지 않을 때가 많습니다. 우리 안에 개구리와 같은 차가운 냉담함이 흐르고, 우리가 남의 피를 빨아먹는 이(각다귀)처럼 남을 괴롭히며 모기처럼 남을 피곤하게 하면서도 전혀 인식하지 못할 때도 많습니다. 또한 악성 염증처럼 자신을 병들게 하지만 모를 때가 많습니다. 우리는 자신 안에 있는 우상과 죄성이 심판을 받아야 하나님께 나갈 수 있습니다. 복으로 알고 있던 것들이 악취가 날 정도로 심판을 받아야 하나님께 나아갈 수 있습니다. 그때 우리는 오신다고 약속하신 주님께 "아멘 주 예수여 오시옵소서"(계 22:20)라고 고백할 수 있습니다.

하나님께 나아가 예배하고 섬기는 것은 영적 전쟁과 같습니다. 마귀는 우리를 사로잡기 위해 풍요와 재물을 주어 하나님 나라를 사모하지 못하게 합니다. 풍요와 재물이 축복이지만 우상이 되면 하나님을 갈망하지 않습니다. 우상과 같은 부귀영화가 악취가 날 정도로 심판을 받아야 하나님을 찾습니다. 많은 사람들이 잘못을 하고 감옥에 갔을 때에야 비로소 성경을 읽고 회개하는 이유는 그동안 마귀에게 속았기 때문입니다. 그 전에 회개하고 돌이킴이 복인데 사람들은 심판을 받아 악취가 나기까지 깨닫지 못합니다.

우리가 영생을 위해 하나님께 나아감은 자유 의지로 이루어집니다. 신앙은 철저하게 자유 의지로 주님을 섬기는 것입니다. 공부하기 싫은 아이를 책상에 앉혀도 그 아이는 공부를 안합니다. 그 아이는 스스로 동기부여가 되어야 열심을 냅니다. 하나님을 섬김도 강요가 아니라 자유 의지로 이루어져야 흔들림이 없습니다. 지옥이 무섭고 심판이 무서워 섬기는 것이 아닙니다. 주님 사랑하기에 다른 것을 포기하고 예배하고 헌신하고 섬기는 것입니다.

자유 의지로 하나님을 예배하고 섬기고자 하면 방해하는 모든 세력을 하나님께서 심판하시고 우리를 구원하여 생명을 누리게 하십니다. 나타나셔서 모든 세력을 심판하시고 구원하시는 신실하신 하나님의 손길을 바라보시길 바랍니다.

# 들어가서 이르라
(출 10:1-11)

부활하신 예수님께서 교회에 명령하신 지상 명령이 복음 전파입니다. 모든 민족에게 가서 복음을 전하여 제자를 삼는 것, 온 천하에 다니며 만민에게 복음을 전하는 것, 땅 끝까지 가서 증인이 되는 것은 교회의 사명입니다.

왜 교회는 모든 민족에게 복음을 전하는 증인이 되어야 할까요?

왜냐하면 복음을 들어야 믿음이 생겨 주님을 영접하고 구원을 받기 때문입니다. 누군가가 복음을 전해야 들을 수 있습니다. 듣지 못하면 믿음이 생길 수가 없습니다.

> 누구든지 주의 이름을 부르는 자는 구원을 받으리라. 그런즉 그들이 믿지 아니하는 이를 어찌 부르리요. 듣지도 못한 이를 어찌 믿으리요. 전파하는 이가 없이 어찌 들으리요(롬 10:14).

누구든지 주님의 이름을 부르면 구원을 받지만 예수님께서 인생과 온 세상을 다스리는 주님이심을 믿어야 예수님을 주님이라고 부를 수 있지 않겠습니까?

믿음은 그냥 생기는 것이 아닙니다. 누군가가 복음을 전해서 복음의 말씀을 들을 때 믿음이 생깁니다. 그래서 주님은 계속 복음을 전하라고 하셨습니다. 복음이란 우리를 구원하는 좋은 소식이지만 듣고도 믿지 않으면 심판에 이르는 소식입니다.

하나님께서 이스라엘을 구원하실 때, 이스라엘을 노예로 사로잡고 있는 애굽 왕 바로에게 모세를 보내어 "내 백성을 보내라"고 하셨습니다. 애굽 왕 바로가 하나님의 말씀을 듣고도 보내지 않았기에 심판을 받았습니다. 출애굽기 7-9장에 7가지 재앙이 나옵니다. 나일강이 피가 되는 재앙, 개구리가 온 땅에 가득한 재앙, 이가 생기는 재앙, 모기 같은 파리 떼의 재앙, 가축들이 전염병으로 죽는 재앙, 악성 염증의 종기로 고생하는 재앙, 무거운 우박이 불과 함께 떨어지는 재앙이 있었습니다. 재앙이 생길 때 애굽 왕 바로는 잠시 회개하고 이스라엘 백성을 보낸다고 약속했으나 마음이 완악하여 보내지 않았기에 계속 재앙을 받습니다. 7가지 재앙에 이어 3가지 재앙을 더 받습니다.

이번 주에 읽을 토라의 말씀은 출애굽기 10:1-13:16로 제목은 "너는 들어가라"(보, בא)입니다. 즉 애굽 왕에게 들어가서 계속 하나님의 말씀을 전하라는 명령입니다.

하나님께서 "내 백성을 보내라"는 말씀을 듣기 거절하는 바로에게 모세를 계속 보내며 하나님께서 하신 일과 하실 일을 전하셨습니다. 언약에 신실하신 하나님께서 아브라함과 이삭과 야곱에게 약속하신 대로 하나님의 백성을 애굽에서 구원하신다는 것을 알리기 위해 모세를 계속 바로에게 보내신 것입니다.

애굽의 왕 바로에게 모세를 보내 경고하시고 듣지 않으면 경고대로 재앙이 일어났습니다. 경고대로 심판하셨습니다. 10가지 재앙 중 마지막 3가지 재앙을 통해 하나님께서 우리에게 주시는 메시지가 있습니다.

### 1. 볼 수 없는 시대에 볼 수 있음이 복입니다

애굽을 심판하는 10가지 재앙은 표징입니다. 10가지 재앙의 표징을 통해 하나님을 조금 더 자세히 알게 됩니다. 바로가 완악하여 하나님의 말씀을 거절하기에 하나님께서 계속된 재앙을 통하여 여호와 하나님께서 어떤 분인지 알게 하십니다(출 10:1, 2).

출애굽기 10장부터 나오는 3가지 재앙을 통해 알려 주고자 하는 표징이 있습니다. 3가지 재앙은 보아야 할 것을 보지 못하게 하는 재앙입니다.

하나님께서 모세와 아론을 바로에게 보내어 미리 경고하며 회개할 기회를 다시 줍니다. 하나님께서 모세를 통해 바로에게 명령하셨습니다. 여덟째 심판인 메뚜기(아르베, ארבה) 재앙을 경고하셨습니다.

> 내 백성을 보내라 그들이 나를 섬길 것이라. … 네가 만일 내 백성 보내기를 거절하면 메뚜기가 지면을 덮어서 사람이 땅을 볼 수 없을 것이라 메뚜기가 네게 남은 그것 곧 우박을 면하고 남은 것을 먹으며 너희를 위하여 들에서 자라나는 모든 나무를 먹을 것이며(출 10:3-5).

엄청난 경고를 받을 때 신하들이 왕에게 호소하기를 이스라엘을 보내어 하나님을 섬기게 하라고 합니다. 신하들이 애굽이 망하게 되었다

(출 10:7)고 호소하니 어린이를 제외하고 어른만 가서 하나님을 섬기라고 협상합니다(출 10:11). 이런 것이 마귀가 하는 전략입니다. 아이들에게는 말씀을 가르치지 말고 예배에 참석시키지 말라고 합니다. 어려서부터 믿음이 들어가는 것을 마귀가 싫어합니다.

하나님께서는 타협하지 않습니다. 경고의 말을 듣지 않을 때 모세가 지팡이를 들었고 여호와 하나님께서 동풍을 일으켜 메뚜기 떼가 온 땅을 덮어 땅이 어둡게 되었습니다. 그리고 메뚜기 떼가 나무와 채소와 풀을 다 먹어 치웠습니다. 다급한 바로는 모세를 불러 자기 죄를 용서하고 여호와께 구하여 죽음과 같은 메뚜기 떼가 떠나게 하라고 간청합니다. 그러나 바로는 메뚜기 떼가 떠나자 다시 완악하게 되어 하나님의 백성을 보내지 않습니다.

메뚜기 떼가 몰려올 때 그 수가 얼마나 많았던지 땅을 볼 수 없었습니다. 땅에서 나는 식물들도 볼 수 없었습니다. 왜냐하면 메뚜기 떼가 다 갉아 먹었습니다. 수만 평의 땅에 씨를 뿌리고 추수를 기다리는데 메뚜기들이 와서 모든 것을 다 갉아먹었다면 억장이 무너질 것입니다. 쌀 한 톨, 과일 하나 거둘 것이 없다면 하늘이 무너지는 마음일 것입니다.

여호와 하나님이 누구냐고 비웃으며 여호와 하나님의 말씀을 듣고도 절대 그 백성을 보낼 수 없다고 하는 바로에게 여호와 하나님께서 온 세상을 다스리는 만왕의 왕이심을 보여 주십니다. 하나님께서 비옥한 땅과 풍성한 수확을 주셨는데 바로는 여호와 하나님이 누구기에 그의 말씀을 들어야 하냐고 비웃었습니다. 여호와 하나님께서 그러한 바로에게 땅의 것, 땅의 열매를 보지 못하게 하십니다.

사람이 땅에서 아무리 수고해도 하나님이 다 없애실 수 있습니다. 쌓일 것 같았는데 시간이 지나고 나면 하나도 쌓이지 않습니다. 황충이 모두 먹어치운 것처럼 어느새 어디론가 다 날아가고 없습니다. 계산에 의하면 남을 것 같은데 남지 않습니다.

물질도 남아 있지 않고, 건강도 남아 있지 않고, 명예도 능력도 남아 있지 않을 때가 바로 하나님께로 나아갈 때이고, 두 손 들고 하나님께 나아와 은혜를 구할 때입니다. 땅의 것을 볼 수 없는 것은 표징입니다. 만유의 주인 되시는 하나님께 돌아오라는 표징입니다.

재앙을 통해 표징을 주셨지만 끝까지 거절하는 애굽 왕 바로에게 임한 아홉째 재앙은 흑암(호세크, חשׁך)의 재앙입니다.

> 모세가 하늘을 향하여 손을 내밀매 캄캄한 흑암이 삼 일 동안 애굽 온 땅에 있어서 그 동안은 사람들이 서로 볼 수 없으며 자기 처소에서 일어나는 자가 없으되 온 이스라엘 자손들이 거주하는 곳에는 빛이 있었더라(출 10:22, 23).

아홉째 재앙으로 온 땅에 캄캄함이 임할 때, 바로는 모세를 불러 어린 아이들도 가서 하나님을 섬기되 양과 소 같은 재산은 가지고 가지 말라고 합니다. 모세는 모든 재물을 가지고 가서 하나님을 섬겨야 한다고 하니 바로는 모세를 쫓아냅니다. 마귀는 어떻게든 무엇이든 붙잡아 두려고 합니다. 마귀는 아이들을 세상에 붙잡아 두려고 하고, 재물을 세상에 붙잡아 두려고 합니다. 그렇게 마귀는 사람이 하나님께 나아가는 것을 방해합니다.

사람들은 흑암의 재앙 때문에 서로를 볼 수 없었습니다. 사람들이 서로 볼 수 없었다는 것은 자기 형제(아흐, אח)를 볼 수 없었다는 것입니다. 다른 사람들은 몰라도 형제는 볼 수 있어야 합니다. 그러나 어둠의 세력이 마음을 장악하면 부모 형제도 보이지 않습니다. 돈 때문에 형제를 고소하고 돈 때문에 부모를 버리기도 합니다. 마음에 어둠이 임하면 이웃은 고사하고 부모 형제도 보이지 않습니다.

현대는 부모 형제도 보이지 않는 시대입니다.

옛날처럼 희생을 하더라도 대가족으로 살자고 하면 동의할 사람이 얼마나 있겠습니까?

인생에서 실패한 형제가 오면 따뜻하게 받아주는 사람들이 얼마나 있겠습니까?

귀찮아하고 못 본 척 하지는 않을까요?

사람이 사는 세상인데 사람이 사는 세상 같지 않습니다. 사람이 보이지 않습니다. 사람다운 사람이 보이지 않습니다. 사랑과 섬김과 배려가 보이지 않습니다. 사람 냄새를 찾기 힘든 것이 시대적 표징입니다. 마음의 어둠으로 형제와 사람을 볼 수 없는 시대야말로 바로 하나님께 나아갈 때입니다. 하나님께 나아가 사람을 보고, 형제를 보며, 섬기고 사랑할 수 있는 빛을 구해야 합니다. 바로는 땅을 보지 못하고 사람을 보지 못하는 재앙을 지나 마지막으로 장자를 보지 못하는 재앙을 만납니다.

열째 재앙은 장자의 죽음입니다. 장자는 기력의 시작이요 자기 분신이라고 할 수 있습니다. 장자의 죽음은 자기의 죽음과 다름없는 아픔일 것입니다. 먼저 하나님께서 경고하고 회개할 기회를 주십니다.

> … 밤중에 내(여호와)가 애굽 가운데로 들어가리니 애굽 땅에 있는 모든 처음 난 것은 왕위에 앉아 있는 바로의 장자로부터 맷돌 뒤에 있는 몸종의 장자와 모든 가축의 처음 난 것까지 죽으리니(출 11:4, 5).

하나님께서는 고센 땅에 거하는 이스라엘 사람들의 장자는 물론 개 한 마리도 죽지 않을 것이라고 하셨습니다. 그러나 완악한 바로는 역시나 회개하지 않았습니다. 바로는 하나님의 수많은 기적을 보고 재앙을 당했지만 이스라엘 자손을 보내지 아니합니다(출 11:10). 결국 경고대로 모든 사람들의 장자와 가축의 처음 난 것이 다 죽자 바로는 크게 애통하며 항복합니다.

　분신과 같은 장자를 볼 수 없는 시대, 자신을 볼 수 없는 시대는 어둠의 시대입니다. 자신의 마음이 어떠한지 모르고, 자신의 영적 상태가 어떠한지 모르고, 어디로 향하여 살아야 하는지 모르는 시대는 어둠의 시대입니다. 자신이 무엇이 되고 무엇을 해야 할지 모르면 엉뚱한 짓을 합니다. 자신을 볼 수 없는 어둠의 시대일수록 하나님께 나아가 지혜와 계시를 구하여 하나님의 뜻을 알아야 합니다.

　바로가 장자를 다시 보지 못하는 재앙을 받고서야 비로소 여호와 하나님께서 온 세상의 왕이심을 깨닫고 여호와 하나님의 말씀에 순종합니다.

　바로는 이스라엘의 어른이나 어린아이나 모두 떠나서 광야에서 하나님을 섬기되, 모든 재물을 가지고 가서 섬기고 예배하며 자신을 축복해 달라고 합니다. 이스라엘이 예배하려 나아갈 때 금, 은 패물과 의복을 후하게 주어 보냅니다(출 12:29-36).

　그때에 출애굽 한 이스라엘의 어른 남자만 60만 명 이상입니다. 그의 가족들, 다른 민족과 수많은 짐승들이 함께 출애굽 합니다. 그 날이 애굽에 거주한 지 430년이 다 차는 날입니다(출 12:41). 하나님께서 아브라함에게 언약하신 대로 400년이 차매 이스라엘을 약속의 땅으로 이끄시고 예배의 자유를 주셨습니다. 아무것도 볼 수 없는 시대에 하나님의 백성들은 볼 것을 보았습니다.

　땅에 있는 것을 볼 수 없고, 사람도 볼 수 없고, 자신도 볼 수 없는 시대에 하나님께 나아와 땅의 소산을 보고, 사람도 보고, 자신도 보는 복을 누리길 바랍니다.

## 2. 자기 백성을 구별하여 보호하시는 하나님을 섬김이 복입니다

하나님께서 애굽을 심판하실 때 구별하여 보호한 땅이 있습니다. 하나님의 백성들이 거하는 고센 땅입니다. 넷째 재앙인 모기 같은 파리 떼가 몰려올 때도 그 땅을 구별하여 보호하셨습니다.

> 그 날에 나는 내 백성이 거주하는 고센 땅을 구별하여 그 곳에는 파리가 없게 하리니 이로 말미암아 이 땅에서 내가 여호와인 줄을 네가 알게 될 것이라 (출 8:22).

하나님께서 자신의 백성들이 거주하는 고센 땅을 구별하여 보호하셨습니다. 땅뿐만 아니라 돌림병인 전염병(다섯째 재앙)이 돌 때도 그 땅에 있는 가축을 재앙에서 구별하여 보호하셨습니다.

> 여호와가 이스라엘의 가축과 애굽의 가축을 구별하리니 이스라엘 자손에게 속한 것은 하나도 죽지 아니하리라 … 이튿날에 여호와께서 이 일을 행하시니 애굽의 모든 가축은 죽었으나 이스라엘 자손의 가축은 하나도 죽지 아니한지라 (출 9:4, 6).

재산도 하나님께서 보호하여 주셨습니다. 재앙의 때에 하나도 손실이 나지 않게 보호해 주셨습니다. 일곱째 재앙인 우박과 불덩이가 쏟아질 때도 이스라엘 자손들이 있는 고센 땅에는 우박이 없었습니다 (출 9:26). 하나님께서 재산을 보호하신 것입니다.

이스라엘 백성들은 평상시에는 하나님께서 자신들을 구별하여 보호하시는 줄을 몰랐으나 재앙의 때에 확실히 알게 되었습니다. 애굽에 3일 동안 캄캄한 흑암이 계속 있어 형제도 알아보지 못할 때 이스라엘 자손들이 사는 곳에는 빛이 있었습니다(출 10:23). 하나님께서 이스라엘 백성들이 땅의 것도 알아보고, 사람도 알아보도록 빛을 주셨습니다. 즉 어떻게 살아가고 무엇을 결정하고 어떤 선택을 해야 할지를 알도록 빛을 주신 것입니다. 재앙의 때에 구별되어 보호받음이 복입니다.

하나님께서 작은 재앙에도 보호하지만 큰 재앙에도 보호하십니다. 마지막 열째 재앙인 장자의 죽음이 있기 전 하나님께서 죽음을 이길 방도를 말씀하셨습니다. 즉 유월절 어린 양의 피를 준비하는 것이었습니다.

1월 10일에 흠이 없는 것 중에서 1년 된 어린 양을 취하여 두었다가 14일 저녁에 잡아 그 피를 문설주와 인방에 바르고 고기는 불에 구워 누룩이 없는 무교병 및 쓴 나물과 함께 먹으라고 하셨습니다. 먹을 때에도 띠를 띠고 신을 신고 지팡이를 잡고 먹으라고 하셨습니다. 출애굽 명령이 떨어지면 언제라도 떠날 준비를 하고 먹으라고 하셨습니다. 피는 장자의 죽음을 면하는 표시였습니다.

> 내가 그 밤에 애굽 땅에 두루 다니며 사람이나 짐승을 막론하고 애굽 땅에 있는 모든 처음 난 것을 다 치고 애굽의 모든 신을 내가 심판하리라. 나는 여호와라. 내가 애굽 땅을 칠 때에 그 피가 너희가 사는 집에 있어서 너희를 위하여 표적이 될지라. 내가 피를 볼 때에 너희를 넘어가리니 재앙이 너희에게 내려 멸하지 아니하리라. 너희는 이 날을 기념하여 여호와의 절기를 삼아 영원한 규례로 대대로 지킬지니라(출 12:12-14).

하나님의 심판은 궁극적으로 애굽의 신을 심판하신 것입니다. 맘몬 신인 마귀가 여러 가지 형태로 나타난 우상, 즉 풍요와 부요로 유혹하는 우상으로 사람들을 사로잡고 있었기에 우상을 심판하신 것은 애굽의 신들을 심판하신 것입니다. 마귀가 죄성을 부추겨 개구리처럼 냉혈 인간으로 만들고, 피를 뽑아 먹는 이(각다귀)처럼 다른 사람을 괴롭히며, 모기 같은 파리처럼 다른 사람들을 피곤하게 했기에 개구리, 이, 파리가 재앙이 되었습니다. 이것은 궁극적으로 애굽의 신들을 심판하신 것입니다.

하나님께서 장자 죽음으로 애굽의 신들을 심판하실 때 어린 양의 피가 있는 집은 피가 표적이 되어 하나님께서 그 피를 볼 때 재앙이 넘어갑니다. 장자 재앙이 피를 통해 넘어가고 살아남은 날이 유월절입니다.

유월절 다음날부터 일주일 동안은 누룩 없는 무교병을 먹는 무교절로 지켜서(출 12:14-28) 속량 받음을 영원히 기억하라고 하셨습니다. 유월절의 은혜를 잊지 않기 위해 손의 기호와 미간의 표를 삼고 자녀들에게 계속 가르치라고 하셨습니다(출 13:1-10). 또한 태에서 처음 난 것을 하나님께 드림으로 평생 구속의 은혜를 잊지 말라고 하셨습니다(출 13:11-16).

하나님께서 재앙으로부터 자기 백성을 구별하여 보호하셨습니다. 하나님께서 이스라엘 백성에게 장자 죽음의 재앙에서 벗어나기 위해 흠 없는 어린 양의 피로 표시를 하라고 하셨습니다. 어린 양의 피는 구별되어 구원 받는 표시가 됩니다.

하나님께서 자기 백성과 언약을 맺어 그들을 구별하여 보호하십니다. 하나님께서 자기 백성을 구별하는 방식은 언약입니다. 하나님께서 아브라함의 언약에 속한 자들을 구별하셨고 어린 양의 피를 준비한 자들을 구별하셨습니다.

영원한 저주와 형벌에서 해방시키는 것도 어린 양의 피입니다. 어린 양이신 예수님의 피는 사탄의 유혹을 받아 진리를 왜곡하는 자에게는 심판이지만 언약에 따라 믿음으로 살아가는 성도들에게는 구별됨과 구원의 표시입니다.
 예수님께서 십자가를 지시기 전에 다음과 같이 말씀하셨습니다.

> 이 잔은 내 피로 세우는 새 언약이니 곧 너희를 위하여 붓는 것이라(눅 22:20).

 예수님의 십자가는 새 언약입니다. 십자가와 부활의 복음을 듣고 예수님을 믿는 성도들은 언약 백성입니다. 하나님께서 언약 백성을 종말 심판에서 구별하여 보호하십니다. 언약 백성들에게 어둠이 임하지 못하도록 구별하여 빛을 주시고, 죽음의 권세에서 보호받도록 구별하여 생명을 주십니다.
 예수님의 보혈로 언약 백성을 구별하는 하나님을 섬기는 것이 참된 복입니다. 구별하여 보호하시는 은혜를 깨닫고 영원히 하나님만 예배하는 특권을 누리길 바랍니다.

# 바로가 보내다
(출 13:17-22)

　우리를 죄에서 구원하는 예수님의 십자가와 부활 사건은 우연한 것이 아닙니다. 이 일은 창세 전부터 하나님의 계획 속에 있었습니다. 아담의 타락 때부터 하나님께서 여자의 후손에서 메시아가 와서 뱀의 머리를 상하게 할 것이라고 약속해 주셨습니다. 짐승의 가죽으로 만든 옷은 아담과 하와의 수치를 가려서 죄가 없어지는 것이 아니라 생명의 죽음을 통해 죄가 가려질 것을 예시적으로 보여 주는 것이었습니다.

　예수님 십자가를 보여 주는 그림은 구약에 많습니다. 그중의 하나가 유월절 어린 양의 피입니다. '유월'이란 '넘어가다'는 뜻으로서 유월절은 장자를 죽이는 죽음의 세력이 넘어가 구원받음을 기념하는 절기입니다. 바로가 하나님의 백성을 보내라는 하나님의 말씀을 거역함으로 바로의 나라인 애굽에 10가지 재앙이 임했는데, 그 마지막 재앙이 장자가 죽는 재앙이었습니다. 하나님께서 말씀하시기를, 장자가 죽는 심판 전에 어린 양을 잡아 그 피를 문 인방과 설주에 바르면 그 피가 표적이 되어 재앙이 넘어간다고 하셨습니다. 그러므로 장자 죽음에서 벗어나려면 믿음으로 어린 양을 준비하는 방법밖에 없었습니다.

> … 이 달 열흘에 너희 각자가 어린 양을 취할지니 각 가족대로 그 식구를 위하여 어린 양을 취하되(출 12:3).

하나님께서 모세에게 명령하신 말씀입니다. '어린 양을 취하라'(베이크후 라헴 이쉬 쉐, ויקחו להם איש שה)는 말을 직역하면 '그들은 그들을 위하여 사람 어린 양을 취하라'고 할 수 있습니다. 하나님께 명령을 받은 모세가 백성들에게 이 말을 전달할 때는 어린 양(촌, צאן)을 택하여 잡으라(출 12:21)고 했습니다. 유월절의 어린 양은 어떤 한 사람을 예시하고 있었습니다. 그분이 바로 예수 그리스도이십니다.

예수님께서 세상에 오셨을 때 선지자인 세례 요한이 증언했습니다.

> 요한이 예수께서 자기에게 나아오심을 보고 이르되 보라 세상 죄를 지고 가는 하나님의 어린 양이로다(요 1:29).

예수님께서 세상 죄를 지고 가시는 하나님의 어린 양으로 오셔서 우리를 대신하여 십자가에서 죽으셨습니다. 마치 유월절에 양들이 대신 죽어 그 피가 문 사방에 발라진 것처럼 예수님께서 우리 죄를 대신 지시고 십자가에서 죽으셨습니다. 그러므로 예수님의 십자가와 부활 사건은 복음입니다. 예수님께서 우리 죄를 대신 지시고 죽으심으로 우리 죄를 해결했기에 십자가 사건은 믿는 자들에게 복음입니다.

예수님의 십자가와 부활 복음을 믿는 것이 복입니다. 여호와 하나님께서 모세에게 전하신 복음을 믿어 어린 양의 피를 문 사방에 바른 모든 사람이 장자의 죽음에서 구원을 받았습니다. 이처럼 예수님의 십자가와 부활 복음을 듣고 예수님을 주와 그리스도로 믿으면 죄의 형벌과 저주에서 구원을 받습니다. 십자가와 부활의 복음을 믿는 것이 복입니다. 십자가와 부활 복음을 깊이 생각하고 믿음으로 큰 구원의 은혜를 누리길 바랍니다.

이번 주간에 읽고 은혜 받을 토라의 말씀은 출애굽기 13:17-17:16로 유월절 이후 구원이 어떻게 진행되는지를 보여 줍니다. 제목은 "바로가 보냄 안에 있었다"(베샬라흐, בשלח)입니다. 즉 보냄 받음에 대한 말씀입니다.

하나님께서 왜 보냈을까요?

### 1. 구원의 전쟁을 위해 보냄 받은 자임을 깨달음이 복입니다

바로가 "내 백성을 보내라"는 여호와 하나님의 말씀을 계속 거절하자 경고대로 10가지 재앙이 임했는데 그 10번째 재앙이 장자의 죽음입니다. 어린 양의 피가 없는 모든 집안의 장자는 다 죽었습니다. 짐승의 첫 새끼도 다 죽었습니다. 그때 바로는 여호와 하나님께서 온 세상을 다스리시는 만왕의 왕이시므로 그 말씀대로 이루어짐을 깨닫게 됩니다. 바로는 하나님의 백성을 더 이상 붙잡아 둘 수 없었습니다. 그래서 바로는 이스라엘에게 모든 재물을 가지고 가서 하나님을 섬기라고 합니다. 이스라엘 백성은 어떤 방해도 없이 노예로 살던 애굽 땅을 떠납니다.

이스라엘을 누가 보낸 것일까요?

바로가 마지못해 떠나라고 허락했지만 사실은 여호와 하나님께서 그의 백성을 바로를 통해 보내신 것입니다.

> 바로가 백성을 보낸 후에 블레셋 사람의 땅의 길은 가까울지라도 하나님이 그들을 그 길로 인도하지 아니하셨으니 이는 하나님이 말씀하시기를 이 백성이 전쟁을 하게 되면 마음을 돌이켜 애굽으로 돌아갈까 하셨음이라(출 13:17).

"바로가 백성을 보낸 후"(바예히 베샬라흐 파르오, ויהי בשלה פרעה)를 직역하면 '바로가 보냄 안에 있었다'는 뜻입니다. 바로가 어떤 목적을 가지고 이스라엘 백성을 보낸 것이 아니라 하나님께서 이끌어 내셨습니다. 바로는 큰 재앙이 두려워서 이스라엘 백성이 가는 것을 잠시 허락했지만 마음은 이스라엘 안에 있었습니다. 즉 바로는 기회가 되면 언제든지 이스라엘을 사로잡을 궁리를 했습니다.

마귀가 하나님의 백성을 복음을 위해 보내겠습니까?

하나님의 백성은 하나님께서 보내시고 친히 길을 인도하십니다. 희한한 것은 하나님께서 가깝고 쉬운 길로 인도하지 않으신다는 점입니다.

왜 하나님께서 쉽고 편하고 가까운 길로 인도하지 않을까요?

왜냐하면 구원을 완성하는 전쟁이 있기 때문입니다. 믿음의 길에는 구원을 이루는 전쟁이 있습니다. 큰 영적 전쟁이 있습니다. 바로가 하나님 백성을 풀어 주려고 하지 않았던 것처럼 마귀는 성도들이 구원을 받는 것을 끝까지 방해합니다. 그러므로 구원의 완성에 이르기까지 영적 전쟁이 있습니다.

사람들은 쉽고 편한 길에서 영적 전쟁을 직면하게 되면 세상으로 돌아가려고 합니다. 하나님께서 예비해 놓으신 축복의 자리까지 가지를 못합니다. 그래서 하나님께서 성도들을 광야 길로 인도하십니다. 전쟁을 보아도 돌아갈 수 없는 험한 인생 광야로 인도하십니다.

인생 광야를 미리 두려워할 필요는 없습니다. 이스라엘 백성이 광야를 갈 때 하나님께서 불과 구름으로 함께하셨듯이(출 13:21) 우리의 인생 광야에도 여전히 하나님께서 함께하시기에 두려워할 필요는 없습니다. 보내신 하나님께서 광야 같은 인생길에서 함께하십니다.

늘 잊지 말아야 할 것은 우리가 하나님으로부터 보냄 받은 자라는 사실입니다. 보냄 받은 자라는 것을 알 때 광야의 길, 고난의 길에서 넘어지지 않습니다.

예수님께서도 많은 대적들로부터 시험과 위협과 고난을 받으셨지만 넘어지지 않으신 이유는 보냄 받은 자라는 것을 인식하고 잊지 않으셨기 때문입니다(마 10:40; 15:24; 21:37; 눅 4:18, 43; 9:48; 10:16; 요 3:17; 3:34; 5:23, 24, 30, 36, 37, 38; 6:29, 38, 39, 44; 7:16, 27; 8:18, 26, 28, 29; 10:36; 11:42; 12:44, 45; 13:20; 14:24; 17:3, 8, 18, 21, 23, 25).

예수님께서 스스로 오신 것이 아니라 살아 계신 아버지께서 예수님을 보내셨기(요 8:42)에 예수님은 아버지로 말미암아 살고(요 6:57), 스스로 말하지 않고 보내신 아버지께서 말할 것을 친히 주시기에(요 12:49) 자신의 뜻대로 하지 않고 보내신 아버지의 뜻대로 행하신다고 하셨습니다(요 5:30; 4:34). 예수님께서는 혼자 계셔도 혼자 계신 것이 아니라 보내신 하나님께서 항상 함께 계시고(요 8:16, 29), 보내신 이의 일을 하다가(요 9:4) 십자가를 통해 자신을 보내신 하나님께 돌아간다고 하셨습니다(요 7:29, 33; 16:5).

예수님께서 광야 같은 세상에서 시험과 고난을 받으셨지만 하나님으로부터 보냄 받은 자로 사셨습니다. 모든 말과 모든 기적과 모든 행하신 일은 자신을 보내신 하나님의 명령대로 하신 것입니다. 심지어 십자가 죽으심까지도 보내신 이의 뜻을 이루는 삶이었습니다.

예수님만 보냄 받은 것이 아니라 교회도 보냄을 받았습니다. 죽음의 권세를 깨뜨리고 부활하신 예수님께서 교회를 세상에 파송하셨습니다.

> 예수께서 또 이르시되 너희에게 평강이 있을지어다. 아버지께서 나를 보내신 것 같이 나도 너희를 보내노라. 이 말씀을 하시고 그들을 향하사 숨을 내쉬며 이르시되 성령을 받으라. 너희가 누구의 죄든지 사하면 사하여질 것이요 누구의 죄든지 그대로 두면 그대로 있으리라 하시니라(요 20:21-23).

예수님께서 부활하시고 제자들에게 찾아오셔서 평강을 주셨습니다. 그리고 예수님께서는 제자들을 세상에 보낸다고 선포하시고 성령과 죄를 사하는 권세를 주셨습니다. 교회는 세상에 보냄 받은 자입니다. 예수님께서 교회를 구원의 전쟁을 위해 세상으로 보내셨습니다. 예수님께서 교회를 성령의 권능으로 구원의 복음을 전하도록 보내셨습니다.

구원의 복음을 전하는 증인이 되는 성도들에게 하나님께서 함께하십니다. 광야에서 불과 구름 기둥으로 함께하셨던 하나님께서 구원의 복음을 전하는 성도들과 함께하십니다. 하나님께서 치열한 인생 전쟁에 임하는 성도들을 떠나지 않으십니다. 성도에게 수많은 시험과 고난이 있지만 하나님께서 함께하십니다. 성도가 보냄 받은 자로서 보내신 하나님의 뜻을 깨닫고, 보내신 하나님께서 성령으로 함께 계심을 깨달을 때 예수님처럼 승리할 수 있습니다. 고난이 많은 인생길에서 되는 대로 살지 말고 보냄 받은 자로서 살아가길 바랍니다.

### 2. 보냄 받은 자는 구원자이신 예수님을 바라봐야 승리합니다

이스라엘이 애굽에서 나올 때 전쟁을 보게 될 것이라고 했습니다. 출애굽기 14장에 전쟁이 일어납니다. 하나님께서 이스라엘 백성을 홍해 앞에 장막을 치게 하실 때에 바로는 이스라엘이 광야에 갇혔다고 여겼습니다

(출 14:3). 지형적으로 앞은 홍해요, 옆에는 산이니 뒤에서 애굽의 군대가 추격하면 도망갈 곳이 없습니다. 하나님께서 그런 곳으로 인도하신 것입니다.

마음이 완악한 바로는 노예들이었던 이스라엘이 떠났음을 보고받고 후회하며 즉시 군대를 이끌고 추격합니다. 바로는 선발된 특공대와 같은 병거 600대뿐만 아니라 애굽의 모든 병거와 지휘관들과 마병과 군대를 데리고 이스라엘을 추격합니다.

바로의 큰 군대를 보고 이스라엘은 두려움에 사로잡혀 원망합니다. 이스라엘은 바로와 비견할 수 없는 하나님의 큰 권능을 보았지만 막상 전쟁을 볼 때 뜨거운 햇빛에 눈이 녹듯이 마음이 녹았습니다. 이스라엘은 바로의 군대에 죽을 것 같아 다시 모세를 원망하며 죽겠다고 아우성칩니다.

> 애굽에 매장지가 없어서 당신이 우리를 이끌어 내어 이 광야에서 죽게 하느냐?
> 어찌하여 당신이 우리를 애굽에서 이끌어 내어 우리에게 이같이 하느냐?
> 우리가 애굽에서 당신에게 이른 말이 이것이 아니냐?
> 이르기를 우리를 내버려 두라 우리가 애굽 사람을 섬길 것이라 하지 아니하더냐?
> 애굽 사람을 섬기는 것이 광야에서 죽는 것보다 낫겠노라(출 14:11, 12).

믿음이 약할 때 전쟁과 같은 환경을 보면 하나님의 능력이 보이지 않습니다. 코앞에 닥친 환경이 너무 크게 느껴질 때 지레 겁을 겁고 두려워합니다. 천국은 고사하고 망하여 죽을 것 같다고 생각합니다. 차라리 보이지 않는 천국을 믿기보다 세상을 섬기고 마귀를 섬기며 쾌락을 즐기는 것이 더 현명하다고 생각합니다.

전쟁의 두려움으로 원망하며 죽겠다고 아우성치는 백성에게 모세는 두려워하지 말고 가만히 서서 하나님의 구원을 바라보라고 합니다.

너희는 두려워하지 말고 가만히 서서 여호와께서 오늘 너희를 위하여 행하시는 구원을 보라. 너희가 오늘 본 애굽 사람을 영원히 다시 보지 아니하리라. 여호와께서 너희를 위하여 싸우시리니 너희는 가만히 있을지니라(출 14:13, 14).

구원의 완성을 위한 인생길에서 전쟁이 일어났을 때 먼저 두려운 마음을 걷어 내어야 합니다. 바로와 같은 사탄의 공격으로 사방이 막혔을 때 마음의 두려움을 밀어내야 합니다. 그리고 살아 계신 하나님을 믿는다면 가만히 있어야 합니다. 입을 열면 열수록 원망이 산더미같이 쌓일 것입니다. 사람을 만나면 만날수록 부정적인 생각들이 바다처럼 모일 것입니다. 그러므로 가만히 있어야 합니다. 수많은 생각들이 있어도 침묵해야 합니다. 원망과 원통함이 있어도 하나님께서 역사하실 때까지 침묵해야 합니다. 수많은 말들을 듣고 할 말이 있어도 침묵해야 합니다. 가만히 있는 것이 믿음입니다.

두려움을 제거하고 침묵하며 하나님을 바라볼 때 하나님께서 우리를 대신하여 바로와 같은 사탄과 싸우십니다. 하나님께서 모든 전쟁에서 구원을 행하십니다. 여기서 구원이라는 단어가 '예수아'(ישועה)입니다.

… 너희는 두려워하지 말고 가만히 서서 여호와께서 오늘 너희를 위하여 행하시는 구원을 보라 …(출 14:13).

여호와께서 이루시는 예수님을 보라는 것입니다. 예수라는 단어 자체에 구원이라는 뜻이 있습니다. 히브리어에는 구원하다는 의미의 단어가 많습니다. '야샤'(ישע), '테슈아'(תשועה), '야세페'(ישפה), '모샤야'(מושעה), '나찰'(נצל)이라는 단어도 구원하다는 뜻입니다. 모세오경에서 구원하다를 표현할 때 '예수아'라는 단어를 쓴 것은 4회뿐입니다(창 49:18; 출 14:13; 15:2;

신 32:15). 구약 전체는 77회(시편 45회, 이사야 18회) 나옵니다. 구원자이신 예수님과 연관이 있을 때 '예수아'라는 단어를 사용했습니다.

광야와 같은 세상에서 수많은 인생 전쟁이 일어날 때 구원자이신 예수님을 바라봐야 합니다. 우리를 대신하여 싸우시는 예수 그리스도를 바라보는 것이 승리의 길입니다. 예수님을 모시고 살고, 예수님이 나타나면 구원입니다.

모세는 바로가 총공격할 때 두려워하지 말고 가만히 서서 여호와의 구원을 보라고 했습니다. 여호와께서 예수님을 통하여 이루시는 구원을 보라는 것입니다. 믿음으로 예수님을 바라보고 부르짖어 기도하면 구원자이신 예수님께서 기막힌 방법으로 구원하십니다.

모세가 손에 지팡이를 들고 하나님께서 동풍으로 홍해를 가르기까지 기다릴 때 하나님의 사자가 애굽 군대와 하나님 백성 가운데 서서 흑암으로 그들이 오는 것을 막았습니다. 그동안 하나님의 백성들이 마른 바다로 건넜습니다. 그 후 바로의 병거와 군대도 추격했습니다. 바로의 군대가 바다 가운데 들어왔을 때에 하나님께서 그들을 어지럽게 하시고 병거의 바퀴를 벗기십니다. 그리고 모세가 하나님의 명령에 따라 지팡이를 내밀자 바다가 다시 회복되어 바로의 모든 군대가 홍해에 수장되고 하나님의 백성은 구원을 받았습니다. 이 일은 사람이 아니라 하나님께서 하신 일입니다.

이스라엘이 두려워하지 않고 가만히 서서 여호와의 구원을 바라볼 때 하나님께서 이스라엘을 적들의 손에서 구원하셨습니다. 우리가 구원자이신 예수님을 바라보면 하나님께서 우리를 사탄의 권세에서 구원하십니다. 우리가 구원자이신 예수님을 바라보면 하나님께서 우리를 죽음의 위기에서 건지시고 사방으로 욱여싸인 데서 건지십니다. 구원자이신 예수님의 이름을 부름이 복입니다.

하나님의 백성이 홍해를 건넌 후 3일 동안 걸어 마라에 도착했을 때 물이 없었습니다. 마라의 물이 조금 있었는데 그 물은 써서 마실 수 없었습니다(출 15:23). 백성들은 다시 모세에게 원망했고 하나님께서 모세에게 한 나무를 물에 던지라고 하셨습니다. 그 나무가 물을 치료했습니다.

물은 사람이 살아가는 데 필수 요소입니다. 마치 물을 마시지 못해 갈급한 것처럼 인생의 갈급함으로 구원자이신 예수님을 바라보면 하나님께서 나무 십자가를 보여 주십니다. 십자가의 복음을 믿으면 저주받은 인생이 치료를 받습니다. 십자가의 복음을 믿으면 갈급함을 해소하는 성령의 생수를 마실 수 있습니다. 구원자이신 예수님을 바라보는 것이 축복입니다.

인생은 광야라고 했습니다. 하나의 문제가 해결되어도 또 다른 문제를 계속 만납니다. 하나님의 백성이 마라를 떠나 물과 나무가 있는 엘림을 통과하여 신 광야에 왔을 때 먹을 것이 없어 모세와 아론을 원망합니다. "우리가 애굽의 고기를 먹고 떡을 먹을 때 죽었으면 좋았을 것을 너희가 광야로 인도하여 우리를 주려 죽게 한다"고 아우성이었습니다(출 16:3). 그래서 하나님께서 그들에게 일용할 양식인 만나를 매일 주셨습니다. 그리고 메추라기도 주셨습니다. 하나님께서 이스라엘에게 40년 동안 매일 만나를 주셔서 그들을 살리셨습니다.

하늘에서 내려온 만나는 예수 그리스도이십니다(요 6장). 광야에서 이스라엘 백성이 매일 만나를 먹었듯이 우리가 매일 예수 그리스도를 먹고 마시면 살아갈 힘을 얻습니다. 예수님을 먹고 마심이란 예수님과 연합되어 예수님 안에 거하는 삶입니다. 우리가 예수님 안에 거하고 예수님 말씀이 우리 안에 거하면 힘을 얻고, 맛있는 음식을 먹었을 때보다 더한 기쁨이 있습니다.

우리가 육신의 배고픔과 영적 주림이 있을 때 구원자이신 예수님을 바라보면 하나님께서 우리에게 일용할 양식을 주시듯 매일 힘을 주십니다.

우리가 무거운 짐으로 힘들어 할 때 예수님을 바라보면 하나님께서 감당할 힘을 매일 주십니다. 우리가 예수님을 바라보면 하나님께서 말씀을 주실 때도 있고, 용기를 주실 때도 있고, 믿음을 주실 때도 있습니다. 우리가 예수님을 바라볼 때 하나님께서 감당할 힘을 주시되, 매일 감당할 힘을 주십니다. 이스라엘 백성이 하나님께서 주신 만나의 힘으로 40년 동안 광야를 걸어갔듯이 우리도 하나님께서 주시는 힘으로 인생의 삶을 감당할 수 있습니다. 구원자이신 예수님을 바라보는 것이 복입니다.

하나님의 백성이 신 광야를 통해 르비딤에 왔을 때 마실 물이 없었습니다. 백성들은 원망하는 것을 넘어 물을 달라고 모세와 다투었습니다. 모세는 여호와를 바라보며 부르짖었고 하나님께서 반석을 쳐서 물을 주셨습니다. 반석은 예수 그리스도이십니다(고전 10:4). 반석에서 물이 나왔듯이 구원자이신 예수님을 바라보면 예수님께서 성령을 생수처럼 주시므로 다시 마음이 소생합니다. 성령이 부어질 때 원망하고 다투는 마음이 사라지고 다시 힘을 얻어 광야의 인생길을 즐겁게 걸어가게 됩니다. 예수님을 바라보는 것이 복입니다.

여러 가지 문제가 해결되었지만 또 하나의 전쟁이 기다리고 있었습니다. 아말렉이라는 적들이 일어나 이스라엘의 대열에서 뒤떨어진 약한 자를 공격하기 시작했습니다. 그래서 이스라엘은 아말렉과 싸우러 나갔습니다. 모세가 산에 올라가 손을 들고 기도했고 아론과 훌이 옆에서 보좌하므로 하나님께서 이스라엘에게 승리를 주셨습니다. 그때 하나님께서 약속하시길 보좌를 향하여 손을 들면 여호와께서 대적인 아말렉과 싸워 주시겠다고 하셨습니다.

그렇습니다. 대적들은 우리가 약할 때 우리를 죽이려고 합니다. 몸도 지치고 마음도 지칠 때 사방의 대적들이 일어납니다. 그때 보좌를 향해 손을 들어야 합니다. 구원자 예수님을 바라보며 손을 들고 간구하면 우리를 대신하여 싸워 주시고 대적을 물리치십니다.

광야와 같은 세상을 살아가면서 지치게 하는 수많은 전쟁들이 있습니다. 인생의 수많은 곤고함과 대적자들의 공격으로 인해 하나님을 원망하고 믿음을 포기하고 싶을 때가 있습니다. 보이지 않는 천국을 바라보며 믿음으로 순례의 길을 가다가 지쳐 넘어질 때가 있습니다.

그때마다 포기하지 말고 믿음의 눈으로 구원자이신 예수님을 바라보면 예수님께서 감당할 힘을 주시고 대신하여 싸워 주십니다. 홍해에서 모세가 여호와의 구원을 목격하고 여호와는 용사라고 고백하며 찬양했습니다.

> 여호와는 나의 힘이요 노래시며 나의 구원이시로다. 그는 나의 하나님이시니 내가 그를 찬송할 것이요 내 아버지의 하나님이시니 내가 그를 높이리로다. 여호와는 용사시니 여호와는 그의 이름이시로다(출 15:2, 3).

여호와 하나님은 영적 전쟁에서 적들을 물리치시는 강한 용사이십니다. 고난과 환난에서 구원하시는 구원의 용사이십니다.

환경을 보지 말고 믿음의 눈으로 예수님을 바라보면 구원을 얻습니다. 예수님께서 내 안에서 역사하면 구원입니다. 오른뺨을 맞았을 때 예수님을 보고 있으면 왼뺨도 돌려 댈 수 있습니다. 그때 아가페 사랑와 평화를 경험하여 화목의 사람이 됩니다.

우리가 구원자 예수님을 바라보면 하나님께서 감당할 힘과 마음을 주시고, 우리를 대신하여 싸워 주시며, 우리의 힘이 되어 주시며, 노래를 부를 수 있도록 승리를 주시며, 모든 환난에서 건져 주십니다. 구원자이신 예수님을 힘입어 승리하며 하나님을 높이는 인생이 되길 바랍니다.

# 이드로
(출 18:1-12)

정보의 홍수 시대입니다. 우리는 신문과 TV뿐 아니라 스마트폰을 통해 수많은 정보들을 접합니다. 눈을 뜰 때 스마트폰으로 시작하여 눈을 감을 때도 스마트폰으로 마칩니다. 지금은 친구들의 소소한 소식뿐 아니라 지구 반대편에서 일어나는 소식까지 실시간으로 확인할 수 있는 시대입니다.

보고 듣는 소식들은 감동을 주는 소식도 있지만 충격적인 아픔을 주는 소식도 있습니다. 마음을 상하게 하는 소식도 있고 좋은 소식도 있습니다. 어떤 소식을 듣는지에 따라 소망이 생길 수도 있고 낙망할 수도 있습니다.

그러므로 잘 듣고, 분별을 잘해야 합니다. 아무것이나 듣지 말고 꼭 들어야 할 복된 소식을 들어야 합니다. 내가 듣고 싶은 것만 듣는 것이 아니라 하나님께서 주시는 복음을 들어야 합니다. 땅의 소식보다는 하늘의 메시지를 들어야 하고, 순간적인 것보다는 영원한 복음을 들어야 합니다. 복음을 들음이 복입니다. 예수님께서 천국을 비유로 설명하신 후에 제자들에게 말씀하셨습니다.

> 너희 눈은 봄으로, 너희 귀는 들음으로 복이 있도다(마 13:16).

살리는 복음, 영원한 구원의 복음을 듣는 것이 복입니다. 살아 계신 하나님의 말씀을 들음이 복입니다. 복음을 듣는 귀가 복이 있습니다.

미디안의 제사장이었던, 모세의 장인 이드로는 하나님께서 행하신 좋은 소식을 들었습니다.

> 모세의 장인이며 미디안 제사장인 이드로가 하나님이 모세에게와 자기 백성 이스라엘에게 하신 일 곧 여호와께서 이스라엘을 애굽에서 인도하여 내신 모든 일을 들으니라(출 18:1).

하나님께서 행하신 일을 듣는 것이 복입니다. 이드로는 하나님께서 행하신 일을 듣고는 자기 딸과 손자들을 데리고 모세를 만나기 위해 왔습니다. 모세는 이드로에게 하나님께서 애굽에서 행하신 모든 일과 광야에서 당한 고난과 하나님께서 고난에서 건지신 모든 것을 간증했습니다. 따끈따끈한 간증이었습니다.

이드로는 하나님께서 은혜로 구원하신 소식을 듣고는 기뻐하고(출 18:9), 하나님을 찬양하며(출 18:10), 예물을 드리며(출 18:12) 다음과 같이 고백했습니다.

> 이제 내가 알았도다. 여호와는 모든 신보다 크시므로 이스라엘에게 교만하게 행하는 그들을 이기셨도다(출 18:11).

기뻐하며 찬양과 예물을 드리고 신앙을 고백하는 예배는 하나님께서 행하신 복음을 들을 때 가능합니다. 하나님께서 행하신 복음을 듣는 것이 복입니다. 기록된 말씀을 통하여 복음을 듣든지, 선포된 말씀을 통하여 복음을 듣든지, 간증을 통하여 복음을 듣든지 복음을 들으면 기쁘고, 찬양이 저절로 나오며 감사의 예배를 드리게 됩니다. 그러할 때, 성경에 기록된 복음도 기쁨이 되고 삶의 현장에서 현재 행하시는 하나님의 일도 기쁨이 됩니다.

하나님은 지금도 살아 계시며 자신을 찾는 자들을 만나주시고 부르짖어 간구하면 듣고 일을 행하십니다. 하나님의 사람들을 만나서 하나님께서 행하신 일들을 듣노라면 시간 가는 줄 모릅니다. 하나님께서 행하신 일을 들을 때마다 하나님을 찬양하지 않을 수 없습니다. 하나님께서 행하신 일을 들음이 복입니다.

이번 주간에 읽을 토라의 말씀은 출애굽기 18-20장입니다. 제목은 "이드로"(יתרו)입니다. 하나님께서 시내산에 임하기 전에 이드로가 복음을 듣고 와서 모세를 도와줍니다.

이드로는 혼자서 모든 백성들의 문제를 재판하는 모세를 보고는 모세가 중한 일을 혼자 하다간 기력이 쇠하여 큰일 날 것 같아 방침을 알려 줍니다. 즉 하나님께서 함께 계시니 사람들의 문제들을 하나님께 가져오게 하고(출 18:19), 그들에게 율례와 법도를 가르쳐 마땅히 갈 길과 할 일을 그들에게 보여 주며, 능력 있는 사람을 천부장, 백부장, 오십부장, 십부장으로 세워 일을 나누고 협력하여 선을 이루게 합니다.

복잡한 문제를 사람에게 가져오지만 사실은 함께하시는 하나님께 가져오면 하나님께서 지혜로운 사람들을 통해 해결되도록 하십니다. 하나님께서 함께하는 교회가 되려면 교회를 섬기는 일꾼들이 하나님을 두려워하고 진실하고 불의한 이득을 미워해야(출 18:21) 합니다.

교회를 섬기는 일꾼들이 하나님을 두려워한다면 모든 일에 기도하고 하나님의 마음으로 결정하려고 합니다. 또한 진실하여 하나님과 사람 앞에 부끄러움 없이 살려하고 불의한 것을 조금도 탐하지 않습니다. 하나님을 두려워하고 진실하고 불의한 이득을 미워하는 일꾼들이 되면, 하나님께서 함께하시고 모든 문제를 풀어 나갈 지혜를 주십니다.

출애굽기 18장에서 하나님께서 행하신 소식을 듣고 온 이드로가 지쳐 가는 모세를 도와줍니다. 그리고 출애굽기 19장에서는 이스라엘이 드디어 시내산에 도착합니다. 시내산에서 있었던 사건이 출애굽기 19장에서 민수기 10장까지 이어집니다. 시내산으로 임재하신 하나님께서 이스라엘과 언약을 세우시고 십계명과 판결 규례를 주시며 성막을 짓게 합니다. 성막은 언약을 맺은 하나님께서 계시는 거처입니다. 마치 결혼을 한 부부가 같이 사는 것처럼 하나님께서 이스라엘과 언약을 맺고 이스라엘 중에 거하십니다.

이드로는 하나님께서 행하신 소식을 들었지만 하나님의 백성인 이스라엘은 임재하신 하나님으로부터 직접 말씀을 듣게 됩니다. 하나님의 모든 말씀은 복음입니다. 하나님의 말씀을 듣기 전에 준비해야 할 것이 있습니다.

### 1. 하나님의 말씀을 듣기 전에 성결함으로 준비해야 합니다

모세는 시내산에 와서 하나님께 올라가 하나님의 말씀을 들었습니다.

> 세계가 다 내게 속하였나니 너희가 내 말을 잘 듣고 내 언약을 지키면 너희는 모든 민족 중에서 내 소유가 되겠고 너희가 내게 대하여 제사장 나라가 되며 거룩한 백성이 되리라. 너는 이 말을 이스라엘 자손에게 전할지니라(출 19:5, 6).

하늘과 땅을 하나님께서 창조하셨습니다. 온 땅이 하나님께 속하여 하나님께서 그 주인이십니다. 사람들은 조금만 힘을 얻으면 자기 힘으로 세상을 움직일 수 있을 것 같지만 그렇지 않습니다. 하나님께서 주권자이십니다. 바로처럼 당대에 최고의 힘을 가진 왕이라도 하나님의 말씀을 받아들이지 않으면 망할 수밖에 없습니다.

온 세상의 주인이신 하나님께서 복음을 전하셨습니다. 즉 하나님의 말씀을 잘 듣고 언약을 지키면 모든 민족 중에서 하나님의 보석과 같은 하나님의 특별한 소유가 된다고 하셨습니다. 말씀을 잘 듣고 언약을 지키면 하나님께서 보석같이 귀하게 여기기에 그 누구도 건드리지 못합니다. 말씀을 잘 듣고 언약을 지키면 모든 민족을 축복하는 제사장 나라가 됩니다. 모든 민족에게 하늘의 뜻을 전달하는 제사장의 복을 받습니다. 또한 말씀을 잘 듣고 언약을 지키면 거룩한 백성이 되어 하나님과 함께 살아가는 복을 받습니다.

말씀을 잘 듣고 언약을 지킴으로 보석과 같은 하나님의 소유가 되고, 모든 민족을 축복하는 제사장 나라가 되며, 하나님과 함께 살아가는 거룩한 백성이 되는 것이 하나님께서 우리를 구원하신 목적입니다. 이것이 하나님께서 전하신 복된 소식입니다.

말씀을 잘 들어야 복을 받습니다. 말씀을 잘 듣고 마음에 새겨 말씀대로 살아야 이러한 복을 받습니다. 말씀대로 행하며 말씀을 높이는 사람은 하나님께서 반드시 복을 주십니다.

시내산에서 모세는 하나님의 복음을 듣고 산에서 내려와 하나님의 말씀을 진술하니 백성들이 일제히 여호와께서 명령하신 대로 말씀을 잘 듣고 언약을 지키겠다고 다짐합니다. 모세는 다시 산에 올라가 백성들의 반응을 하나님께 보고하니 하나님께서 **빽빽**한 구름 가운데 임하실 것이니 성결함으로 준비하라고 하셨습니다.

> 여호와께서 모세에게 이르시되 너는 백성에게로 가서 오늘과 내일 그들을 성결하게 하며 그들에게 옷을 빨게 하고 준비하게 하여 셋째 날을 기다리게 하라 이는 셋째 날에 나 여호와가 온 백성의 목전에서 시내산에 강림할 것임이니(출 19:10, 11).

하나님의 임재를 가까이하려면 절대 성결해야 합니다. 외적으로도 성결해야 하지만 내적으로도 성결해야 합니다. 하나님께서 이스라엘에게 옷을 빨고 준비하라고 하셨습니다. 이것은 외적 성결함입니다. 남자는 여인을 가까이하지 말라고 하셨습니다(출 19:15). 제사장도 성결해야 된다고 하셨습니다(출 19:22).

하나님을 가까이하여 복음을 들으려면 외적 성결함뿐 아니라 영과 마음도 성결하고 거룩해야 합니다. 마음이 청결한 자가 하나님을 봅니다(마 5:8). 거룩하지 않으면 주를 보지 못합니다(히 12:14). 영광의 하나님을 사모하는 성도들은 주님이 깨끗하심같이 자신을 깨끗케 하는 훈련을 해야 합니다(요일 3:3). 더러운 귀신을 가까이하는 사람은 더러운 마음으로 살아가지만 거룩하신 하나님을 가까이하려면 성결함과 거룩함을 훈련해야 합니다.

성결하지 않은 상태에서 거룩하신 하나님을 가까이할 수 없습니다. 하나님께서 거룩함을 지키십니다. 하나님께서 거룩한 나무인 영생의 나무를 두루 도는 불 칼로 지키게 하셨고, 거룩한 지성소도 아무나 접근하지 못하게 구별하셨으며, 거룩한 제사를 다른 불로 드리는 자는 불에 타 죽을 정도로 제사도 구별하셨습니다.

하나님과 함께 살아갈 성도(聖徒)는 이름 그대로 거룩한 무리입니다.

성도는 성결하고 거룩하게 살아야 하고 거룩하지 않은 것은 이름이라도 부르지 말아야 합니다. 귀신과 연관이 있는 것에는 가까이하지도 말아야 하고, 더러움과 추한 죄를 따르지 말아야 합니다. 하나님께서 임재 하셔서 복된 소식을 주실 때 철저하게 성결함으로 준비하게 하셨습니다.

주일 예배는 하나님의 임재를 맛보는 영광의 예배로 드릴 수도 있고, 의례적으로 종교적인 습관처럼 드릴 수도 있습니다. 영광의 임재를 맛보는 예배는 성결함과 거룩함으로 준비하는 예배입니다. 두렵고 떨림으로 몸과 마음을 정결하게 하여 사모하고 기대하며 드리는 예배와 형식적인 예배와는 완전히 다릅니다. 준비된 예배에서는 같은 찬송을 부를지라도 눈물이 나고 은혜가 되며 기쁨이 됩니다. 같은 말씀, 같은 기도인데 하나님의 영광을 맛볼 때와 그렇지 않을 때는 다릅니다. 하나님의 임재를 사모하는 성도들은 철저하게 성결함과 거룩함을 훈련합니다. 철저한 성결 훈련으로 하나님을 가까이하는 복을 누리길 바랍니다.

**2. 하나님께서 주신 토라와 예배를 사랑하면 복을 받습니다**

구원받은 성도들이 성결하게 산다는 것은 무슨 의미일까요?
만약에 성결하지 못했다면 회복의 방도는 없을까요?
시내산에 임재하신 하나님께서 성도들이 성결하게 살아갈 수 있도록 말씀을 주셨습니다. 율법이라고 하는 토라는 하나님의 말씀입니다.

> 하나님이 이 모든 말씀으로 말씀하여 이르시되 나는 너를 애굽 땅, 종 되었던 집에서 인도하여 낸 네 하나님 여호와니라(출 20:1, 2).

## 하나님께서 시내산에서 십계명을 주셨습니다(출 20:3-17).

1. 너는 나 외에는 다른 신들을 네게 두지 말라.

2. 너를 위하여 새긴 우상을 만들지 말고 또 위로 하늘에 있는 것이나 아래로 땅에 있는 것이나 땅 아래 물 속에 있는 것의 어떤 형상도 만들지 말며 그것들에게 절하지 말며 그것들을 섬기지 말라. 나 네 하나님 여호와는 질투하는 하나님인즉 나를 미워하는 자의 죄를 갚되 아버지로부터 아들에게로 삼사 대까지 이르게 하거니와 나를 사랑하고 내 계명을 지키는 자에게는 천 대까지 은혜를 베푸느니라.

3. 너는 네 하나님 여호와의 이름을 망령되게 부르지 말라. 여호와는 그의 이름을 망령되게 부르는 자를 죄 없다 하지 아니하리라.

4. 안식일을 기억하여 거룩하게 지키라. 엿새 동안은 힘써 네 모든 일을 행할 것이나 일곱째 날은 네 하나님 여호와의 안식일인즉 너나 네 아들이나 네 딸이나 네 남종이나 네 여종이나 네 가축이나 네 문안에 머무는 객이라도 아무 일도 하지 말라. 이는 엿새 동안에 나 여호와가 하늘과 땅과 바다와 그 가운데 모든 것을 만들고 일곱째 날에 쉬었음이라. 그러므로 나 여호와가 안식일을 복되게 하여 그 날을 거룩하게 하였느니라.

5. 네 부모를 공경하라. 그리하면 네 하나님 여호와가 네게 준 땅에서 네 생명이 길리라.

6. 살인하지 말라.

7. 간음하지 말라.

8. 도둑질하지 말라.

9. 네 이웃에 대하여 거짓 증거하지 말라.

10. 네 이웃의 집을 탐내지 말라 네 이웃의 아내나 그의 남종이나 그의 여종이나 그의 소나 그의 나귀나 무릇 네 이웃의 소유를 탐내지 말라.

십계명을 행함으로 구원을 받는 것이 아니라 하나님께서 이미 구원하신 백성에게 계명을 주셔서 지키게 하십니다. 십계명은 하나님의 백성으로 살아가는 데 필요한 가르침입니다. 모든 공동체에는 가르침이 있습니다. 유치원에 가도 가르침이 있습니다. 인사는 어떻게 하고, 자동차는 어떻게 타고, 밥은 어떻게 먹는지를 가르칩니다. 모든 회사에는 신입 사원에 대한 연수가 있어 업무를 가르칩니다.

애굽에서 노예로 살았던 때와 구원을 받아 거룩한 백성으로 살아야 할 때가 다르기에 하나님께서 토라를 주신 것입니다. 성도는 구원을 받기 위해 십계명과 규례를 행하는 것이 아닙니다. 성도가 은혜로 구원을 받았기에 하나님께서 주신 가르침대로 살아야 복을 받습니다.

우리나라에 복음이 처음 들어왔을 때의 교회는 지금보다 더 엄격했습니다. 다른 신을 섬기지 말라는 계명과 우상에게 절하지 말라는 계명을 지키기 위해 가문에서 욕을 먹고 매를 맞아가면서까지 제사를 드리지 않았습니다. 교회에 오면 술과 담배도 끊었습니다. 교회는 더 엄격했습니다. 가르침을 따르려고 했습니다. 그때는 교회가 엄격했을지라도 부흥했습니다. 교회가 말씀대로 살려고 박해를 받을 때는 더 복을 받았습니다. 그때 성도들의 간구대로 자녀들이 복을 받아 잘되었습니다.

그런데 오늘날 교회는 말씀대로 사는 데 많이 느슨해졌습니다. 그렇다고 교회가 부흥하는 것도 아닙니다. 교회가 세상 사람들에게 더 다가갔지만, 오히려 세상으로부터 욕을 먹고 있습니다.

하나님께서 주신 가르침은 우리들의 복을 위함입니다. 구약의 십계명이나 마태복음 5-7장의 산상수훈의 가르침대로 살면 복을 받습니다. 기도를 해도 은밀하게 하고, 구제를 해도 은밀하게 하고, 금식을 해도 은밀하게 하면, 하나님께서 아시고 복을 주십니다. 오른손이 하는 것을 왼손이 모를 정도로 은밀히 해도 하나님께서 아시고 복을 주십니다.

하나님의 말씀의 핵심은 사랑입니다. 5리를 가자고 하면 10리를 가고, 오른뺨을 맞고도 왼뺨을 돌려대고, 속옷을 달라고 하면 겉옷까지 주고, 원수를 사랑하고 박해하는 자를 축복하는 것은 사랑입니다. 하나님의 모든 계명과 가르침의 내용은 하나님을 사랑하고 이웃을 사랑하라는 것입니다. 사랑이 흐르면 선한 공동체가 되고 하나님께서 복을 주십니다.

교회가 하나님의 가르침대로 살아야 마땅하지만 신앙이 성숙하지 않아 가르침대로 살지 못하면 어떻게 될까요?

그때는 제사를 드림으로 속죄하고, 다시 말씀을 배우며, 말씀을 배운 대로 살려고 몸부림쳐야 합니다.

그래서 하나님께서 토라를 통해 가르침을 주셨고, 예배를 가르치셨습니다.

여호와께서 모세에게 이르시되 너는 이스라엘 자손에게 이같이 이르라. 내가 하늘로부터 너희에게 말하는 것을 너희 스스로 보았으니 너희는 나를 비겨서 은으로나 금으로나 너희를 위하여 신상을 만들지 말고 내게 토단을 쌓고 그 위에 네 양과 소로 네 번제와 화목제를 드리라. 내가 내 이름을 기념하게 하는 모든 곳에서 네게 임하여 복을 주리라(출 20:22-24).

복을 받기 위하여 어떤 신상도 만들지 말고 오직 여호와 하나님께만 번제와 화목제를 드리면, 여호와 하나님의 이름을 기념하는 모든 곳에 복을 주십니다.

말씀대로 살지 못하여 양심의 가책을 느낄 때가 있습니다. 스스로 생각해도 죄라고 느껴져 괴로울 때가 있습니다. 하나님께서는 그러한 때에 여호와 하나님의 이름을 기념하여 예배를 드리라고 말씀하셨습니다.

예배는 장소의 문제가 아니고, 많이 모이고 적게 모이는 문제가 아니며, 분위기의 문제도 아닙니다. 여호와 하나님의 이름을 기념하는 예배입니다. 고급스럽고 화려한 제단이 아니라 토단, 즉 흙으로 제단을 만들고, 소와 양으로 번제와 화목제를 드리며, 여호와의 이름을 기억하고 기념하는 모든 곳에 하나님께서 복을 주십니다.

여호와 하나님의 이름을 기억하고 하나님의 말씀을 기억하는 예배가 복됩니다. 말씀대로 살지 못해 여호와의 이름을 욕되게 했을 때 참회하고, 다시 여호와의 이름이 영광되도록 결심하며 다짐하는 예배를 드리십시오.

하나님께서 토라의 말씀대로 살 때 복을 주시고, 예배를 통해 여호와의 이름을 기억할 때 복을 주십니다.

# 판결 규례라
(출 21:1-11)

    가난한 랍비 집에 닭 한 마리가 들어왔습니다. 랍비는 닭 주인을 찾았지만 찾지 못해 할 수 없이 닭을 키웠습니다. 닭이 알을 낳고, 부화하여, 결국 닭이 많아졌습니다. 어느 날 닭의 주인이 찾아왔습니다.
    닭 주인에게 처음에 들어온 그 닭만 주어야 할까요?
    아니면 그 닭을 키우면서 생겨난 많은 새끼 닭까지 다 주어야 할까요?
    두 마음이 생깁니다. 한쪽 마음에서는 처음의 닭만 주면 될 것 같고, 다른 한쪽 마음에서는 다 주어야 할 것 같습니다. 첫 번째 마음은 자연적인 마음이고 두 번째 마음은 거듭난 마음입니다. 겉사람과 속사람이라고 할 수 있습니다. 겉사람이란 자연적인 자아, 옛 자아를 말하고, 속사람이란 예수님을 믿고 거듭나서 영의 세계를 사는 자아를 말합니다. 겉사람은 물질세계가 중심이고 속사람은 영적 세계를 추구합니다. 겉사람은 자기중심으로 생각하고 속사람은 하나님 중심으로 생각합니다.

예수님을 믿고 거듭난 사람은 자연적인 자아인 겉사람과 거듭난 자아인 속사람이 공존합니다. 겉사람이 강하여 겉사람이 속사람을 이끌 수도 있고, 속사람이 강하여 속사람이 겉사람을 이끌 수도 있습니다. 겉사람이 강하여 속사람을 이끌면 예수님을 믿을지라도 자연인과 별로 다를 것이 없지만, 속사람이 강하여 겉사람을 이끌면 예수님의 냄새가 저절로 풍깁니다.

사도 바울은 세월이 흐를수록 겉사람은 늙고 쇠하지만, 속사람은 날로 새롭다고 했습니다.

> 우리가 낙심하지 아니하노니 우리의 겉사람은 낡아지나 우리의 속사람은 날로 새로워지도다(고후 4:16).

어떻게 속사람이 날로 새로워질 수 있을까요?

속사람이 날마다 새로워지려면 하나님의 법규를 따라야 합니다. 하나님께서 자기 백성을 애굽에서 구원하여 홍해를 건너 시내산으로 데리고 가셨습니다. 하나님께서 시내산에서 이스라엘 백성들과 피로 언약을 맺어 그들에게 하나님의 백성 됨의 표를 주십니다. 하나님께서 이스라엘 백성들과 언약을 맺는 장면이 기록된 출애굽기 24장 앞의 출애굽기 21-23장에는 하나님께서 이스라엘 백성들에게 법규를 주시는 장면이 기록되어 있습니다.

이번 주간에 읽을 토라의 말씀은 출애굽기 21-24장으로 제목은 "법규들"(미쉬파팀, מִשְׁפָּטִים)입니다. 판결 규례들이라는 뜻입니다. 창세기에서 신명기까지 법규는 613개가 있습니다. '하라'는 명령이 248개, '하지 말라'는 금지 명령이 365개입니다.

그중에 출애굽기 21-23장에는 53개의 법규가 있습니다. '하라'는 명령이 23개, '하지 말라'는 금지 명령이 30개입니다. 상당히 많은 법규입니다.

하나님께서 거듭난 성도들에게 주신 법규를 8개 영역으로 나누어 가르치셨습니다.

① 종에 관한 법(출 21:1-11).
② 폭행에 관한 법(출 21:12-27).
③ 짐승의 주인에 관한 법(출 21:28-36).
④ 배상에 관한 법(출 22:1-15).
⑤ 도덕과 윤리에 관한 법(출 22:16-31).
⑥ 재판과 공평에 관한 법(출 23:1-9).
⑦ 안식년과 안식일에 관한 법(출 23:10-13).
⑧ 절기에 관한 법(출 23:14-19).

왜 하나님께서 언약 백성들에게 판결 규례인 법규를 주시고 지키라고 했을까요?

판결 규례인 법규는 사회 공동체의 유익을 위해 주신 것입니다. 교통 법규만 생각해 보아도 알 수 있습니다. 사람의 마음은 법규가 없으면 더욱 더 자유를 누리고 싶어 합니다. 교통 법규가 없다면 자동차 속도를 시속 150km만 내는 것이 아니라 할 수만 있으면 시속 200km라도 내고 싶어 합니다. 법규가 없어 시속 200km로 자동차를 몰다가는 큰 사고가 날 수 있습니다. 이런 경우에 자기 생명만 위험한 것이 아니라 다른 사람들의 생명까지 위험해집니다. 이처럼 모두의 유익을 위해서 법규가 있는 것입니다.

성도는 예수님을 믿고 거듭났지만 완전히 성화되어 거룩하게 사는 존재는 아닙니다. 속사람인 영의 사람도 있지만 자연적인 사람인 겉사람도 있습니다. 즉 성도는 육신의 정욕과 안목의 정욕과 이생의 자랑에서 완전히 벗어간 것은 아닙니다. 성도가 겉사람의 욕망을 절제시키고 하나님과 이웃을 사랑하는 거듭난 사람으로 훈련되려면 법규가 있어야 합니다.

종을 샀으면 평생 종으로 삼고 싶은 것이 사람의 마음입니다. 그런데 하나님께서 이스라엘 백성들이 종으로 샀다손 치더라도 6년 동안 섬긴 후 그들이 원하면 7년째는 자유를 주어 그 종이 새롭게 시작할 기회를 주라고 법으로 정하셨습니다. 여종을 샀더라도 끝까지 책임져 주어야 마땅하다는 법을 주셨습니다. 자신의 종을 끝까지 종으로 삼고 싶은 욕망을 죽이고 종들에게도 자유를 주고 마땅한 책임을 져 주는 것이 하나님 나라의 원리입니다.

폭행에 관한 법은 엄격합니다. 사람을 쳐 죽인 자나, 부모를 치거나 저주하는 자나, 사람을 납치한 자는 반드시 죽이라고 하셨습니다. 형벌을 엄하게 하여 악행을 생각지도 못하게 하신 것입니다. 폭행을 행했다면 반드시 갚되 눈은 눈으로, 이는 이로, 손은 손으로, 상한 것은 상으로 것으로 갚으라고 하셨습니다. 즉 완전히 회복하기까지 배상을 하라는 것입니다. 이를 빠지게 했으면 임플란트를 해 주라는 것입니다.

만약 이러한 법이 없다면 주먹을 쓰는 사람이 스스로 법이 되고 주먹이 약한 사람은 불행하게 사는 사회가 됩니다. 폭행에 관한 법을 주신 것은 힘이 있든 없던 모든 사람이 안심하고 살게 하기 위함입니다. 겉사람은 폭력을 행사해서라도 자기의 욕망을 채우고자 하지만 하나님의 나라는 약한 이웃을 섬기는 것이 원리입니다.

가축의 주인은 가축을 책임져야 합니다. 예를 들면 소가 사람을 받는 버릇이 있어 주인이 경고를 받았는데도, 그 주인이 소를 매어두지 않아 그 소가 사람을 받아 죽였다면 소를 죽일 뿐만 아니라 그 주인도 책임을 져야 합니다. 개가 사람을 무는 버릇이 있는데 주인이 그 개를 묶어 두지 않아 사람을 물어 죽였다면 당연히 주인이 그 책임을 져야 합니다. 만약 주인이 '개가 한 일이니 나는 모른다'고 발뺌한다면 그 사람은 이웃들과 함께 살기가 쉽지 않을 것입니다.

출애굽기 22장에서는 배상의 법규를 주셨습니다. 그 가운데는 사람이 남의 소를 훔쳐 잡거나 팔면 5마리로 갚으라는 법이 있습니다. 남의 것을 훔친 사람이 배상할 것이 없으면 몸이라도 팔아 갚으라고 하셨습니다. 또한 자기 짐승이 남의 포도원에서 작물을 먹으면 짐승이 한 것이라고 모른 척하지 말고 가장 좋은 것으로 배상해야 합니다. 밤에 도둑질을 하는 사람을 보고 그를 죽이면 사람 죽인 죄가 없다고 할 정도로 엄한 배상의 법을 주셨습니다.

절대로 남을 속이지 말고, 남의 것은 절대 훔치지 말라는 의미입니다. 거듭난 성도들은 남의 소유는 절대로 손대지 말고, 손해를 끼쳤다면 찾아가 사죄하고 몇 배나 배상해야 합니다. 육신적인 겉사람이 충동적으로 남의 것을 가지고 싶어 해도 속사람이 제어해야 합니다. 겉사람은 모른척하고 가지려고 하지만 속사람은 그렇지 않습니다. 속사람이 하나님의 법을 따라 엄청나게 배상함으로써 겉사람의 충동이 반복되지 않게 하는 것이 하나님 나라의 원리입니다.

거듭난 성도들은 도덕과 윤리에도 남다릅니다. 하나님께서는 나그네를 학대하지 말고, 과부나 고아처럼 약한 자를 해롭게 하지 말며, 가난한 자를 무시하지 말고 도와주라고 하셨습니다. 약혼하지 아니한 처녀를 꾀어 동침했으면 버리지 말고 아내로 삼아 평생 책임져야 하고, 추수한 것을 바치기를 더디 하지도 말아야 합니다.

은혜로 구원을 받았다고 아무렇게나 살아서는 안 됩니다. 겉사람의 욕망을 따라 살아서는 안 됩니다. 은혜로 구원을 받았기에 은혜를 나누어야 합니다. 사회적 약자를 배려하고 하나님의 마음으로 도와주는 것이 하나님 나라의 원리입니다.

속사람을 따르는 훈련은 재판과 공평의 법을 통해서도 할 수 있습니다. 뇌물을 받지 말고, 재판에서 위증하지 말며, 다수를 따라 부당한 증언을 하지 말아야 합니다. 미워하는 자의 나귀가 엎드려질 때 못 본 척하지 말고 도와줘야 합니다. 겉사람은 미워하는 자가 잘못되면 은근히 좋아하고 고소해 할 수 있지만, 거듭난 성도들은 미워하는 자라도 넘어졌을 때 일으켜 세우는 것입니다. 하나님께서 주신 법규는 아가페 사랑을 흘러 보내는 것입니다.

안식년과 안식일의 법도 주셨습니다. 겉사람의 욕심은 한도 끝도 없습니다. 더 많은 것을 얻기 위해 안식일과 안식년을 무시할 수 있습니다. 안식년은 7년마다 땅을 쉬게 하라는 법인데 욕심으로 인해 땅을 쉬게 하지 않으면 나중에 땅이 황폐해져 곡물을 많이 줄 수 없습니다. 또한 안식일은 사람을 쉬게 하는 법인데 사람이 쉬지 않으면 나중에 탈진될 수 있습니다. 적당한 쉼은 오히려 능률이 오르게 합니다. 궁극적으로 하나님의 법규는 유익이 됩니다.

절기에 관한 법규도 주셨습니다. 무교절과 맥추절과 수장절을 지키고 첫 열매를 하나님께 드림으로 하나님의 은혜를 기억하라는 법입니다.

모든 법규는 공동체의 유익을 위해 주신 것입니다. 하나님의 법규를 따름으로 속사람이 강화됩니다. 종에 관한 법과 폭행에 관한 법과 주인에 관한 법과 배상하는 법을 지킴으로 이웃을 사랑하는 공동체가 되고, 도덕과 윤리에 관한 법과 재판과 공평에 관한 법을 지킴으로 건강한 공동체가 되고, 안식년과 안식일에 관한 법과 절기에 관한 법을 지킴으로 하나님을 사랑하는 공동체가 됩니다.

모든 법규는 이웃을 사랑하고, 하나님을 사랑하는 법을 배우는 과정입니다. 거듭난 성도들이 이웃 사랑과 하나님 사랑이 체질화될 때 속사람이 겉사람을 지배합니다. 속사람이 겉사람을 지배할 때 영의 세계, 빛의 세계, 그리고 천국을 경험하고 샬롬을 누리게 됩니다. 속사람의 생각, 영의 생각을 할 때 생명과 평강이 있습니다(롬 8:6). 힘들어도 배상할 것은 배상하고 사랑하면서 사랑의 삶을 살기를 갈망하면 천국을 경험하게 됩니다. 하나님께서는 속사람에 역사하시고, 공중의 권세 잡은 악한 영들은 겉사람을 통해 역사하기에 하나님의 법을 훈련해야 합니다.

하나님의 법규를 따르지 않으면 자기중심적인 겉사람이 강하게 되어 영적인 것을 맛보지 못합니다. 하나님 사랑, 이웃 사랑의 법규를 지키는 것은 치열한 전쟁과 같습니다. 자기를 죽이는 전쟁입니다. 종을 풀어 주고, 배상할 것은 배상하며, 사회적 약자를 도와주는 것은 자기와의 전쟁입니다.

말씀의 가르침대로 하나님 사랑, 이웃 사랑의 삶을 사는 것은 진리에 대한 싸움입니다. 하나님 사랑, 이웃 사랑의 말씀대로 살아야 망하지 않습니다. 말씀대로 살아야 하나님께서 책임져 주십니다. 백성이 망하는 이유는 하나님을 아는 지식이 없기 때문입니다(호 4:6). 백성이 번성할지라도 하나님의 말씀에 대한 지식이 없을 때 망할 수밖에 없습니다(호 4:7). 하나님 사랑과 이웃 사랑의 법규를 철저히 따르는 것이 복됩니다.

하나님의 규례를 따를 때 어떤 복을 받을까요?

### 1. 하나님의 법을 따르면 영이 잘되고 범사에 복을 받습니다

출애굽기 21:1-23:19은 법규입니다. 하나님을 사랑하고 이웃을 사랑하는 삶을 그 당시 문화에 적용하는 법규입니다. 그리고 출애굽기 23:20-33

은 하나님께서 약속하신 복입니다. 하나님께서 이웃 사랑과 하나님 사랑의 법을 말씀하시고 복에 대한 약속을 주셨습니다. 하나님께서 약속하신 복이 얼마나 풍성한지 모릅니다. 하나님을 사랑하고 이웃을 사랑하면 많은 복을 받습니다.

**첫째, 가야 할 목적지까지 이끌어 주시는 복을 받습니다.**

> 내가 사자를 네 앞서 보내어 길에서 너를 보호하여 너를 내가 예비한 곳에 이르게 하리니 (출 23:20).

하나님께서 사자를 미리 보내어 보호하신다면 사명의 길, 인생의 길, 부름의 길이 복됩니다. 우리는 길을 잃을 수 있지만 예비한 곳까지 인도하신다면 안심할 수 있습니다. 우연 같지만 만날 사람을 만나고, 피할 환경을 피하고, 감당할 환경을 감당함이 복입니다. 거듭난 성도들이 겉사람의 욕망이 아니라 속사람의 갈망을 따라 이웃 사랑, 하나님 사랑을 훈련하면 하나님께서 앞서 가시면서 보호하시고 예비한 곳까지 이끄십니다.

**둘째, 말씀을 듣고 순종하면 하나님께서 원수와 대적을 막아 주시는 복을 받습니다.**

> 너희는 삼가 그의 목소리를 청종하고 그를 노엽게 하지 말라 …(출 23:21).

> 네가 그의 목소리를 잘 청종하고 내 모든 말대로 행하면 내가 네 원수에게 원수가 되고 네 대적에게 대적이 될지라 (출 23:22).

삼가 청종하라는 말과 잘 청종하라는 말의 의미는 듣고 들으라는 말씀입니다. 모든 규례를 흘려듣지 말고, 듣고 들음으로 마음에 새기며, 하나님 사랑, 이웃 사랑의 삶을 살면 복을 받습니다. 속사람의 갈망대로 말씀을 잘 듣고 규례대로 행하여 사랑의 삶을 살면 하나님께서 모든 대적을 막아 주십니다. 대적이 해하지 못하도록 하나님께서 친히 간섭하여 주십니다.

**셋째, 인도함의 복을 받습니다.**

> 내 사자가 네 앞서 가서 … 인도하고 … 너는 그들의 신을 경배하지 말며 섬기지 말며 …(출 23:23, 24).

하나님의 인도함을 받아 약속의 땅에 갔을 때 다른 신을 경배하지 않고 하나님만 섬기면 복을 받습니다.

**넷째, 일용할 양식과 건강의 복을 주십니다.**

> 네 하나님 여호와를 섬기라. 그리하면 여호와가 너희의 양식과 물에 복을 내리고 너희 중에서 병을 제하리니 네 나라에 낙태하는 자가 없고 임신하지 못하는 자가 없을 것이라. 내가 너의 날 수를 채우리라(출 23:25, 26).

말씀을 따라 하나님을 섬길 때 양식에 복을 주시고, 물에 복을 주시며, 병을 제하시며, 임신하여 자녀를 가지게 하시며, 번성과 장수의 복을 주십니다. 하나님의 법규를 따를 때 영적인 복뿐만 아니라 하는 모든 일에도 복을 주십니다.

하나님께서 언약을 맺기 전에 판결 규례인 법규들을 주시고 복을 약속하셨습니다. 하나님의 법을 따라 이웃 사랑, 하나님 사랑의 삶이 살아 약속의 복을 누리길 바랍니다.

## 2. 순종의 마음을 가지면 하나님께서 토라의 비밀을 알려 주십니다

모세가 시내산에서 하나님께 받은 모든 말씀들과 법규들을 백성에게 전했습니다.

출애굽기 24:3의 율례(미쉬파팀, משפטם)는 출애굽기 21:1의 법규와 같은 단어입니다. 53개의 법규들을 들은 백성들은 한 목소리로 응답하여 약속하기를, 여호와께서 말씀하신 모든 것을 준행하겠다(출 24:3)고 했습니다.

모세는 여호와의 모든 말씀을 기록하고 번제와 화목제를 드렸습니다. 그리고 기록한 언약서를 가져다가 다시 백성 앞에서 낭독했습니다.

> 언약서를 가져다가 백성에게 낭독하여 듣게 하니 그들이 이르되 여호와의 모든 말씀을 우리가 준행하리이다(출 24:7).

백성들은 기록한 언약서의 말씀을 다시 듣고 말씀대로 준행하겠다고 약속했습니다. 출애굽기 21-23장의 말씀대로 살겠다는 서약입니다. 판결 규례를 듣고 한 번 약속했지만 기록한 것을 읽을 때 또다시 서약합니다. 말로만 서약한 것이 아니라 피로 서약했습니다. 모세는 번제와 화목제를 드릴 때 받은 피의 절반은 제단에 뿌리고(출 24:6), 또 절반은 백성에게 뿌리면서 이 모든 말씀에 대하여 너희와 세우신 언약의 피라(출 24:8)고 했습니다. 목숨과 같은 피로써 언약을 맺은 것입니다. 하나님께서 주신 규례의 말씀들을 반드시 지키겠다는 서약입니다. 목숨을 걸고 이웃 사랑, 하나님 사랑의 말씀을 지키겠다는 약속입니다.

이웃 사랑, 하나님 사랑의 말씀을 순종하는 성도들에게 하나님께서 토라의 비밀을 알려 주십니다. 말씀을 잘 듣고 순종을 약속할 때 모세에게 돌판을 주십니다.

> 여호와께서 모세에게 이르시되 너는 산에 올라 내게로 와서 거기 있으라. 네가 그들을 가르치도록 내가 율법과 계명을 친히 기록한 돌판을 네게 주리라 (출 24:12).

모세가 시내산에 40일을 있으면서 받은 선물이 하나님께서 율법을 친히 기록한 돌판입니다. 판결 규례의 말씀을 순종하겠다고 약속한 백성들에게 토라를 기록한 돌판을 주셨습니다.

율법인 토라는 무거운 짐이 아닙니다. 복되게 살게 하는 가르침입니다. 하나님 사랑과 이웃 사랑에 대한 가르침입니다. 서약한 대로 가르침을 따라 살기만 하면 엄청난 복이 됩니다. 하나님을 경험하고 하늘의 평강인 샬롬을 경험하며 친히 하나님과 동행하는 복을 받습니다. 말씀대로 살기만 하면 천국을 누립니다.

모세가 하나님께 받은 돌판은 언약궤 안에 있었기에 시간이 지나면서 백성들이 잊었습니다. 받은 규례대로 살지 못하여 천국을 경험하지 못하고 은혜를 받지 못하여 결국은 나라가 망하여 바벨론의 포로가 됩니다.

이스라엘은 판결 규례대로 살지 못했고 말씀의 가르침을 따르지 못했지만 예수님께서 오셔서 모든 말씀을 성취하셨습니다. 하나님 사랑, 이웃 사랑의 규례를 다 지키셨습니다. 그리고 하늘에 승천하셔서 우리 마음에 성령을 주셨습니다. 예수님을 믿고 거듭난 성도들은 돌판의 가르침이 아니라 성령의 가르침을 받습니다.

> 너희는 우리로 말미암아 나타난 그리스도의 편지니 이는 먹으로 쓴 것이 아니요 오직 살아 계신 하나님의 영으로 쓴 것이며 또 돌판에 쓴 것이 아니요 오직 육의 마음 판에 쓴 것이라(고후 3:3).

살아 계신 하나님의 영인 성령은 돌판이 아니라 마음 판에 하나님의 말씀을 기록합니다. 성령님은 말씀을 듣고 말씀대로 순종하고자 하는 믿는 자들의 마음 판에 하나님 사랑과 이웃 사랑의 말씀을 기록하십니다.

주일 날 말씀을 듣고 말씀대로 순종하고자 하면 마음 판에 기록하여 행하게 하십니다. 성경을 읽으면서 순종하고자 하면 마음 판에 기록하여 행하게 하십니다. 아가페 사랑으로 살라는 하나님의 말씀에 순종하고자 하면 마음 판에 계속하여 기록합니다. 순종하고자 하면 마음 판에 기록된 말씀이 생각나 용서하고 축복합니다. 미워하는 자도 사랑하고, 욕하는 자도 사랑하고, 사회적 약자도 사랑하게 됩니다. 순종의 마음을 가지면 성령님이 할 수 있는 힘을 주십니다.

> 하나님께 감사하리로다. 너희가 본래 죄의 종이더니 너희에게 전하여 준 바 교훈의 본을 마음으로 순종하여 죄로부터 해방되어 의에게 종이 되었느니라 (롬 6:17, 18).

누구에게 순종하든지 그에게 종이 됩니다. 죄에게 순종하면 죄의 종이 되고, 의에 순종하면 의의 종이 됩니다. 겉사람에게 순종하여 겉사람의 생각을 따르면 겉사람의 종이 되고, 속사람에게 순종하여 속사람의 생각을 따르면 속사람의 종이 됩니다. 누구에게 순종하든지 그에게 종이 됩니다. 육신의 갈망을 채우는 겉사람에게 순종하지 말고 하나님 사랑, 이웃 사랑을 열망하는 속사람에게 순종하면 말씀을 깨닫게 됩니다. 말씀의 가르침, 토라의 비밀을 알게 됩니다.

복음을 듣고 말씀의 가르침을 마음으로 순종할 때 죄로부터 해방되어 의를 행하여 의의 종이 됩니다. 말씀의 가르침을 순종하여 사랑의 삶을 살면 인생 행복을 느끼게 됩니다. 이전에 자기 자신만을 위해 살았던 것이 부끄럽게 여겨집니다. 사랑의 삶을 살면 천국을 맛봅니다. 하나님께서 함께하심을 경험하게 됩니다. 이러한 복을 경험하길 바랍니다.

# 7장

## 예물
(출 25:1-9)

　출애굽기에서 가장 많은 지면을 차지하는 내용이 성막입니다. 출애굽기 25-40장이 성막 이야기입니다. 중간에 금송아지 사건이 나오지만 40장까지 성막에 관해 자세하게 말씀합니다.

　성막에는 지성소와 성소와 뜰이 있습니다. 성소도 거룩한 장소이지만 지성소는 지극히 거룩한 장소로 구별되었습니다. 지성소에는 언약의 돌비를 넣은 증거궤가 있습니다. 증거궤, 곧 언약궤를 덮는 것을 속죄소 혹은 시은좌라고 합니다. 피를 뿌림으로 죄를 속하는 장소, 은혜의 자리라는 뜻입니다. 언약궤를 덮는 뚜껑은 그룹 천사의 모형으로 만들었습니다. 지성소에 언약궤를 놓고 휘장을 칩니다.

　지성소 휘장 밖은 성소입니다. 성소에는 12개의 떡을 차려 놓은 상과 7개의 등불을 밝히는 등대와 향을 피우는 향단이 있습니다. 성소에 다시 휘장을 칩니다. 성소 휘장 밖에는 뜰이 있는데 뜰에는 제사장들이 손과 발을 씻는 물두멍과 매일 제사를 드리는 번제단이 있습니다.

성막의 구조, 치수, 재료, 사용 용도에 관해 출애굽기 25-31장에 자세하게 설명되어 있습니다. 성경이 많은 지면을 통해 성막을 자세하게 설명하는 이유는 그만큼 중요하기 때문입니다.

하나님께서 왜 성막을 만들라고 하셨을까요?

성막의 목적은 무엇일까요?

> 내가 그들 중에 거할 성소를 그들이 나를 위하여 짓되 무릇 내가 네게 보이는 모양대로 장막을 짓고 기구들도 그 모양을 따라 지을지니라(출 25:8, 9).

성막의 목적은 여호와 하나님께서 그의 백성들과 함께 거할 처소를 만드는 것입니다. 하나님께서 그의 백성들과 함께하시기 위해 임재하십니다. 하나님께서 그의 백성들과 함께 거하시기 위해 오시기에, 하나님께서는 성막을 보여 주는 모양대로 만들라고 하셨습니다. 궁극적으로 성막은 예수 그리스도의 사역을 보여 주는 그림자이기에 하나님께서 크기와 재료와 용도 등 모든 것을 세밀하게 가르쳐 주신 것입니다.

이번 주에 읽을 토라의 말씀은 성막의 설계도인 출애굽기 25:1-27:19입니다. 제목은 "예물"(테루마, תרומה)입니다.

하나님께서 백성들이 드리는 예물로 성막을 만들라고 지시하십니다. 증거궤와 속죄소의 크기와 재료(출 25:10-22), 떡을 차려 놓은 상의 크기와 재료(출 25:23-30), 순금으로 쳐서 만들 등잔대의 모양(출 25:31-40), 지성소와 성소를 덮을 4중으로 된 성막 덮개(출 26:1-14), 이동식 성막의 벽을 이루는 널판의 개수와 크기와 재료(출 26:15-30), 지성소와 성소의 출입문에 해당하는 휘장을 만드는 법(출 26:31-37), 뜰에 있는 번제단의 구조와 재료(출 27:1-8), 기둥과 세마포 휘장으로 만들 울타리의 규모와 재료(출 27:9-19)

에 대해 지시하셨습니다.

하나님께서는 성막을 사람의 생각대로 만들 것이 아니라, 하나님께서 디자인하신 양식과 지시하신 재료로 만들라고 하셨습니다. 왜냐하면 성막은 예수님의 사역을 예시하는 그림자이기 때문입니다.

모세가 40일 동안 시내산에 올라 금식하면서 언약의 돌판을 받고 성막에 대한 계시를 받았습니다. 하나님께서 거하실 성막을 만드는 것은 특권이요, 영광입니다.

그렇다면 우리는 어떻게 하나님께서 거하시는 성전을 만들 수 있을까요?

오늘날 하나님께서 거하시는 성전이란 무엇일까요?

### 1. 교회 공동체가 하나님께서 거하시는 거룩한 성전임을 인식해야 합니다

광야의 성막이나 예루살렘 성전은 지정된 장소에만 있었기에 제사장 그룹을 제외하고는 대부분의 사람들은 가까이할 수 없어 대부분의 사람들은 하나님을 만날 엄두도 내지 못했습니다.

거룩해야 할 성전도 세월이 흐르면서 변질되었습니다. 성전에 우상들을 세우기도 하고, 다른 제단을 만들기도 했습니다. 타락한 성전을 하나님께서 기뻐하실 리가 없습니다. 예수님도 예루살렘 성전에 가셔서 타락한 성전을 보시고 노끈으로 채찍을 만들어 양이나 소를 성전에서 내쫓으시고, 돈 바꾸는 사람들의 상을 엎으시며 "아버지 집을 장사하는 집으로 만들지 말라"고 꾸중하셨습니다. 그때 유대인들이 와서 표적을 구했고 예수님께서 다음과 같이 말씀하셨습니다.

> 예수께서 대답하여 이르시되 너희가 이 성전을 헐라. 내가 사흘 동안에 일으키리라. 유대인들이 이르되 이 성전은 사십육 년 동안에 지었거늘 네가 삼 일 동안에 일으키겠느냐 하더라. 그러나 예수는 성전된 자기 육체를 가리켜 말씀하신 것이라(요 2:19-21).

이 성전을 헐면 예수님께서 3일 동안에 일으키신다고 하셨습니다. 유대인들은 당시의 예루살렘 성전을 46년 동안 지었는데 예수님께서 3일 동안에 세운다고 하니 예수님을 어설픈 사기꾼 정도로 생각합니다.

그러나 예수님은 사기꾼이 아닙니다. 예루살렘 성전은 예수님을 보여 주는 그림자이고 실체는 예수님 자신입니다. 예수님 안에 하나님께서 거하셨으므로 예수님께서 진짜 성전입니다. "너희가 이 성전을 헐라. 내가 사흘 동안에 일으키리라"라는 말씀의 의미는 하나님께서 거하시는 예수님을 십자가에 못 박아 죽이면 3일 만에 다시 살아나신다는 말씀입니다. 예수님께서 자신의 몸을 하나님께서 거하시는 성전이라고 하셨습니다. 예수님뿐만 아니라 성령이 거하시는 교회 공동체도 성전입니다.

> 너희는 너희가 하나님의 성전인 것과 하나님의 성령이 너희 안에 계시는 것을 알지 못하느냐?
> 누구든지 하나님의 성전을 더럽히면 하나님이 그 사람을 멸하시리라. 하나님의 성전은 거룩하니 너희도 그러하니라(고전 3:16, 17).

하나님께서 건물 안에 거하시는 것이 아니라 믿음의 사람들 안에 거하십니다. 예수님께서 부활하셔서 하늘에 올라가셨을 때에 하나님께 성령을 받아서 120명의 성도들에게 부어 주셨습니다(행 2:33). 예수님께서 부어 주신 성령은 성도들 안에 거하시면서 예수님의 모든 말씀을 가르치고 증언합니다. 성도들이 말씀의 가르침을 따라 아가페 사랑과 참된 진리의 삶을 살면 하나님께서 함께하십니다. 성부 성자 성령 하나님께서 성도들 안에 함께 거하십니다. 영원히 함께하십니다.

> 그의 계명은 이것이니 곧 그 아들 예수 그리스도의 이름을 믿고 그가 우리에게 주신 계명대로 서로 사랑할 것이니라. 그의 계명을 지키는 자는 주 안에 거하고 주는 그의 안에 거하시나니 우리에게 주신 성령으로 말미암아 그가 우리 안에 거하시는 줄을 우리가 아느니라(요일 3:22, 23).

아가페 사랑의 계명을 지킬 때 하나님께서 우리 안에 거하십니다(요 14:23). 성도들의 모임인 교회 공동체가 말씀의 가르침을 따라 아가페 사랑으로 살면 하나님께서 거하시는 성전이 됩니다. 건물이나 개개인이 아니라 성도들의 모임인 교회 공동체가 성전이 됩니다. 교회 공동체를 이루는 성도들은 하나님의 성령이 거하시는 성전(고전 6:19)입니다. 성도들 한 명, 한 명은 성전의 지체가 됩니다. 모든 성도들이 성전이므로 모든 성도들은 거룩하고 진실하게, 말씀대로 살아야 합니다.

우리는 성도들의 모임인 교회 공동체가 하나님께서 거하시는 성전임을 인식하고 거룩함에 힘써야 합니다. 성령님이 거하시는 교회일수록 아가페 사랑과 거룩함과 진실함이 많아지도록 더욱 힘씁니다. 누구든지 하나님의 성전을 더럽히면 하나님께서 그 사람을 멸하십니다. 하나님의 성전이 거룩하기에 모든 성도들도 거룩해야 합니다. 거룩하게 살아감이 몸으로 하나님께 영광을 돌리는 것이고(고전 6:20), 하나님께서 거하시는 성전을 세우는 것입니다. 하나님께서 거하시는 성전 세움에 대해서는 계속 배워야 합니다. 출애굽기 25장을 통해 성전 세움을 배울 수 있습니다.

### 2. 교회 공동체가 기쁨으로 드린 예물로 하나님의 성전이 세워짐을 인식해야 합니다

성전은 하나님께서 세워 주시는 것이 아니라 하나님의 백성들이 세워야 합니다. 하나님께서 시내산에서 모세에게 성막의 설계도와 재료들을 보여 주셨고 실제로는 그의 백성들이 세웁니다. 하나님께서 성막을 만드는 데 필요한 재료들을 예물로 가져오라고 하셨습니다.

> 이스라엘 자손에게 명령하여 내게 예물을 가져오라 하고 기쁜 마음으로 내는 자가 내게 바치는 모든 것을 너희는 받을지니라 (출 25:2).

하나님께서 이스라엘 자손에게 예물을 가져오라고 하셨습니다. 백성들이 기쁜 마음으로 바치는 모든 것을 받으라고 하셨습니다. 하나님께 드리는 예물은 마지못해 억지로 드리거나 다른 사람의 눈치를 보며 체면상으로 드리는 것이 아니라 은혜에 감사하여 기쁜 마음으로, 자발적으로, 아낌없이 드리는 것입니다.

예물은 금, 은, 놋, 청색 자색 홍색 실, 가는 베실, 염소 털, 붉은 물들인 숫양의 가죽, 해달의 가죽, 조각목, 등유와 관유에 드는 향료, 분향할 향을 만들 향품, 호마노와 에봇과 흉패에 물릴 보석들입니다. 하나님께서는 성막을 지을 때 필요한 모든 것을 백성들로부터 예물로 받으라고 하셨습니다.

예물을 히브리어로 '테루마'(תרומה)라고 하는데 '높이 들어서 올려지다'라는 의미를 가진 '룸'(רום)에서 파생된 단어입니다. 자원하여 드리는 예물은 하나님께 올려 드리는 것입니다. 하나님께서 거하시는 처소를 만들기 위해 가져오는 예물은 높이 올려진 예물일 뿐만 아니라 그 예물을 드리는 자도 예수 그리스도 안에서 하나님께 올려진 예물이 되는 것입니다.

> 긍휼이 풍성하신 하나님이 우리를 사랑하신 그 큰 사랑을 인하여 허물로 죽은 우리를 그리스도 안에서 함께 살리셨고 또한 함께 일으키사 그리스도 예수 안에서 함께 하늘에 앉히셨으니(엡 2:4-6).

우리가 예수 그리스도 안에서 하늘까지 높이 올려진 예물입니다. 하나님께서 예수 그리스도 안에 있는 믿는 자들을 예물로 받으셔서 성전인 하나님 나라를 세우십니다.

> 그의 안에서 건물마다 서로 연결하여 주 안에서 성전이 되어 가고 너희도 성령 안에서 하나님이 거하실 처소가 되기 위하여 그리스도 예수 안에서 함께 지어져 가느니라(엡 2:21, 22).

하나님께서 성전과 같은 하나님 나라를 세우기 위해 자원하여 드리는 우리를 예물로 받으십니다. 하나님께서 받으시는 예물은 자원하여 기쁨으로 드리는 것입니다.

또한 속사람은 무슨 대가나 보상을 바라고 드리는 것이 아니라 기쁨으로 자원하여 드릴 때 즐거워합니다. 육신적인 사람인 겉사람은 무엇을 해도 대가와 보상을 기대합니다. '내가 이만큼 헌신하면 하나님께서 어떤 복을 주시겠지'라고 기대합니다. 열심히 헌신했음에도 하나님께서 아무런 복을 주시지 않으면 마음이 울적하고 힘이 빠집니다. 무엇을 기대하는 것은 육적인 사람, 겉사람의 특징입니다.

보상을 바라고 조건부로 드리는 예물은 하늘에 올라가지도 않고 하나님께서 받지도 않으십니다. 사람에게 보이기 위해 하는 일은 하늘의 상이 없습니다. 금식이든, 기도이든, 구제이든, 봉사나 헌신이든 사람에게 보이기 위하여 하고, 사람에게 상을 받으면 하늘의 상이 없고, 하나님께서 받지 않으십니다. 오히려 하늘의 문이 닫힙니다.

하나님께서 받으시는 예물은 기쁨으로 자원하여 드린 것입니다. 거듭난 속사람은 무엇을 바라고 헌신하지 않습니다. 은혜에 감사하여 기쁨으로, 자발적으로 헌신합니다. 거듭난 속사람의 본질은 자원하는 마음입니다. 겉사람은 자기 자신을 위해 무엇인가 계산하지만 속사람은 아무런 계산 없이 자원하여 사랑하고, 자원하여 헌신하고, 자원하여 충성하기에 누가 알아주든 알아주지 않든 상관이 없고, 보상이나 축복이 있든 없든 상관이 없습니다. 속사람은 사랑함과 섬김 자체를 즐거워합니다. 그렇게 자원하여 섬기고 사랑하는 것이 하나님께서 받으시는 예물입니다.

조건 없이 나누고 섬기는 아가페 사랑이 하나님께 드리는 예물이요, 하나님 나라를 세우는 재료입니다. 하나님만을 위하여 기쁨으로 이웃을 사랑하는 것이 예물(테루마, תרומה)입니다. 조건 없는 사랑은 하나님 나라를 세우는 재료입니다.

예수님께서 우리의 죄를 대속하기 위해 십자가를 지실 때 아무런 조건이 없었습니다. 예수님께서 우리를 위해 목숨을 버리실 때 아무런 조건이 없었습니다. 그것은 무조건적인 사랑이고, 세상을 사랑하여 목숨을 주신 것입니다. 십자가의 사랑이 성전인 하나님 나라를 세웠습니다.

교회 공동체도 하나님과 이웃을 사랑하되 아무런 조건 없이 아가페 사랑을 하면 하나님께서 거하시는 성전으로 지어져 가게 됩니다. 교회 공동체가 아가페 사랑을 흘러 보내면 하나님께서 함께하십니다. 그러나 은혜로, 값없이 구원을 받았음에도 자기 자신만 알고 자기 욕망을 채우려는 겉사람을 따라 살면 하나님께서 토해 버리십니다. 오직 아가페 사랑으로 한 것만이 예물이 되어 하나님께 올라갑니다.

모든 예물과 열정과 섬김과 헌신을 하나님께서 다 받으시는 것은 아닙니다. 받으시는 것도 있고 받지 않으시는 것도 있습니다. 마치 아벨과 그 제물은 받으시고 가인과 그 제물은 받지 않으신 것처럼 하나님께서 받으시는 것도 있고 받지 않으시는 것도 있습니다.

왜 하나님께서는 가인이 드린 제물은 받지 않으셨을까요?

하나님께서는 무엇을 기준으로 받으시거나 받지 않으실까요?

만약 우리가 나름대로 열심히 섬기고 헌신했는데 하나도 하나님께 올라가지 않으면 가인처럼 화가 나지 않겠습니까?

만약 그렇다면 우리도 아벨을 시기한 가인처럼 다른 성도들을 시기하고 질투할 것입니다. 고린도 교회가 그러했습니다. 고린도 교회는 성령의 은사가 많았고 좋은 사역자들을 통해 많은 은혜도 받았지만 영적으로는 어린아이와 같았습니다. 젖이나 먹고 밥을 먹을 수 없는 어린아이처럼 영적인 것을 감당하지 못했습니다.

속사람을 따름이 아니라 겉사람인 육신에 속하여 시기와 분쟁이 많았습니다(고전 3:3). 하나님께서 사도 바울을 통해 고린도 교회에 말씀하셨습니다. 하나님께서는 교회가 하나님의 성전인 하나님의 집이기에 어떻게 세울지 조심하라고 말씀하셨습니다.

이 닦아 둔 것 외에 능히 다른 터를 닦아 둘 자가 없으니 이 터는 곧 예수 그리스도라. 만일 누구든지 금이나 은이나 보석이나 나무나 풀이나 짚으로 이 터 위에 세우면 각 사람의 공적이 나타날 터인데 그 날에 공적을 밝히리니 이는 불로 나타내고 그 불이 각 사람의 공적이 어떠한 것을 시험할 것이니라. 만일 누구든지 그 위에 세운 공적이 그대로 있으면 상을 받고 누구든지 그 공적이 불타면 해를 받으리니 그러나 자신은 구원을 받되 불 가운데서 받은 것 같으리라(고전 3:11-15).

성전의 터는 예수 그리스도이십니다. 성도들의 공적인 모든 열정과 헌신과 섬김은 성전을 세우는 재료와 같습니다. 금, 은, 보석, 나무, 풀, 집과 같은 재료입니다. 출애굽기 25장에서 성막의 재료인 금, 은, 놋 등 각종 필요한 것들을 예물로 드리라고 한 것처럼 교회 공동체의 헌신과 열정과 충성인 공적은 예물로서 하나님께서 거하시는 영원한 하나님 나라를 세우는 재료와 같습니다.

그런데 그 모든 것은 불과 같은 시험을 통과합니다. 불을 통과할 때 타는 것과 타지 않는 것이 있습니다. 나무나 풀이나 짚은 타고, 금이나 은이나 보석은 타지 않습니다. 나무나 풀이나 짚은 자연적인 것, 육신적인 것입니다. 자기 자신을 위해 행한 모든 공적은 불과 같은 시험에서 타 버립니다. 자기 욕망을 채우기 위한 열정, 자기 이름을 드러내기 위한 헌신, 자기를 위해 예수님 이름을 내세우고 행한 모든 것은 불과 같은 시험에서 타 버립니다. 자기를 위해 시기와 질투와 욕망으로 행한 것으로는 하나님의 집을 세우지 못합니다.

불과 같은 시험이 와도 타지 않는 것은 속사람으로 말미암아 나온 것뿐입니다. 예수님처럼 아가페 사랑으로 섬긴 공적은 불과 같은 시험이 와도 사라지지 않습니다. 자원하여 기쁨으로 아무런 조건 없이 나누고, 섬기며, 봉사하며, 준 것은 시험이 와도 사라지지 않습니다. 많이 사랑함에도 섭섭한 일을 당했을 때 시험에 들지 않습니다. 아무도 알아주지 않아도 마음이

상하지 않습니다. 이런 것이 금, 은, 보석과 같은 것입니다. 이렇게 자원하여 기쁨으로 섬긴 아가페 사랑의 흔적들은 상이 됩니다. 자원하여 기쁨으로 행한 아가페 사랑으로 인해 하나님의 나라가 세워집니다. 그곳에 하나님께서 함께하십니다.

성막이나 성전을 세우는 목적은 하나님께서 함께 거하시기 위함입니다. 하나님께서 거하시는 처소가 성전입니다. 성전은 성도들의 모임인 교회 공동체입니다. 교회의 교회됨은 하나님께서 함께 거하심입니다.

하나님께서 거하시는 성전이 되기 위해 자신을 예물로 드림이 최고의 복입니다. 예수 그리스도께서 자신을 십자가에 제물로 드렸듯이 우리 자신을 하나님께 드림이 복입니다. 아가페 사랑이 흘러가고, 진리가 보이며, 거룩함과 정결함이 향기가 되며, 복음이 나누어지도록 자신을 하나님께 드림이 복입니다.

자신을 온전한 예물로 드리면 하나님께서 함께하십니다. 하나님께서 함께하시면 은혜와 평강이 있고, 용서와 이해가 있으며 겸손과 기쁨이 있습니다. 하나님께서 함께하시면 사탄이 감히 건드리지 못합니다. 항상 은혜가 흐릅니다.

하나님께서 거하시는 처소를 만들기 위해 자신을 예물로 드림이 복입니다. 하나님께서 거하시고 다스리는 나라가 되도록 자신을 드리며, 사랑과 진리와 거룩함을 이루는 교회 공동체가 되도록 자신을 드리면 그것이 예물이 되어 하나님께 올라갑니다. 우리는 하나님의 은혜와 평강을 맛보게 됩니다. 하나님께 올려지는 예물이 되길 바랍니다.

# 너는 명령하라
(출 27:20-21)

하나님의 나라를 위해 수고하고 희생하는 일꾼들이 있습니다. 구약에도 성전을 위해 일하는 사람들이 있었습니다. 즉 제사장과 레위 사람들입니다. 제사장들은 자신이 맡은 일을 잘하기 위해서 하나님의 말씀을 잘 알아야 합니다.

이번 주에 읽을 토라의 말씀은 출애굽기 27:20-30:10입니다. 이 부분은 제사장들에 관한 내용으로서 제목은 "너는 명령하라"(테짜베, תצוה)입니다.

출애굽기 28장은 제사장으로 부름 받은 아론과 그의 아들들이 입을 거룩한 옷에 관한 규례입니다. 즉 속옷과 겉옷과 겉옷 위 가슴에 붙일 판결 흉패와 이스라엘 지파의 이름을 적은 보석을 붙일 에봇, 그리고 이마에 붙일 관과 띠를 어떤 재료를 사용하여 어떻게 만들지를 자세하게 가르칩니다.

제사장은 거룩한 성소에서 거룩하신 하나님을 섬기는 일꾼이요, 대제사장은 속죄 사역을 감당하시는 예수 그리스도를 보여 주는 모형이기에 하나님께서 제사장 의복에 관해 자세하게 가르치셨습니다.

출애굽기 29장은 제사장직을 위한 위임식에 관한 규례입니다. 제물을 준비하고 와서 물로 씻고 제사장 옷을 입히고, 기름을 부어 바르고, 속죄제, 번제, 위임식 제사를 드리되 7일 동안 제사를 드림으로 제사장 자신들과 제단을 거룩하게 하라고 하셨습니다.

하나님께서 약속하시기를, 제사장이 위임된 후에 매일 아침저녁으로 정해진 규례를 따라 번제를 드리면 하나님께서 만나주시고, 성막과 제사장들을 거룩하게 하시며, 그들과 함께 거하시며, 은혜와 복을 주신다고 하셨습니다. 제사장은 하나님 나라의 일꾼으로 성막과 성전에서 하나님을 섬기며 사역하는 사람들입니다.

구약이나 신약이나 지금이나 하나님 나라와 복음을 위하여 섬기고 사역하는 일꾼들은 제사장과 같습니다. 바울은 다음과 같이 고백했습니다.

> 이 은혜는 곧 나로 이방인을 위하여 그리스도 예수의 일꾼이 되어 하나님의 복음의 제사장 직분을 하게 하사 이방인을 제물로 드리는 것이 성령 안에서 거룩하게 되어 받으실 만하게 하려 하심이라(롬 15:16).

사도 바울은 이방인에게 복음을 전하는 그리스도 예수의 일꾼으로 이방인에게 복음을 전하는 사역을 복음의 제사장 직분이라고 했습니다. 바울이 목숨을 아끼지 않고 복음을 전하여 이방인들이 구원을 받으면 그들이 하나님께서 받으시는 제물이라고 했습니다. 그래서 바울은 한 명이라도 더 구원하기 위해 자기 목숨을 조금도 귀한 것으로 여기지 않았습니다.

사도 바울뿐만 아니라 구원을 받은 우리도 제사장과 같습니다. 베드로는 교회가 왕 같은 제사장(벧전 2:9)이라고 했고, 요한계시록에는 예수님께서 우리를 사랑하여 자신의 피로 우리를 사서, 우리를 죄에서 해방하시고,

우리를 나라와 제사장으로 삼으셨다(계 1:5, 6; 5:9, 10)고 했습니다.

제사장이 거룩한 옷을 입고 아침저녁 온전한 번제로 하나님을 섬겼듯이 우리도 거룩하게 살아가면서 하나님을 예배하는 자가 되면 하나님의 복을 받습니다.

오늘날 우리는 왕 같은 제사장으로서 무엇을 해야 복된까요?

**1. 항상 등불이 비추도록 하라는 명령을 지켜 행함이 복입니다**

하나님께서는 제사장에 관한 규례를 주시면서 제사장이 가장 먼저 해야 할 사역을 말씀하셨습니다. 제사장이 가장 먼저 해야 할 사역은 등불을 보살펴 성소 안을 밝히는 것입니다.

> 너는 또 이스라엘 자손에게 명령하여 감람으로 짠 순수한 기름을 등불을 위하여 네게로 가져오게 하고 끊이지 않게 등불을 켜되 아론과 그의 아들들로 회막 안 증거궤 앞 휘장 밖에서 저녁부터 아침까지 항상 여호와 앞에 그 등불을 보살피게 하라. 이는 이스라엘 자손이 대대로 지킬 규례이니라(출 27:20, 21).

성소에는 12개의 떡을 차려 놓은 상과 7개의 등불을 켜도록 만들어진 등잔대와 향을 피우는 향단이 있습니다. 떡을 차리고, 향을 피우려면 등불의 빛이 있어야 합니다. 빛이 없어 캄캄하면 다른 것을 할 수 없습니다. 그래서 가장 먼저 등불을 켜야 합니다.

제사장인 아론과 그의 아들들은 지성소 휘장 밖에 있는 성소 안에서 저녁부터 아침까지 항상 등불을 정돈하여 빛이 올라가게(알라, עלה) 해야 할 사명이 있습니다. 제사장의 사명은 저녁에 등불을 켜고, 아침에 정돈하여 항상 성소에 빛이 있게 하는 것입니다.

등불을 켜기 위해서는 기름이 있어야 합니다. 성소의 등불을 위한 기름은 아무거나 사용할 수 없습니다. 반드시 순수한 감람(올리브)유를 사용해야 합니다. 하나님께서는 감람유를 백성들이 준비하게 하셨습니다. 다른 성막 재료들과 마찬가지로 성소의 감람유도 백성들이 자원하여 기쁨으로 드린 예물이어야 했습니다.

보통 이스라엘 사람들은 연자 맷돌로 기름을 짜는데, 가장 좋은 기름은 제사용으로 드렸고, 그 다음의 것은 식용으로 사용하였으며, 그 다음의 것은 비누를 만들거나 가정에서 등불을 위해 사용했다고 합니다.

회중들이 지속적으로 가장 순수하고 정결한 감람유를 가져와야 성소 안을 계속 밝힐 수 있습니다. 그래서 하나님께서 모세에게 명하여 백성들이 순수한 감람유를 가져오게 하신 것입니다. 감람유를 드리는 일은 해도 좋고 하지 않아도 좋은 것이 아니라 반드시 해야 하는 일, 즉 명령입니다. 빛을 위해서는 기름이 필수적입니다.

참된 교회는 촛대(계 1:20)와 같이 어둠을 밝히는 빛이 되어야 합니다. 주님을 따르는 교회 공동체는 소금이고 세상의 빛(마 5:13, 14)입니다. 교회는 빛이 되어 집 안을 밝히는 등불처럼 사람들에게 빛을 주어야 합니다. 교회는 빛이신 예수님을 따름으로써 예수님에게서 생명의 빛을 얻어(요 8:12) 사람들에게 생명의 빛을 비추어야 할 사명이 있습니다. 빛의 열매는 착함과 의로움과 진실함입니다(엡 5:9). 예수님께 받은 빛이 나타나면 어둠은 떠납니다.

오늘날 교회는 빛일까요?

지금 우리는 빛인가요?

착함과 의로움과 진실함의 열매가 나타나 어둠이 떠나가고 있습니까?

지금 우리들의 빛된 모습을 보고 세상 사람들이 진리를 알고, 하나님을 알며, 복음을 알아갑니까?

빛이 되기 위해 필요한 것은 기름입니다. 기름 없는 등잔대는 빛을 비출 수 없습니다. 아무리 화려하고 비싼 등을 가졌다 하더라도 기름이 없으면 빛을 비출 수 없습니다. 기름 없이 등만 가지고 있으면, 깊은 밤중에 신랑이 왔다는 소식을 들어도 나아가 사랑하는 신랑을 맞이할 수 없습니다.

교회는 등잔대와 같기에 빛을 비추기 위해 반드시 기름을 준비해야 합니다. 연자 맷돌로 으깨진 감람처럼 자기가 죽는 고통을 통해 나온 순수한 기름을 가져야 빛이 될 수 있습니다.

순결한(자크, זך) 기름은 감람을 찧어서(카티트, כתית) 만듭니다. 찧었다는 말은 눌러 으깨어 기름을 추출했다는 의미입니다. 감람이 순결한 기름이 되려면 엄청난 압박을 받아야 합니다. 즉 죽어 깨어질 정도로 스트레스를 받는 것입니다. 스트레스 받지 않으려고 하면 아무것도 하지 못합니다. 자기가 죽을 정도의 압박을 받듯이 스트레스를 받아야 순결한 기름이 나옵니다.

우리는 매일 성경 읽고, 기도하고, 전도하라고 하면 엄청 싫어합니다. 왜냐하면 스트레스를 받기 싫어하기 때문입니다. 그러나 압박을 받아야 순결한 기름이 나옵니다. 압박이 없고 부담이 없으면 신앙이 불행합니다. 감람이 압박을 받지 않으면 기름을 낼 수 없습니다. 기름이 없다는 것은 아직 찧어지지 않았다는 것입니다. 자기에게 압박을 가해야 기름이 나옵니다. 자기 사랑, 자기 애착, 자기 탐욕, 자기중심에 압박을 가할 때 기름이 나옵니다. 기름이 있어야 빛을 밝힐 수 있습니다.

예수님께서 십자가를 지시기 전 감람나무들이 있는 감람산으로 가셔서 땀이 피가 되기까지 기도하셨습니다. 감람산에서 예수님께서는 감람이 연자 맷돌에 눌려서 기름으로 나오듯이 자기를 드리는 기도를 드리셨습니다. 예수님께서는 인간적으로는 이 잔이 옮겨지기를 원하셨지만, 그러한 인간의 뜻이 깨어지고 아버지의 뜻이 이루어지기 위해 기도하셨습니다.

감람산의 겟세마네 동산에서 기도하셨던 예수님처럼 자기를 죽이는 기도를 해야 비로소 순수한 기름이 나옵니다. 아버지 뜻을 위해 자기를 십자가에 못 박는 기도를 해야 성령의 기름 부으심을 받아 빛이 되고, 빛의 열매인 착함과 진실함과 의로움이 나타납니다.

기름 준비는 명령입니다. 반드시 성령의 기름 부으심을 받기까지 자신을 십자가에 못 박아야 합니다. 성령이 임하여 권능을 받아 땅 끝까지 이르러 증인되기 위해서는 자신을 십자가에 못 박아야 합니다. 내가 십자가에 못 박혀 죽고 내 안에 예수님께서 사실 때 생명의 빛이 세상에 흐릅니다.

내 속사람 안에 계신 예수님께서 나타나기 위해 자기를 십자가에 못 박는 것은 치열한 영적 전쟁입니다. 자기가 죽고 예수님께서 나타나셔야 세상의 빛이 되는데, 자기를 죽이는 싸움은 사법고시 준비하는 것보다 힘듭니다.

천박한 복음을 받으면 예수님을 믿어도 자기는 십자가에 못 박히기를 싫어합니다. 자기 십자가를 지기 위해 예수님처럼 처절하게 기도하지 않습니다. 오히려 예수님을 통해 무엇인가 이득을 얻으려고 합니다.

예수님께서 성전에 들어가셔서 성전에서 장사하는 사람들을 쫓아내셨습니다. 장사란 자기를 위해 이득을 남기는 것입니다. 성전에 온 목적이 하나님을 예배함이 아니라 자신의 이득을 보려는 사람들을 예수님께서 쫓아내셨습니다. 자기를 부인하고 자기 십자가를 져야 주님을 따르는 빛이 되고, 착함과 의로움과 진실함과 아가페 사랑이 열매되어 나타납니다. 그리고 목숨까지 주셨던 예수님처럼 주고, 또 주고, 또 주어 생명의 빛을 밝히는 제사장이 됩니다.

사도 바울은 교회가 빛이 될 수만 있다면 자기가 순교의 제물이 되겠다고 고백합니다.

> 이는 너희가 흠이 없고 순전하여 어그러지고 거스르는 세대 가운데서 하나님의 흠 없는 자녀로 세상에서 그들 가운데 빛들로 나타내며 생명의 말씀을 밝혀 나의 달음질이 헛되지 아니하고 수고도 헛되지 아니함으로 그리스도의 날에 내가 자랑할 것이 있게 하려 함이라 만일 너희 믿음의 제물과 섬김 위에 내가 나를 전제로 드릴지라도 나는 기뻐하고 너희 무리와 함께 기뻐하리니(빌 2:15-17).

바울 사도는 빌립보 교회가 흠이 없고 순전한 빛의 열매가 되기를 원했습니다. 세상이 비록 어그러지고 거스르는 물결이 있다고 할지라도 교회 공동체는 하나님의 흠 없는 자녀로서 세상에서 빛들로 나타나고 생명의 말씀을 밝혀야 합니다. 교회가 빛으로 나타나기 위해 바울은 달음질하듯이 수고했습니다. 바울은 "너희의 믿음의 제물과 섬김 위에 내가 나를 전제로 드릴지라도 기뻐하고 기뻐한다"(빌 2:17)고 했습니다. 전제(奠祭)는 성전 제사에서 마지막에 붓는 제물로 순교를 의미합니다. 바울은 교회가 빛이 된다면 기꺼이 자신이 순교의 제물이 되기를 원했습니다.

교회 공동체가 빛이 되기 위해 순결한 기름을 준비하라는 것은 명령입니다. 순결한 기름처럼 진리의 성령이 우리 안에 오시면 진리가 밝히 드러납니다. 진리의 성령은 예수님을 믿을 때 받습니다. 믿는 자에게 성령이 오십니다. 내 안에 계신 성령을 사모하면 성령께서 진리의 말씀을 계속 밝혀 내 안에 있는 추하고 더럽고 죄악된 것을 알게 합니다. 진리의 성령이 계속 역사하면 세속화된 내 모습이 싫증 나고 참된 진리를 사모하게 됩니다. 진리의 성령이 계속 올라오면 생명의 말씀을 통하여 영이 살아나 아가페 사랑으로 살게 됩니다. 착함과 의로움과 진실함의 열매가 나타납니다.

제사장과 같은 교회 공동체가 기름을 가져와 빛이 되라는 것은 명령입니다. 성령의 기름 부으심을 사모하여 등불을 밝히는 슬기로운 처녀와 같기를 바랍니다.

### 2. 기도의 향기가 끊이지 않으면 때를 따라 돕는 은혜를 받습니다

이번 주에 읽을 토라의 말씀은 출애굽기 27:20-30:10입니다. 출애굽기 28장은 제사장의 의복에 관한 가르침이고 출애굽기 29장은 제사장의 위임식과 매일 2번 드릴 번제에 대한 가르침과 그것에 따른 복에 대한 말씀입니다. 출애굽기 30장에서 다시 제사장이 해야 할 중요한 것 한 가지를 가르칩니다. 그것은 바로 매일 성소에 들어가 향단에 향을 사르는 일입니다.

> 아론이 아침마다 그 위에 향기로운 향을 사르되 등불을 손질할 때에 사를지며 또 저녁 때 등불을 켤 때에 사를지니 이 향은 너희가 대대로 여호와 앞에 끊지 못할지며 …(출 30:7, 8).

지정된 재료와 지정된 방식으로 만든 향(출 30:34-38)을 성소에 있는 향단에 아침저녁으로 사르되 아침에 등불을 손질할 때 향연이 올라가게 하고, 저녁 때 등불을 켜 빛이 올라갈 때 향연이 함께 올라가게 하라고 하셨습니다.

제사장이 하는 일 중에 중요한 것은 향연이 여호와의 얼굴 앞에 계속 올라가게 하는 것입니다. 성소에는 언제나 향연이 가득해야 합니다.

하나님께 올라가는 향연은 성도들의 기도입니다. 요한계시록에는 하나님 앞에 있는 4생물과 24장로들이 어린 양이신 예수님 앞에 엎드려 거문고와 향이 가득한 금 대접을 가지고 찬양하는 모습이 나타납니다. 금 대접

안에 있는 향은 성도들의 기도(계 5:8)라고 했습니다. 하나님께 올라가는 성도들의 기도는 성소에서 드려지는 향과 같습니다.

> 또 다른 천사가 와서 제단 곁에 서서 금 향로를 가지고 많은 향을 받았으니 이는 모든 성도의 기도와 합하여 보좌 앞 금 제단에 드리고자 함이라. 향연이 성도의 기도와 함께 천사의 손으로부터 하나님 앞으로 올라가는지라(계 8:3, 4).

성도들의 참된 기도는 향연처럼 천사들의 손을 통해 하나님께 올라갑니다. 제사장들이 아침저녁으로 향단에 정해진 거룩한 향을 사르며 분향했듯이 제사장과 같은 성도들도 아침저녁으로 하나님께서 받으시는 기도를 드려야 합니다. 하나님 얼굴 앞에 올라가는 기도를 쉬지 말고 해야 합니다.

제사장이었던 사무엘은 기도를 쉬는 죄(삼상 12:23)를 범하지 않겠다고 했습니다. 사무엘은 기도가 향연처럼 하나님께 계속 올라가야 하나님께서 향연과 같은 기도를 들으시고 은혜를 베푸실 것을 알았습니다. 그래서 그는 기도를 쉬는 죄를 결코 범하지 않겠다고 한 것입니다. 향연과 같은 기도가 끊어지지 않아야 합니다. 아침저녁 기도가 향연처럼 올라가야 하나님께서 기도를 들으시고 은혜를 베풀어 주십니다. 기도가 끊어지지 않는 교회, 기도가 끊어지지 않는 가정, 기도가 끊어지지 않는 세대가 복이 있습니다.

하나님께서 모세에게 명하여 이르기를, 제사장들이 해야 할 일을 가르치고, 그들이 등불을 밝히도록 백성들이 기름을 준비하여 드리게 하며, 향을 계속 사르라고 하셨습니다. 모세는 말씀대로 명령했고 백성들과 제사장들은 명령대로 행했습니다.

하나님의 명령대로 행하여 등불을 밝히고 분향을 쉬지 않을 때 복을 받습니다. 예수님께서 승천하실 때 교회에 지상 명령을 내리셨습니다.

너희는 가서 모든 민족을 제자로 삼아 아버지와 아들과 성령으로 이름으로 세례를 베풀고 내가 너희에게 분부한 것을 가르쳐 지키라 하라. 볼지어다. 내가 세상 끝 날까지 너희와 항상 함께 있으리라(마 28:19, 20).

교회는 주님의 명령을 따를 때 가장 행복하고 가장 즐겁고 복을 받습니다. 성도들은 주님의 명령을 따라 모든 민족을 제자로 삼고자 하면 행복해집니다. 기쁨이 넘칩니다.

다른 것으로 인생 행복을 찾으려는 것은 무지개를 잡으려는 것과 같습니다. 먹고 사는 것이 어느 정도 해결된 현대인들의 인생 목적은 쾌락입니다. 돈을 왕창 벌어 여행을 하고 레저를 즐기면 행복할 것으로 착각합니다. 그래서 주말에는 사방으로 놀러갑니다. 겨울에는 스키를 타고, 여름에는 수영장에 가며, 봄과 가을에는 해외여행을 갑니다. 이렇게 인생을 즐기는 것을 인생의 행복이라고 여깁니다.

정말 레저를 즐기고 돈을 왕창 쓰고 다니면 행복할까요?

매일 여행 다니며 땅콩에 맥주 마시고 앉아 있으면 행복할까요?

그렇지 않습니다. 바닷물을 마시는 것처럼 계속 인생의 갈증을 느끼며 무지개를 잡으려는 것처럼 공허하고 방황할 것입니다.

인생의 목적은 하나님의 명령을 따르는 것입니다. 제사장들이 등불을 밝히고 분향하는 일을 위해 아침저녁 수고한 것처럼 모든 민족을 제자 삼아 주님이 분부한 것을 가르쳐 지키도록 수고한다면 참된 행복을 누리게 될 것입니다. 우리가 드리는 기도의 향기가 주님께 올라가고, 우리가 어둠을 밝히는 생명의 빛이 되면, 우리도 행복하고 다른 사람도 구원하는 복을 받습니다. 머리되신 예수님의 명령을 따름으로써 인생 행복을 누리길 바랍니다.

# 9장

## 수효를 조사하라
(출 30:11-16)

성경에 절기가 많이 나옵니다. 그것들 중의 하나가 에스더서에 나오는 부림절입니다. 부림절은 아달월 14일입니다. '부림'(푸르, פוּר)이란 제비 뽑은 날이라는 뜻입니다. 우리는 에스더를 예쁜 왕비 정도로 생각하지만 에스더는 민족이 절체절명(絶體絶命)의 위기 속에 있을 때 목숨을 내어놓고 죽으면 죽으리라는 각오로 기도하고 헌신한 여인입니다.

하만이라는 사람이 개인적 치욕을 보복하기 위해 유다 민족을 몰살할 계획을 세우고 왕의 허락을 받습니다. 하만은 아달월 14일을 제비 뽑아 유대 민족을 살육하려고 합니다. 당시 왕비였던 에스더와 그녀의 사촌 오빠 모르드개는 3일을 금식 기도하고 왕에게 나가 하만의 음모를 밝힙니다. 자초지종을 들은 왕은 아달월 14일에 유다인을 죽이려고 한 사람을 죽여도 된다는 조서를 전국에 보냅니다. 드디어 아달월 14일에 유다인들은 자신들을 죽이려고 한 대적들과 싸워 큰 승리를 거두고 잔치를 벌입니다. 그래서 그날을 기념하는 부림절이 생겼고 지금까지 그 절기기 지켜지고 있습니다.

> 한 규례를 세워 해마다 아달월 십사일과 십오일을 지키라. 이 달 이 날에 유다인 들이 대적에게서 벗어나서 평안함을 얻어 슬픔이 변하여 기쁨이 되고 애통이 변하여 길한 날이 되었으니 이 두 날을 지켜 잔치를 베풀고 즐기며 서로 예물을 주며 가난한 자를 구제하라. … 에스더의 명령이 이 부림에 대한 일을 견고하게 하였고 그 일이 책에 기록되었더라(에 9:22, 32).

부림절은 대적에게서 벗어난 날이요, 평안함을 얻은 날이요, 슬픔이 변하여 기쁨이 된 날이요, 애통이 변하여 춤이 된 날입니다. 부림절은 매우 기쁜 날이기에 음식을 차려 잔치를 베풀고, 서로 즐기며, 선물을 주고받으며, 가난한 자를 구제했습니다.

여러분들은 슬픔과 애통이 있을 때, 전화위복의 복을 받아 기쁨과 축제를 누리길 원하지 않습니까?

죽음의 위기가 찾아 올 때 한 줄기 생명의 빛을 기대하지 않습니까?

도무지 헤어 나올 수 없는 절망적인 상황에서도 다시 재기하고 싶지 않습니까?

사람으로는 방법과 수단이 없어도 하나님께서는 충분히 하실 수 있습니다. 성경과 역사에는 모든 것이 끝장나 완전히 절망스러운 상황에서도 하나님의 은혜로 다시 재기하게 된 경우가 수두룩합니다.

이번 주에 읽을 토라의 말씀은 출애굽기 30:11-34:35입니다. 이 말씀은 완전한 절망에서 하나님의 은혜로 새롭게 시작하는 복음의 소식입니다. 제목은 "수효를 조사하라"(키 티사, כי תשא, 직역: "들어 올릴 때에")입니다.

출애굽기 32장에는 금송아지 사건이 나옵니다. 모세가 시내산에 올라 하나님으로부터 율법과 성막 설계도를 받고 있을 때입니다. 산 아래 사람들은 40일이 가깝도록 모세가 산에서 내려오지 않자 불안했습니다.

백성들이 아론에게 몰려와 우리를 인도한 모세는 어찌되었는지 알지 못하니 우리를 위하여 우리를 인도할 신을 만들라(출 32:1)고 공개적으로 압력을 넣었습니다. 우리를 인도할(얄라크 파님, ילך פנים) 신이란 '우리 얼굴 앞에서 걸어갈' 신을 만들라는 것입니다. 이런 신은 철저하게 나를 위한 신이고, 나의 필요를 채워줄 종과 같은 신입니다. 아론이 백성들의 분위기를 보니 그들의 말을 듣지 않으면 버림받거나 죽을 수도 있을 것 같아 그들에게 금을 가져오게 하여 송아지 형상을 만들고 이것이 애굽에서 인도하여 낸 신이라고 공포합니다. 그리고 금송아지 앞에 제단을 쌓고, 번제와 화목제를 드리며, 먹고 마시고 춤을 추고 축제를 합니다(출 32:1-6).

하나님의 임재를 경험한 지 40일도 지나지 않았는데 백성들이 부패했습니다(출 32:7). 그들은 처음부터 하나님에 대한 믿음이 없었습니다. 하나님을 신뢰하지도 않았습니다. 모세가 자기들을 낙원으로 인도할 줄 알았는데 모세가 눈에 보이지 않으니 눈에 보이는 신을 만들어 달라고 한 것입니다. 여기서 주어가 항상 "우리"입니다. 우리를 인도할 신을 우리를 위해 만들라고 합니다(출 32:1, 8).

신앙이 부패하면 자기를 위한 신을 만들고, 자기의 마음에 들지 않고 자기의 생각을 들어주지 않는 신은 바꿔 버립니다. 이런 신은 만들어진 신입니다. 금송아지 형상일 수도 있고, 사람의 형상일 수도 있고, 동물의 형상일 수도 있고, 맘몬과 재물과 명예일 수도 있습니다. 신을 만드는 것이 가장 큰 죄입니다.

계명을 받은 지 40일도 지나지 않아 하나님의 말씀과 명령을 버리고 자기들을 위하여 금송아지 신을 만든 것을 하나님께서 보시고 진노하여 이스라엘 백성을 진멸하려고 하십니다. 그때 모세가 다음과 같이 중보 기도를 합니다.

어찌하여 애굽 사람들이 이르기를 여호와가 자기의 백성을 산에서 죽이고 지면
에서 진멸하려는 악한 의도로 인도해 내었다고 말하게 하시려 하나이까?
주의 종 아브라함과 이삭과 이스라엘을 기억하소서. 주께서 그들을 위하여 주를
가리켜 맹세하여 이르시기를 내가 너희의 자손을 하늘의 별처럼 많게 하고 내가
허락한 이 온 땅을 너희의 자손에게 주어 영원한 기업이 되게 하리라 하셨나이
다(출 32:12-13).

그러자 하나님께서 모세의 기도를 들으시고 뜻을 돌이키셨습니다(출 32:7-14).

모세가 중보 기도를 마치고 하나님께서 친히 쓰신 두 돌판을 가지고 내려오니 백성들이 금송아지 앞에서 춤을 추고 있었습니다. 모세는 하나님께서 주신 돌판을 깨뜨립니다. 그들이 만든 금송아지도 불살라 부수고, 가루로 만들며, 물에 뿌려 이스라엘 자손이 마시게 하고(출 32:15-20) 아론을 꾸짖었습니다.

이 백성이 당신에게 어떻게 하였기에 당신이 그들을 큰 죄에 빠지게 하였느냐?
(출 32:21)

이 죄는 보통의 죄가 아니고 큰 죄(출 32:30, 31)입니다. 요셉을 팔아버린 형들의 시기와 질투와는 비교할 수 없는 큰 죄입니다. 광야에서 결핍으로 인해 원망한 것과 비교할 수 없는 큰 죄입니다. 사람을 죽이고 남의 것을 도적질하는 것과 견줄 수 없는 큰 죄입니다. 하나님께서 진멸하려고 할 정도로 엄중하게 큰 죄입니다. 하나님 앞에서 큰 죄는 신을 만들려고 하는 것입니다. 자기들을 위해 신을 만드는 일은 용서받지 못할 큰 죄입니다.

모세가 금송아지를 만든 이스라엘을 향하여 여호와 편에 있는 자는 오라고 하니 레위 사람들이 옵니다. 모세는 그들에게 허리에 칼을 차고 형제와 친구와 이웃을 죽이라고 명합니다. 그 날에 큰 죄에 동참하고 회개하지 않는 3,000명이 죽습니다. 그리고 모세는 다시 하나님께 나갑니다.

> 슬프도소이다 이 백성이 자기들을 위하여 금 신을 만들었사오니 큰 죄를 범하였나이다 그러나 이제 그들의 죄를 사하시옵소서 그렇지 아니하시오면 원하건대 주께서 기록하신 책에서 내 이름을 지워 버려 주옵소서(출 32:31, 32).

가슴 뭉클한 중보 기도입니다. 모세는 백성들에게는 혹독하게 책망했지만 하나님 앞에서는 백성들을 위해 중보 합니다. 모세는 백성들이 큰 죄를 범한 것을 고백하고 그들의 죄를 용서해 달라고 합니다. 그뿐만 아니라 그들의 죄를 사하지 않을 것 같으면 자기 이름을 하나님의 책에서 지워달라고 합니다. 자기는 천국에서 끊어져도 좋으니 그들을 용서해 달라는 가슴 뭉클한 중보 기도입니다. 자기의 생명을 십자가에 넘겨주신 예수님의 마음을 품은 모세의 기도입니다.

하나님께서는 누구든지 범죄하면 하나님의 책에서 그들의 이름을 지워 버리고 보응의 날에 죄를 보응하신다고 하시면서 그들을 쳤습니다 (출 32:33-35). 하나님께서 사자를 앞서 보낼 것이니 백성들을 데리고 약속의 땅으로 가라고 하십니다(출 33:3). 그러나 하나님께서 함께 올라가지 않을 것이라는 나쁜 소식을 전합니다. 가슴 아픈 소식입니다. 하나님께서 함께하시지 않음이 재앙입니다. 하나님께서 함께 계시지 않으면 사탄과 대적들을 당할 수 없습니다. 재앙을 당하고 망하는 것은 시간 문제입니다.

모세는 다시 간구합니다. 회막을 준비하고 주야로 하나님께 기도했습니다. 아무리 좋은 땅이라도 하나님께서 함께하시지 않으면 의미가 없으니 주께서 함께하시지 않을 것 같으면 광야에서 올려 보내시지 말라(출 33:15)고 간구합니다.

또한 주의 목전에 은총을 입게 하사 이 족속을 버리지 마시고 주의 백성으로 여겨 달라(출 33:13)고 간구합니다. 하나님의 백성이 아니면 하나님의 특별한 은혜를 받을 수 없습니다. 하나님의 백성이 아니라면 하나님의 보호를 받지 못해 머지않아 유혹을 받고 사탄을 섬기다 망하게 될 것입니다. 그래서 모세는 이스라엘을 하나님의 백성으로 여겨달라고 간구합니다. 또한 모세는 주의 영광을 보여 달라고도 간구합니다(출 33:18).

하나님께서 모세의 중보 기도를 들으시고 친히 함께 가면서 모세를 쉬게 하겠다(출 33:14)고 약속하셨습니다. 또한 하나님께서는 자신의 영광을 모세 앞에 지나가게 한 후 모세가 하나님의 등을 보게 하십니다. 그리고 하나님께서는 큰 죄로 진멸될 뻔한 이스라엘을 주의 언약 백성으로 삼으시기 위해 다시 돌판 둘을 다듬어 시내산으로 올라오라고 하셨습니다. 모세가 시내산에 올라갔을 때 하나님께서는 "자비롭고 은혜로우시고 노하기를 더디 하시는 여호와, 인자와 진실이 많으신 여호와가 인자를 1,000대까지 베풀고 악과 과실과 죄를 용서하되 벌을 면제하지 않으며 악행을 삼사 대까지 보응하리라"고 선포하셨습니다(출 34:6-7).

모세는 시내산에서 엎드려 다시 간구하기를 "우리와 동행 하옵소서, 우리의 악과 죄를 사하시고 우리를 주의 기업으로 삼으소서"(출 34:9)라고 합니다. 모세는 목이 뻣뻣한 패역한 백성을 위하여 하나님 앞에 엎드려 끊임없이 중보하며 간구합니다.

하나님께서 모세의 간구를 들으시고 언약을 세우십니다. 그리고 하나님께서는 하나님만 섬기는 언약 백성으로 살기 위해 우상을 섬기는 사람들과 손도 잡지 말고 그들과 결혼도 하지 말라고 하십니다. 절기를 지키며 언약 백성으로 살라고 하시면서 언약의 말씀인 십계명을 돌판에 새겨 주십니다. 큰 죄로 인해 깨졌던 언약의 돌판을 다시 받음으로써 이스라엘은 언약 백성이 됩니다.

모세의 중보를 통해 이스라엘은 민족적으로 죽을 위기에서 다시 소생합니다. 모세의 중보를 통해 영영히 저주를 받을 지경에서 다시 은혜 받을 백성이 되었습니다. 죄를 속죄해 주는 중보자를 통해서만 슬픔과 애통이 변하여 기쁨과 감격이 됩니다. 중보자를 통해서만 버림받아 저주받을 백성이 변하여 축복받을 하나님의 백성이 됩니다. 중보자를 통해서만 형벌받아 지옥 갈 백성이 변하여 천국에 이르러 영생을 누리게 됩니다.

하나님께서 성막의 계시를 주실 때 죄를 속해 주는 중보자에 대한 계시를 주셨습니다. 중보자에 대한 계시가 출애굽기 30:10부터 나옵니다.

중보자를 통한 복은 무엇일까요?

### 1. 중보자이신 예수님께서 대속 제물이 되심을 믿으면 하나님께 나아가는 복을 받습니다

출애굽기 30:11부터 죄를 대속하는 방식을 말씀하십니다. 즉 속전, 물두멍, 거룩한 기름과 거룩한 향에 대한 말씀입니다. 먼저 속전에 대한 말씀입니다.

> 네가 이스라엘 자손의 수효를 조사할 때에 조사 받은 각 사람은 그들을 계수할 때에 자기의 생명의 속전을 여호와께 드릴지니 이는 그것을 계수할 때에 그들 중에 질병이 없게 하려 함이라. 무릇 계수 중에 드는 자마다 성소의 세겔로 반 세

겔을 낼지니 한 세겔은 이십 게라라(출 30:12, 13).

"이스라엘 자손의 수효를 조사할 때"를 직역하면 '이스라엘 자손의 머리를 들 때'(키 티샤 에트 로쉬, כי תשא את ראש)라는 뜻입니다. 이것을 미루어 볼 때, 머리를 들게 하여 계수했는지도 모릅니다. 또는 머리를 들면서 머리 되신 예수님을 생각하라는 의미일 수도 있습니다.

계수하다(파카드, פקד)는 말은 '세다,' '방문하다,' '임명하다'는 뜻입니다. 하나님께서 그들 가운데 오셔서 그들을 백성으로 삼으시고 어떤 임무를 부여하기 위해 계수하라고 하신 것입니다. 성전을 섬기는 직무를 맡기든, 전쟁의 군사로 임명하든, 어떤 소임을 맡기기 위해 계수하라고 하신 것입니다.

계수할 때, 즉 하나님의 부름을 받아 하나님의 백성이 되었을 때 자기의 생명의 속전을 드리라(나트누 이쉬 코페르 나프소, נתנו איש כפר נפשו, 직역: 그들은 생명의 속전 남자를 드리라)고 하셨습니다. 속전이 없으면 임무를 행하다 나답과 아비후처럼 죽을 수도 있습니다.

속전(贖錢)이란 자기의 생명을 구하기 위해 바치는 속량물입니다. 생명의 속전을 드리는 자들은 "그들"로 표현되어 복수입니다. 그런데 속전은 단수로 되어 있습니다. 많은 사람들의 속전인 사람은 한 명이라는 것입니다. 많은 사람들의 생명을 대속하실 분은 한 분 예수 그리스도뿐입니다.

부름 받은 임무를 위해 하나님 앞에 나올 때 대속 제물이 되신 한 분을 가지고 오라는 것입니다. 사소한 죄이든지, 하나님 외에 다른 신을 만든 큰 죄이든지 그 죄를 용서 받기 원하면 속전이 되는 한 사람을 가지고 오라는 것입니다.

하나님 앞에 나아올 때 속전이 되는 한 사람을 가지고 와야 질병이 없어집니다. 질병(네게프, נגף)이란 구약 성경에 7회(출 12:13; 30:12; 민 8:19; 16:46, 47; 수 22:17; 사 8:14) 나오는 단어로서 하나님께서 징벌로 치시는 전염병과 같은 강력한 재앙입니다. 이런 질병이 임하면 완전히 멸망 받을 수밖에 없습니다. 종말 재앙과 같은 저주입니다.

그런 재앙에서 벗어나는 방법은 속전이 되신 한 사람 예수 그리스도를 가지고 나오는 것입니다. 속전이 되는 한 사람은 성소의 세겔로 반 세겔로 표시되어 있습니다. 반(마하치트, מחצית)이란 정확하게 한 가운데에 해당되는 절반을 말합니다. 20게라 되는 동전을 말하기도 하지만 속전이 되는 한 사람을 의미하기도 합니다.

반은 두 세계가 이어지는 중간을 말합니다. 속전이 되는 한 사람은 반을 주십니다. 이미 반은 가지고 있습니다. 사람은 육신도 있지만 영도 있어야 합니다. 땅의 삶도 행복해야 하지만 하늘의 삶도 준비해야 행복할 수 있습니다. 속전이 되는 예수 그리스도는 우리의 죄를 대속하시고, 물과 성령으로 영을 살려 주시며, 하늘의 생명을 주십니다. 예수 그리스도는 사람의 힘으로 취할 수 없는 영적인 것을 주십니다. 반 세겔(15-20달러 정도)을 통해 하나님 앞에 서서 임무를 감당할 수 있듯이 속전이 되신 예수 그리스도를 통해서만 하나님 앞에서 살아가며 하나님 나라의 일을 할 수 있습니다.

생명을 대속하는 반 세겔이 예수 그리스도를 보여 주기에 부자라고 반 세겔에서 더 내지 말고 가난한 자라고 덜 내지 말라(출 30:15)고 하셨습니다. 부자이던 가난한 자이던 속전이 되신 예수 그리스도를 통해서만 생명을 얻습니다.

이스라엘 백성들이 금송아지 형상의 신을 만드는 큰 죄를 지었을 때 모세가 금송아지를 갈아 백성들로 마시게 한 후 하나님 앞에 나가면서 한 말이 있습니다.

혹 너희를 위하여 속죄가 될까 하노라(출 32:30).

출애굽기 30장에서 속전에 관한 말씀을 들었기에 재앙을 받아 멸망할 큰 죄이지만 하나님 앞에서 속죄를 받으려고 한 것입니다. 자비하신 하나님께서 생명의 속전에 관한 복음을 주셨습니다.

한 분 예수 그리스도는 우리의 대속 제물, 속전이 되기 위해 오셨습니다.

인자가 온 것은 섬김을 받으려 함이 아니요, 도리어 섬기려 하고 자기 목숨을 많은 사람의 대속물로 주려 함이라(막 10:45).

하나님은 한 분이시요 또 하나님과 사람 사이에 중보자도 한 분이시니 곧 사람이신 그리스도 예수라. 그가 모든 사람을 위하여 자기를 대속물로 주셨으니 기약이 이르러 주신 증거니라(딤전 2:5, 6).

하나님과 사람 사이에서 유일한 중보자이신 예수님은 십자가에서 우리의 큰 죄를 속량하는 속전, 곧 대속물이 되시고, 저주와 파멸과 재앙에서 건지기 위해 속전이 되셨습니다.

그리스도께서 하나님 곧 우리 아버지의 뜻을 따라 이 악한 세대에서 우리를 건지시려고 우리 죄를 대속하기 위하여 자기 몸을 주셨으니 영광이 그에게 세세토록 있을지어다. 아멘(갈 1:4, 5).

예수님께서 우리 죄를 대속하셨기에 성령의 인도함을 받아 하나님께 나아가 하나님을 아빠 아버지로 부르며 예배할 수 있습니다. 속전이 되신 예수님을 믿는 사람들이 하나님께 나아갈 수 있습니다.

하나님께서는 속전에 관한 말씀에 이어 물두멍에 관한 가르침을 주십니다. 물두멍(출 30:17-21)을 성소 입구에 두어 제사장들이 성소에 들어갈 때 손발을 씻어 죽음을 면하게 했듯이 속전을 통해 대속함을 받은 성도들은 날마다 회개를 통해 하나님께 나아갈 수 있습니다.

또한 하나님께서는 거룩한 향 기름을 성소와 기구와 제사장에게 부어 거룩하게 하라고 명령하셨습니다(출 30:22-33). 이처럼 기름(미쉐하, משה) 부음을 받음으로 기름 부음을 받은 사역인 메시아 사역에 헌신할 수 있습니다. 그리스도의 몸인 교회 공동체는 메시아 사역을 하는 곳인데 성령의 기름 부음으로 거룩해져야 메시아 사역을 할 수 있습니다. 기름 부으심이 없으면 괴롭히는 자들을 만나고 힘든 일들이 닥칠 때, 도망가거나 담을 쌓고 싶어 합니다. 예수님께서 사람들이 자신의 뺨을 치고, 침을 뱉고 창으로 찌르고 모욕해도 여전히 메시아 사역을 하셨습니다. 기름 부으심이 있어야 주님의 사역을 끝까지 잘 감당합니다.

이어서 하나님께서는 거룩한 향을 만드는 방식(출 30:34-38)을 가르쳐 주십니다. 향은 거룩한 피와 함께 성소에 들어가는 물품으로서 24시간 성소에 피워 연기를 올립니다. 예수님께서 성도들에게 기도, 즉 하나님께 올라가는 기도를 가르쳐 주십니다.

출애굽기 30:11-38은 큰 죄인이 재앙에서 벗어나 하나님께 나아가 길을 보여 줍니다. 죄를 대속하는 속전, 손발을 씻는 물두멍, 거룩한 기름과 거룩한 향은 우리에게 복이 됩니다. 속전되신 예수님을 믿고 회개와 성령의 기름 부으심과 기도를 통해 하나님을 가까이함이 복입니다. 대속 제물이 되신 예수님을 믿고, 날마다 회개하며, 성령의 기름 부으심과 거룩한 기도로 하나님께 나아가면, 때를 따라 도와주는 은혜를 받습니다.

## 2. 성전을 만드신 예수 그리스도를 믿으면 하나님께서 함께해 주시는 복을 받습니다

하나님께서 시내산에서 성막에 대한 말씀을 주실 때 속전과 물두멍과 기름과 향에 대해 가르치신 이후에 마지막으로 성막을 실제적으로 만들 사람을 지명하셨습니다. 성막의 설계도가 중요하지만 그것을 만드는 사람도 중요합니다. 실제적으로 성막을 만들어야 그곳에서 제사하고 예배하고 은혜를 받습니다. 성막을 만들 사람이 브살렐과 오홀리압입니다.

> 내가 유다 지파 훌의 손자요, 우리의 아들인 브살렐을 지명하여 부르고 하나님의 영을 그에게 충만하게 하여 지혜와 총명과 지식과 여러 가지 재주로 정교한 일을 연구하여 …(출 31:2-4).

브살렐(베찰엘, בצלאל)은 '하나님(엘, אל)의 그림자(첼, צל)인 하나님을 닮은 형상(첼렘, צלם) 안에 있는 자'라는 뜻입니다. 오홀리압(אהליאב)은 '아버지(아브, אב)의 장막(오헬, אהל)을 만드는 자'(출 31:4)라는 뜻입니다. 성막은 하나님의 형상을 나타내는 곳입니다. 하나님의 형상을 나타낼 성막을 만들 자로 브살렐과 오홀리압을 지명하여 부르시고 그들에게 하나님의 성령을 충만하게 부어 지혜와 총명과 지식과 여러 가지 재주와 기술로 정교한 일을 연구하고 만들게 하셨습니다. 그들이 지시대로 성막을 다 만들면 하나님께서 불과 구름으로 임하여 광야 길을 함께하십니다.

하나님께서는 성막을 만들 사역자로 브살렐과 오홀리압을 지명하신 후 마지막으로 안식일을 지킬 것(출 31:12-17)을 명하시고 드디어 친히 쓰신 돌판 둘을 모세에게 주십니다. 성막에 대한 모든 계시를 주신 것입니다.

하나님께서 함께하시는 성전을 만드는 것이 복입니다. 예수님께서는 하나님께서 거하시는 성전으로 성전을 만드시기 위해 오셨습니다. 예수님께서 이 땅에 오심이 하나님의 형상이 나타남입니다. 예수님께서 하나님의 형상을 정확히 나타내셨습니다.

> 말씀이 육신이 되어 우리 가운데 거하시매 우리가 그의 영광을 보니 아버지의 독생자의 영광이요 은혜와 진리가 충만하더라(요 1:14).

하나님과 함께 계셨던 하나님이신(요 1:1, 2) 말씀(로고스, λογος)이 육신이 되었다는 것은 예수님께서 하나님 형상의 나타남이라는 의미입니다. 우리 가운데 거하셨다(스케노오, σκηνοω)는 말씀의 의미는 우리 가운데 장막을 치고 성전을 지으셨다는 것입니다. 즉 하나님께서 우리와 함께하시기 위해 오셨다는 것입니다. 하나님께서 우리 가운데 거하시며 함께하시는 복을 우리가 받도록 예수님께서 속전으로 십자가에서 우리의 죄를 대속하여 죽으셨습니다. 우리가 손과 발을 씻듯이 죄를 자백하고 성령의 기름 부으심을 받아 향과 같은 기도를 하나님께 드리면, 하나님께서 함께하시면서 때를 따라 돕는 은혜를 베푸십니다.

속전이 되신 예수님의 십자가와 부활의 복음을 믿고 예수님을 주와 그리스도로 영접하여, 함께하시는 하나님의 은혜를 날마다 누리길 바랍니다.

# 회중을 모으라
(출 35:1-9)

창세기부터 요한계시록까지 복의 말씀입니다. 하나님께서 태초부터 사람에게 복을 주어 창대하고 번성하며 땅을 정복하며 다스리게 하셨습니다. 요한계시록에서도 복에 관해 7회나 말씀하셨습니다. 하나님께서 주시는 복은 말씀을 그대로 살아낼 때 누릴 수 있습니다.

말씀을 기억하고 말씀대로 살아가면 복을 받습니다. 교회 공동체가 예수님의 모든 말씀을 기억하고 순종해야 하지만 그중에서도 3가지는 반드시 기억해야 복이 됩니다.

**첫째**, 예수님께서 사역을 시작하시면서 선포하신 하나님 나라의 복음에 대한 말씀입니다.

**둘째**, 제자들이 신앙고백을 한 후 예수님께서 선포하신 교회에 대한 말씀입니다.

**셋째**, 예수님께서 부활하신 후 명령하신 제자 삼음에 대한 말씀입니다.

예수님께서 사역을 시작하시면서 처음으로 하신 말씀이 하나님 나라에 대한 복음입니다.

> 때가 찼고 하나님의 나라가 가까이 왔으니 회개하고 복음을 믿으라(막 1:15).

하나님 나라의 복음을 듣고 믿으면 영생을 얻고 하나님 나라의 백성이 됩니다.

예수님께서 하늘로 올라가실 때 명령하신 말씀은 땅 끝까지 이르러 복음을 전하는 증인이 되고 모든 민족을 제자 삼으라는 내용이었습니다.

> 너희는 가서 모든 민족을 제자로 삼아 아버지와 아들과 성령의 이름으로 세례를 베풀고 내가 너희에게 분부한 모든 것을 가르쳐 지키게 하라 …(마 28:19-20).

자녀들을 유치원에만 보내는 것이 아니라 이어서 초등학교와 중학교에도 보내 배우게 하듯이 예수님을 믿는 것으로 끝나지 말고 제자가 되어 제자를 삼도록 계속 훈련해야 합니다. 제자란 주님께서 가르친 모든 것을 지키는 자입니다. 주님께서 가르친 모든 것을 지키는 수준에 이르도록 계속 달려가야 합니다.

하나님 나라의 복음을 듣고 예수님을 믿는 공동체가 교회입니다. 복음의 증인이 되어 제자를 삼으라는 예수님의 명령을 준행하는 공동체도 교회입니다. 제자들이 "주는 그리스도요 살아 계신 하나님의 아들"이라고 참된 신앙고백을 했을 때 예수님께서 교회에 대해 말씀하셨습니다.

> 내가 이 반석 위에 내 교회를 세우리니 음부의 권세가 이기지 못하리라(마 16:18).

예수님께서 친히 교회를 세우신다고 하셨습니다. 반석 되신 예수님 자신 위에 교회를 세우십니다. 그러므로 음부의 권세가 결코 교회를 이기지 못합니다. 교회(에클레시아, εκκλησια)란 불러냄을 받은 자라는 뜻입니다. 교회는 건물이 아니라 부름 받은 자의 모임입니다. 부름 받은 사람들이 모이는 장소인 건물은 교회당 또는 예배당이라고 할 수 있습니다.

예수님께서 친히 교회를 세우신다는 것은 예수님께서 복음을 듣고 회개하고 믿는 사람들을 불러내어 거룩한 공동체로 만드신다는 것입니다. 교회에 대한 구약 히브리어의 표현이 카할(קהל)입니다. 부르심을 받아 모아진 모임이라는 뜻입니다.

이번 주에 읽을 토라의 말씀은 출애굽기 35-40장인데 제목이 "그가 모았다"(바야크헬, ויקהל)입니다. 어떤 사역을 위해 교회로 모았다(히브리어 히필 동사)는 뜻입니다. 윤달일 때는 출애굽기 35:1-38:20과 출애굽기 38:21-40:38(페쿠데, פקודי, 물자 목록)을 읽습니다.

> 모세가 이스라엘 자손의 온 회중을 모으고 그들에게 이르되 여호와께서 너희에게 명령하사 행하게 하신 말씀이 이러하니라(출 35:1).

모세가 이스라엘 자손의 온 회중을 모았습니다. '모았다'는 의미가 있는 '모임'도 교회를 일컫는 단어이지만 '회중'이라는 말도 교회입니다. 회중을 의미하는 히브리어 '에다'(עדה)는 지정하다를 의미하는 히브리어 '야아드'(יעד)에서 나왔습니다. 회중은 지정함을 받은 자들입니다. 그들은 유월절(출 12:3)을 통해 모여졌습니다. 모세는 회중을 다시 모아서 그들에게 하나님의 명령을 전달합니다. 왜냐하면 모여진 회중이 자기를 위해 금송아지를 만드는 큰 죄로 인해 멸망할 뻔했기 때문입니다. 회중인 교회가 타락하여 세속화되면 다시 교회가 되기 위해 말씀을 들어야 합니다. 회중인 교회는 항상 명령의 말씀을 듣고 개혁되어야 세속화되지 않습니다. 개혁교회는 말씀을 통해 항상 개혁되어야 합니다.

회중인 교회는 머리되신 예수님의 말씀을 항상 듣고 순종해야 복을 받습니다. 교회인 회중은 머리를 중심으로 하나가 되어야 행복한데 사실 회중은 자기중심이 강하기에 머리의 지시를 받지도 않고 하나도 되지 못합니다. 마치 양 떼와 같습니다. 양 떼는 자기밖에 모릅니다. 초장에 풀어놓으면 자기 배를 채우기 위해 닥치는 대로 뜯어먹습니다.

양 떼처럼 훈련되지 않는 회중은 철저하게 자기중심적입니다. 자기를 위해 일하고, 자기를 위해 봉사하고, 자기를 위해 종교 활동을 합니다. 기회만 있으면 자기 욕구를 채우려합니다. 회중의 본색이 드러난 사건이 금송아지 사건입니다. 모세가 눈에서 사라졌을 때 회중은 자기를 위한 신을 만들려고 했고, 그것이 얼마나 큰 악인지 깨닫지도 못했습니다.

사람들은 자기중심적으로 생각합니다. 부부싸움을 한 후 남편과 아내에게 각각 물어보면 자기가 다 옳다고 합니다. 남편은 아내가 문제라고 생각하고, 아내는 남편이 문제라고 생각합니다. 다른 사람은 나보다 더 못되고 악하다고 생각합니다.

누가 옳습니까?

기준에 따라 다릅니다. 이처럼 세상의 모든 관점은 자신입니다. 자기 관점에 동조하는 사람은 선(善)이기에 잘못을 해도 잘못을 이해해 주고, 자기 관점과 다른 사람은 악(惡)이기에 조금만 실수를 해도 매장시켜야 직성이 풀립니다.

교회이면서 자기중심으로 살면 그런 공동체는 다 망할 수밖에 없습니다. 왜냐하면 교회는 하나이기에 자기만 생각하다 다른 이가 다치면 자기도 다치기 때문입니다. 만약에 실수로 손을 깊이 찔려 피가 계속 흐른다면 손만 병원에 가지 않습니다. 온 몸이 동일하게 아파하고 온 몸이 병원에 함께 갑니다. 제아무리 머리가 천재라도 머리가 몸과 떨어져 다른 일을 구상할 수 없습니다. 그렇습니다. 교회는 하나 된 회중이기에 산이나 동굴에 가서 혼자 살 수 없습니다. 마음에 들지 않아도 모든 회중들과 더불어 살 수밖에 없습니다.

그러므로 교회는 자기중심에서 벗어나 머리되신 예수님의 지시를 받는 훈련을 해야 합니다. 선과 악의 기준을 내 기준으로 보지 않으려면 토라의 말씀을 배워야 합니다. 하나님의 기준이 무엇이고, 주님의 말씀이 무엇이며, 무엇이 진리이며 선인지 배워야 합니다. 내 생각을 지지해 달라고 하나님께 생떼를 쓰는 것이 아니라 내 생각을 하나님의 생각으로 바꾸어야 합니다. 내 관점을 하나님의 관점으로 바꾸지 않으면 금송아지를 원하게 되고, 나중에 자기 욕망이 채워지지 않으면 하나님을 원망하고 분노하며 넘어집니다.

회중인 교회는 토라의 말씀을 배워야 합니다. 하나님의 생각, 하나님의 뜻을 배워야 합니다. 회중인 교회는 토라의 말씀을 통해 하나님의 뜻을 배워야 하기 때문에, 회중을 모아 하나님의 명령을 전해야 합니다. 진리의 복음을 전하고, 언약의 말씀을 전하여 교회가 반석 위에 세워지면, 음부의 권세가 교회를 이기지 못합니다. 회중을 모아 명령의 말씀을 전하는 것은 든든한 영광의 교회로 세우기 위함입니다. 든든한 교회를 세움이 최종 목적입니다.

든든한 영광의 교회를 세우는 것이 출애굽의 최종 목적입니다. 이것이 출애굽기 35-40장의 내용입니다. 이스라엘은 부름 받은 교회입니다. 출애굽의 최종 목적은 교회가 되는 것입니다. 하나님께서 우리를 구원하심도 우리를 교회로 삼기 위함입니다. 우리가 회개하고 제사장과 같은 교회가 되어 모든 민족을 제자 삼는 것이 하나님의 최종 목적입니다.

하나님께서 원하시는 참된 교회가 될 때 받는 복은 무엇일까요?

### 1. 교회에 주신 으뜸이 되는 복은 안식을 누리는 것입니다

부름을 받은 교회가 되었을 때 많은 복을 받습니다. 그중에 으뜸이 되는 복이 안식을 누리는 것입니다. 모세가 시내산에서 내려와 회중을 모으고 전한 여호와의 첫 번째 말씀은 안식을 누리라는 것입니다.

> 모세가 이스라엘 자손의 온 회중을 모으고 그들에게 이르되 여호와께서 너희에게 명령하사 행하게 하신 말씀이 이러하니라 엿새 동안은 일하고 일곱째 날은 너희를 위한 거룩한 날이니 여호와께 엄숙한 안식일이라 누구든지 이 날에 일하는 자는 죽일지니 안식일에는 너희의 모든 처소에서 불도 피우지 말지니라 (출 35:1-3).

6일 동안은 열심히 최선을 다하여 일하는 기간이고 일곱째 날은 "너희를 위한 거룩한 날"이라고 했습니다. 즉 그 날은 우리를 위해 거룩하게 구별된 날입니다. 동시에 여호와께 엄숙한 안식일입니다. 엄숙한 안식일(샵바트 샤바톤, שבת שבתון)이란 '안식을 준수할 안식일'이라는 뜻입니다. 우리를 위해 구별된 날이지만 동시에 하나님 앞에 안식을 준수해야 하는 날입니다.

왜 하나님께서 안식일을 준수하라고 명령하셨을까요?

안식일은 단순히 노는 날이 아닙니다. 안식일은 일주일 동안 힘들었다고 쉬면서 놀고 즐기는 날이 아닙니다. 안식일을 쉬는 날, 즐기는 날로 생각하면 하루 종일 잠자거나 TV 보고, 영화 보고, 오락하고, 친구 만나서 밥 먹고, 산으로 들로 놀러 다닙니다. 하나님께서 안식일을 쉬고 즐기는 날로 주시지 않았습니다. 안식일은 우리를 위해 거룩하게 구별된 날이고, 안식일을 준수함으로 안식일을 지켜야 합니다.

안식일은 노는 날이 아니라 일을 마치는 완성의 날입니다. 하나님께서 6일 동안 천지를 창조하시는 일을 마치고 일곱째 날에 완성하셨습니다. 그러므로 안식일에는 완성을 감사하고 찬양하며 예배하며 완성을 즐기는 것이 복입니다. 천지 창조의 완성처럼 인생의 목적과 인류의 목적을 완성하는 일은 사람의 힘으로 할 수 없습니다. 하나님께서 완성하셔야 완성이 됩니다. 하나님께서 예수 그리스도를 통하여 인류의 목적을 완성하실 것입니다. 하나님께서 궁극적으로 하나님의 형상과 모양으로 회복하여 우리의 구원을 완성하실 것입니다.

안식일은 창조의 완성을 기억하고 구원의 완성을 소망하는 날입니다. 안식일(샤밧, שבת)은 사람이 사는 목적을 가르쳐 줍니다. 사람이 사는 목적이 육신의 욕망을 채우는 것이 아니라 하나님 형상의 집을 완성하는 것입니다.

그래서 하나님께서 안식일에 일하지 말라고 말씀하신 것입니다. 6일 동안은 열심히 일해야 합니다. 만나를 거두기 위하여 새벽 일찍 들로 나갔듯이 6일 동안은 최선을 다해 일해야 합니다.

그러나 기억해야 할 것은 아무리 열심히 일해도 육신의 욕망을 채우는 것은 불가능하다는 사실입니다. 육신의 욕망은 밑 빠진 독과 같기에 채우고 채워도 만족이 없습니다.

그래서 안식일에 육신의 욕망을 채우는 일을 중단하고 하나님께 와서 하나님의 형상을 소망해야 합니다. 안식일 준수의 의미는 우리의 목적이 하나님의 형상과 모양이 되는 것에 동의한다는 것입니다.

아담의 타락으로 잃어버린 하나님 형상의 회복을 추구하고, 종말에 완성될 하나님의 형상을 기대하며, 믿음으로 바라보는 날이 안식일입니다. 그것이 주일에 모여서 하나님을 예배하는 목적입니다.

> 우리는 두려워할지니 그의 안식에 들어갈 약속이 남아 있을지라도 너희 중에 혹 이르지 못할 자가 있을까 함이라. 그들과 같이 우리도 복음 전함을 받은 자이나 들은 바 그 말씀이 그들에게 유익하지 못한 것은 듣는 자가 믿음과 결부시키지 아니함이라. … 그러므로 우리가 저 안식에 들어가기를 힘쓸지니 이는 누구든지 순종하지 아니하는 본에 빠지지 않게 하려 함이라(히 4:1, 2, 11).

복음을 들었지만 들은 복음의 말씀이 유익하지 못한 이유는 믿음과 결부시키지 않았기 때문입니다. 광야 백성은 약속의 땅인 가나안에 들어가라는 복된 소식을 듣기는 들었는데 믿음으로 살지 않았기에 약속의 말씀이 아무 유익이 되지 못했습니다.

출애굽은 완성이 아니라 약속의 땅으로 향하는 출발선이었고, 안식을 누리는 완성은 젖과 꿀이 흐르는 약속의 땅에 들어간 다음에 누릴 복이었습니다. 광야에서 약속의 땅을 바라보고 믿음으로 살아야 합니다. 그런데 광야 백성은 약속을 믿음과 결부시키지 않았습니다. 그들은 안식의 완성을 바라보지 않았기에 환경이 어렵고 힘든 일이 있을 때, 믿음을 포기하고 하나님을 원망하며 애굽으로 돌아가려고 하다 광야에서 망했습니다.

안식일을 준수함으로 안식일을 지키라는 것은 창조의 안식도 기억하지만, 하나님의 형상과 모양으로 완성될 구원의 완성을 소망하며, 구원을 완성할 안식에 이르도록 힘쓰라는 것입니다. 자기만족이나 욕구를 채우기 위해 살지 말고 하나님의 형상과 모양을 회복하도록 힘써 사모하라는 것입니다.

이런 의미에서 안식일은 사방으로 다니면서 자기 욕망을 채우는 날이 아니라 자기 욕망을 죽이는 날입니다. 안식일에 일하면 죽이라는 명령의 의도는 자기 욕망을 채우고자 하는 자아를 죽이고 하나님의 형상을 추구하라는 것입니다. 금송아지 사건처럼 자기 욕망을 채우려다 하나님에 의해 죽을 수 있으니 그 전에 미리 매일 스스로 자기 욕망을 죽이라는 것입니다. 안식일은 우리가 하나님의 형상을 추구하기 위하여 하고 싶은 것을 멈추고 욕망으로 향하는 자기를 죽이는 킬러(killer)가 되는 날입니다.

자기의 욕망을 죽이면 영이 살아납니다. 세상에 대해 죽고, 욕망과 정욕을 십자가에 못 박으면 영이 소생합니다. 영은 육신의 일을 추구하면 움직이지 않지만 하나님의 형상을 사모하면 움직입니다. 영이 움직일 때 하나님께서 숨겨 놓으신 은사와 잠재력이 극대화됩니다. 영이 움직이면 안식을 누리고 평화와 기쁨을 누립니다. 영이 움직이면 인생 행복의 길을 알게 됩니다.

교회에 주신 으뜸의 복은 안식을 즐기고 누리는 것입니다. 주일마다 하나님 앞에 예배드리면서 완성될 안식을 사모하고 예배를 통해 안식의 맛을 즐기길 바랍니다.

### 2. 성령의 생각과 가르침을 따르면 복된 교회로 세워집니다

모세는 회중을 모으고, 안식일을 준수하여 완성을 소망하기를 명령한 후에 성막에 대해 시내산에서 받은 명령의 말씀을 전합니다.

모세는 성막을 짓기 위해 예물을 자원하는 자는 기쁨으로 예물을 드리고(출 35:4-9), 마음이 지혜로운 자는 여호와 하나님께서 명령하신 성막과 제사장의 옷을 만들라(출 35:10-19)고 말합니다. 명령의 말씀을 받고 마음이 감동된 자와 자원하는 모든 자들이 기쁨으로 성막에 필요한 모든 예물을 드렸습니다(출 35:20-29).

성막에 필요한 모든 자재들이 모아졌을 때 모세는 하나님께서 지명하신 브살렐과 오홀리압을 불러 성막을 세우게 합니다(출 35:30-35). 성막을 세우는 일꾼들의 특징이 있습니다.

> 여호와께서 브살렐을 지명하여 부르시고 하나님의 영을 그에게 충만하게 하여 지혜와 총명과 지식으로 여러 가지 일을 하게 하시되 금과 은과 놋으로 제작하는 기술을 고안하게 하시며 … 또 그와 단 지파 아히사막의 아들 오홀리압을 감동시키사 가르치게 하시며(출 35:31, 32, 34).

하나님께서 성막을 세울 일꾼들에게 성령을 충만하게 부어 주셨습니다. 성령을 충만하게 하여 지혜, 총명, 지식으로 여러 가지 일을 하게 하십니다. 또한 금, 은, 놋으로 제작하는 기술을 고안하게 하시고, 브살렐과 오홀리압을 감동시켜 가르치게 하십니다.

여러 가지 기술을 고안하다(하샤브 마하샤바, חשב מחשבה)는 말은 생각하고 계획하고 판단을 내렸다는 것입니다. 하나님께서 성막을 세우는 일꾼들에게 성령을 충만하게 하시어 하늘의 생각을 품게 하셨습니다. 성령께서 하시는 일은 생명의 생각, 하늘의 생각, 영의 생각을 품게 하는 것입니다. 성막과 기구들은 말씀을 듣고 생각해서 만들어진 것입니다. 영광스럽고 아름다운 생각은 하나님께서 성령을 통하여 주십니다. 생각의 경이로움을 예술 작품을 보면 알 수 있습니다. 예술을 하는 사람들을 보면 일반인들이 상상도 못할 생각을 하고 표현해 냅니다. 그들에게는 예술적인 생각이 있습니다.

하나님께서 교회를 세우려는 일꾼들에게 성령을 충만하게 하여 영광스런 교회를 만들 생각을 주십니다. 또한 감동을 받고 영광스러운 교회를 세울 사역을 하도록 가르치게(히필형) 하셨습니다. 성령을 통해 생각을 주시고 가치시는 분은 여호와 하나님이십니다. 하나님께서 주어입니다(출 35:30).

브살렐과 오홀리압이 하나님의 명령대로 하려고 할 때 교회인 회중들이 자원하는 마음으로 즐거이 예물을 드리니 그 예물이 차고 넘쳐서 모세가 회중들에게 가져오기를 중단시켰습니다. 그리고 브살렐과 오홀리압은 집중하여 성막을 만들기 시작합니다(출 36:1-7).

지붕을 씌울 4겹으로 된 천막(출 36:8-19)과 성막의 사방을 세울 널판(출 36:21-30)과 지성소와 성소의 휘장(출 37:35-38)을 만들고, 궤 및 그 궤를 덮는 속죄소와 속죄소의 양 끝에 붙어 있는 그룹 천사(출 37:1-9)를 만들며, 떡을 차려 놓을 상(출 37:10-16)과 빛을 밝힐 등잔대(출 37:17-24)와 성소에서 분향할 분향 제단과 거룩한 관유와 향을 만들었습니다(출 37:25-29). 그리고 번제단(출 38:1-7)과 물두멍(출 38:8)을 만들고 세마포로 뜰(출 38:9-20)을 만들었습니다. 그리고 예물의 총합이 얼마이고 어디에 얼마나 지출이 되었는지에 대한 정확한 목록을 기록하여(출 38:21-31) 하나님께 드린 예물이 헛된 곳으로 새어 나가지 않고 필요한 곳에 정확히 사용되었음을 확인해 줍니다.

그리고 제사장의 옷을 제작하여 성소에서 섬길 때의 옷과 거룩한 옷을 만듭니다. 에봇의 어깨에 이스라엘의 12지파 이름이 기록된 호마노로 된 기념 보석을 붙이고, 이스라엘 12지파의 이름이 새겨진 12보석이 박힌 흉패를 에봇에 꿰매어 붙이며, 청색으로 된 겉옷에 순금 방울과 석류를 달고, 속옷과 속바지, 두건과 띠까지 하나님의 지시대로 만들었습니다(출 39:1-31).

브살렐과 오홀리압이 여호와의 명령대로 만든 모든 것을 가져왔을 때 하나님의 지시대로 되었으므로 모세가 그들을 축복합니다(출 39:32-43).

완성된 성막을 봉헌할 때 하나님께서 친히 명령하시기를, 첫째 달 첫째 날에 성막을 세우고, 지성소에 증거궤를 들여놓고 휘장을 가리며, 성소에 상을 놓고 떡을 진설하고 등잔대에 불을 켜고 향단을 두고 성소의 휘장을 달며, 뜰에는 번제단과 물이 든 물두멍을 놓고 세마포장을 치고 뜰 문을 달라고 하셨습니다(출 40:1-8).

이어서 하나님께서는 성막의 모든 기구를 자기 위치에 세팅한 후에 관유 기름을 성막과 모든 기구에 발라 거룩하게 하고, 제사장인 아론과 그의 아들들을 씻겨 그들에게 거룩한 옷을 입히고 그들에게도 기름을 부어 거룩하게 하라고 하셨습니다(출 40:1-15). 하나님의 지시대로 봉헌을 하고 기름을 바를 때 거룩해진다고 하셨습니다(출 40:9).

모세는 여호와께서 지시한대로 행합니다(출 40:1-16). 모세는 하나님의 지시대로 증거궤를 들여놓고, 휘장을 치며, 떡 상에 떡을 차려 놓고 등잔대에 불을 켜고 향단에 향을 사르고 번제 단에서 번제와 소제를 드리며, 뜰을 세우고 출입문 휘장을 답니다(출 40:17-33).

그때 구름이 회막에 덮이고, 여호와의 영광이 성막에 충만하여 모세도 들어갈 수 없었습니다. 그때부터 구름이 떠오르며 이스라엘의 앞으로 나아갔고 이스라엘은 그 구름을 따라 행진했는데, 그 구름이 떠오르지 않으면 떠오르는 날까지 기다렸습니다. 낮에는 구름이 밤에는 불이 항상 함께한다는 것을 이스라엘은 목도하였습니다.

성령 충만한 일꾼들이 성령이 주시는 생각과 가르침을 따라 명령대로 성막을 완성했을 때 하나님의 영광이 임하여 그들과 함께하며 그들을 인도했습니다.

마찬가지로 하나님께서 오늘도 영광스러운 교회를 세우기 위해 성령을 교회에 부어 주십니다. 오늘날에도 성령은 생각과 가르침을 통해 거룩한 교회 공동체를 세우게 합니다.

> 보혜사 곧 아버지께서 내 이름으로 보내실 성령 그가 너희에게 모든 것을 가르치고 내가 너희에게 말한 모든 것을 생각나게 하시리라 (요 14:26).

성령은 모든 것을 가르치십니다. 지혜, 총명, 지식, 여러 가지 일을 가장 아름답게 할 수 있도록 가르치십니다. 또한 성령은 예수님께서 말씀하신 모든 명령을 생각나게 하십니다. 조금만 묵상하고 조금만 기다리면 성령님이 가르치시고 생각나게 하십니다. 조급하지도 말고 서두르지도 말고 조금만 더 사모하고, 조금만 더 인내하고, 조금만 더 기도하면 모든 것을 가르치시고 생각나게 하시고 인도하십니다.

교회가 성령 충만을 사모하고 성령의 가르침과 생각을 따르면, 하나님께서 영광스럽고 복된 교회를 만들어 안식과 기쁨을 누리게 합니다. 성령의 가르침과 인도함을 따라 영광을 보고 안식을 누리길 바랍니다.

# 제2부

# 레위기

11장 여호와께서 부르시다(레 1:1-9)

12장 명령하여 이르라(레 6:8-13)

13장 여덟째 날에(레 9:1-7)

14장 여인이 임신하여(레 12:1-5)

15장 죽은 후에(레 16:1-5)

16장 제사장들에게 말하라(레 21:1-9)

17장 시내산에서(레 25:1-5)

## 11장

# 여호와께서 부르시다
### (레 1:1-9)

    정신없이 살다가 왜 사는지에 대해 생각해 보신 적이 있습니까?
    여인들은 아침에 일어나면 화장을 하고 어디론가 정신없이 뛰어갑니다. 남자들도 자신이 돈을 벌어야 가족이 산다는 중압감으로 정신없이 일을 합니다. 왜 사는지 깊이 생각하지도 않고 다람쥐 쳇바퀴 돌듯이, 정신없이 살다 보면 어느덧 인생이 끝납니다. 뭔가 하고 싶어도 힘이 없을 때가 옵니다. 평생 자신을 돌아보지 않고 자녀를 키웠다고 해서 자녀들이 알아주는 것도 아닙니다. 왜 사는지, 인생의 목적이 무엇인지 깊이 생각하지 않고 정신없이 살다가 나이 들어 후회합니다.
    그래서 바울은 교회를 위해 기도할 때 부르심의 소망, 인생의 이유 및 목적을 알기를 간구했습니다.

    우리 주 예수 그리스도의 하나님, 영광의 아버지께서 지혜와 계시의 영을 너희에게 주사 하나님을 알게 하시고, 너희 마음의 눈을 밝히사 그의 부르심의 소망이 무엇이며 …(엡 1:17, 18).

바울은 간구하기를, 하나님께서 지혜와 계시의 영인 성령을 교회에게 주시고, 성령께서 교회로 하여금 하나님을 알게 하며 마음의 눈을 밝혀 부르심의 소망인 인생의 목적을 깨닫게 해 주시기를 간구했던 것입니다.

주 안에서 사랑하는 성도 여러분!
부르심의 소망을 생각해 보았습니까?
왜 하나님께서 우리를 부르셨을까요?
레위기는 부르심으로 시작합니다.

여호와께서 회막에서 모세를 부르시고 그에게 말씀하여 이르시되(레 1:1).

여호와께서 회막에서 모세를 부르셨습니다. 회막(오홀 모에드, אהל מועד) 이란 지정된 장소, 즉 성막을 말합니다. 성막의 완성이 출애굽기 40장에 기록되어 있습니다. 이스라엘 백성들이 애굽에서 구원을 받아 시내산에 와서 하나님의 언약 백성이 된 후 하나님의 지시를 따라 회막을 완성했을 때 여호와의 영광이 성막에 충만했습니다.

출애굽기는 성막의 완성과 여호와의 영광이 그곳에 충만히 임한 내용까지만 소개하고, 그 다음에 레위기가 나옵니다. 레위기는 토라인 모세오경의 중간에 나옵니다. 창세기, 출애굽기가 레위기를 향하고 있다면 민수기, 신명기는 레위기에서 출발합니다. 레위기는 위치가 토라의 가운데일 뿐만 아니라 그 내용도 아주 중요합니다.

경건한 유대인들은 아이들이 4살이 되어 글을 읽을 줄 알면 가장 먼저 레위기를 암송시킵니다. 성인식을 하는 13살이 되면 보통 토라 전체를 암송합니다.

이번 주에 읽을 토라의 말씀은 레위기 1:1-6:7로 제목은 "그가 부르셨다"(봐이크라, ויקרא)입니다. 이스라엘이 출애굽하여 언약 백성이 되어 성막을 완성했을 때 여호와 하나님께서 드디어 부르시고 왕 같은 제사장으로서 어떻게 살아야 할지를 가르치십니다.

여호와께서 부르신 목적이 무엇일까요?

인생을 어떻게 살아야 할까요?

### 1. 부르심의 목적은 구별된 예물을 통해 하나님을 가까이하게 하기 위함입니다

하나님께서 우리를 부르실 때는 목적이 있습니다. 그냥 심심해서 부른 것은 절대 아닙니다. 회사에서 직원으로 부를 때 목적이 있고, 나라에서 군인으로 부를 때도 목적이 있듯이 하나님께서 우리를 부르실 때도 목적이 있습니다. 하나님께서 회막에서 모세를 부르신 목적이 있습니다.

> 너희 중에 누구든지 여호와께 예물을 드리려거든 가축 중에서 소나 양으로 예물을 드릴지니라. 그 예물이 소의 번제이면 흠 없는 수컷으로 회막 문에서 여호와 앞에 기쁘게 받으시도록 드릴지니라. 그는 번제물의 머리에 안수할지니 그를 위하여 기쁘게 받으심이 되어 그를 위하여 속죄가 될 것이라(레 1:2-4).

여기서 하나님께서 부르신 목적은 여호와께 예물을 드리는 규례를 가르치기 위함입니다. '예물'(코르반, קרבן)의 기본 의미는 '가까이 가져온 것'이고, '드리다'(카라브, קרב)의 기본 의미도 '가까이 가져오다'입니다. 여호와 하나님을 가까이하고자 하는 자가 소나 양 같은 제물을 가지고 여호와께 가까이 가서 드리는 것이 예물입니다. 소나 양을 가져와 제물로 드리는 궁극적 목적은 하나님을 가까이하기 위함입니다.

인생 최고의 목적은 잘 먹고 잘 사는 것이 아니라 여호와 하나님을 가까이하여 영생을 누리는 것입니다. 하나님을 가까이함이 최고의 복입니다.

마귀는 세상의 것을 많이 쌓으면 행복할 것이라고 속입니다. 마귀는 다른 사람들보다 더 가져 이생의 자랑거리가 많으면 행복할 것이라고 속이고, 눈에 보이는 것을 다 가져 안목의 정욕을 채우면 행복할 것이라고 속이며, 육체의 욕망을 채우며 육신의 정욕대로 살면 행복할 것이라고 속입니다.

그러나 정말 세상의 모든 것을 가지면 행복할까요?

솔로몬은 아니라고 말합니다. 그는 40년간 왕으로 살면서 1,000여 명의 여인들을 갖고 온갖 누릴 것을 다 누렸지만 세상 것으로는 전혀 만족을 얻지 못했다고 고백합니다. 그러한 삶은 마치 바람을 잡은 것처럼 헛되다고 고백합니다.

인생의 행복은 정신없이 돈 벌어 실컷 놀거나 자기 욕망을 채우는 것이 절대 아닙니다. 그것은 선악을 알게 하는 나무의 열매와 같습니다. 보암직하고 먹음직하고 탐스럽지만 막상 먹으면 바다의 짠물처럼 더 갈증에 시달릴 수밖에 없습니다.

인생 행복은 하나님을 가까이하여 하나님의 은혜를 받고 영생을 누리는 것입니다. 하나님께서 우리를 부르신 목적은 우리가 하나님과 가까워지는 것입니다. 성경을 매일 읽는 궁극적 목적도 하나님을 가까이하는 것이요, 기도하고 전도하는 목적도 하나님을 가까이하여 영생을 누리기 위함입니다. 하나님을 가까이하여 하나님 나라와 복음의 참된 가치를 발견하고 제자의 삶을 살면 인생이 변화됩니다. 세상의 것들을 소유하던 소유하지 않던 상관이 없습니다. 하나님 나라의 생명을 가지면 그것으로 만족하고 기뻐합니다. 하나님을 가까이함이 인생 최고의 행복입니다.

성막을 완성하고 여호와의 영광이 성막에 가득할 때 하나님께서 레위기를 통해 하나님을 가까이하여 영생을 누리는 방식을 가르쳐 주셨습니다. 레위기는 딱딱하고 어려운 제사 이야기가 아닙니다. 부드럽고 세밀하며 섬세하게 우리를 인도하시는 하나님의 사랑 이야기요, 복음입니다.

누구든지(아담, אדם) 예물을 통해 여호와 하나님을 가까이해야 참된 복을 누릴 수 있습니다. 모든 인류는 예물을 통해 하나님을 가까이해야 아담이 잃었던 생명을 얻게 됩니다.

하나님을 가까이하는 사람은 어떤 예물을 어떻게 드려야 할까요?

여호와 하나님께서 지정한 장소인 회막으로 가져오는 제물은 아무것으로나 할 수 없습니다. 드리는 자가 자기 소유물인 가축 중에서 소나 양으로 가져오되 흠이 없는 가장 좋은 것으로 가져와 하나님께서 기쁘게 받으시도록 드려야 합니다.

여호와께 가까이하는 자가 제물을 가져와서 먼저 머리에 안수해야 기쁘게 받으심이 되어 속죄가 됩니다(레 1:2). 소나 양의 머리에 손을 얹고 안수한다는 것은 자신의 모든 것을 전가한다는 의미입니다. 나의 인생과 나의 모든 삶을 제물에게 전가하여 하나님께 바치는 것입니다. 나의 모든 것을 바칠 때 나의 죄와 허물까지도 제물에게 전가하여 하나님께 바칩니다.

제물을 드리는 사람이 자기가 가져온 제물을 칼로 잡아 죽이고, 가죽을 벗기며, 각을 떠서 제사장에게 주면 제사장은 그 제물의 피를 제단 사방에 뿌리고 제물을 번제단에서 불태워 하나님께 드립니다. 그때 여호와 하나님께서 하나님을 가까이하기 위해 드리는 제물(코르반, קרבן)을 기쁘시게 받으시고 속죄하십니다. 기쁘시게 받으신다(라쫀, רצון)는 의미는 제물을 통해 하나님을 가까이하는 것이 하나님의 뜻(라쫀, רצון)이라는 것입니다.

레위기는 소나 양과 같은 제물을 드림으로 하나님을 가까이하는 방식을 가르쳐 줍니다. 그런데 나중에 하나님께서 소나 양을 제물로 드리는 것을 싫어하셨습니다. 하나님의 뜻을 깨닫지 못하고 소나 양으로만 제물을 드릴 때 하나님은 받지 않으신 것입니다.

> 너희의 무수한 제물이 내게 무엇이 유익하뇨?
> 나는 숫양의 번제와 살진 짐승의 기름에 배불렀고 나는 수송아지나 어린 양이나 숫염소의 피를 기뻐하지 아니하노라.
> 너희가 내 앞에 보이러 오니 이것을 누가 너희에게 요구하였느냐?
> 내 마당만 밟을 뿐이라. 헛된 제물을 다시 가져오지 말라. 분향은 내게 가증히 여기는 바요. 월삭과 안식일과 대회로 모이는 것도 그러하니 성회와 아울러 악을 행하는 것을 내가 견디지 못하겠노라(사 1:11-13).

하나님께서는 백성들이 가져오는 제물을 가증히 여기시고 싫어하신 이유는 그들이 악을 행하면서 제물을 가져왔기 때문입니다. 백성들은 창기같이 자기 육체의 욕망을 위해 살고, 높은 사람들은 패역하여 뇌물을 사랑하면서 고아와 과부 같은 사회적 약자를 무시하였기에 하나님께서는 이들이 제물을 가져오는 것을 용납하지 않으신 것입니다.

소나 양과 같은 제물을 드리는 것은 자기를 드리는 것입니다. 소나 양의 머리에 안수하여 자기 손으로 소나 양을 잡아 각을 떠서 드리는 것은 자기의 모든 죄와 육적 갈망에 대해 죽는다는 강렬한 고백입니다.

소를 죽이는 것이 쉽겠습니까?

소를 잡아 제사 드리려고 하다 칼로 소를 잘못 찌르면 날뛰는 소에게 받혀 죽을 수도 있습니다. 소를 잡아 제사 드리는 것은 쉽지 않습니다. 소를 잡아 죽이는 것보다 더 힘든 것이 자기의 육적 갈망을 죽이는 것입니다. 타락한 양심은 기회만 오면 육적인 욕망을 채우려고 합니다.

아무도 보지 않는 은밀한 곳에 가면 창기처럼 육적 욕구를 채우려고 하고, 높은 자리에 올라가면 뇌물을 자연스럽게 받게 되고, 고아와 과부 같은 사회적 약자를 무조건적으로 사랑하거나 자신의 소유를 나누어 주지 못합니다. 이런 죄성을 죽이고 예물을 드려야 하나님을 가까이할 수 있습니다. 죄성에 따라 악을 행하면서 소나 양만 드리면 얼마든지 하나님을 가까이할 수 있다고 생각하는 것은 착각입니다.

하나님께서 하나님을 가까이하는 길을 레위기에서 알려 주셨지만 인간은 자신의 죄성으로 인해 하나님을 가까이할 수 없었습니다. 그래서 모든 것을 아시는 하나님께서 모든 제물들이 예시하는 예수님을 온전한 제물(코르반, קרבן)로 보내 주셨습니다.

레위기 1-6장에 나오는 모든 제사와 제물은 예수 그리스도를 보여 주는 예표입니다. 제물을 몽땅 다 태워 드리는 번제(레 1:1-17), 곡물의 고운 가루를 드리는 소제(레 2:1-16), 감사와 자원함을 표현하는 화목제(레 3:1-17), 죄 사함을 위한 속죄제(레 4:1-5:13), 잘못을 하고 깨달은 후 배상하면서 드리는 속건제(레 5:14-6:7)는 예수 그리스도를 보여 주는 그림자입니다. 제사의 실체는 예수 그리스도이십니다.

> 주께서 세상에 임하실 때에 이르시되 하나님이 제사와 예물을 원하지 아니하시고 오직 나를 위하여 한 몸을 예비하셨도다. … 이 뜻을 따라 예수 그리스도의 몸을 단번에 드리심으로 말미암아 우리가 거룩함을 얻었도다(히 10:5, 10).

하나님께서 사람들이 하나님을 가까이할 수 있도록 한 몸을 예비하셨습니다. 하나님께서 기쁘시게 받으시는 제물, 하나님의 뜻을 행할 한 몸을 예비하셨습니다.

예수님께서는 하나님께서 기뻐하시는 제물(코르반), 하나님의 뜻을 이룰 제물로서 자신의 몸을 십자가에 드렸습니다. 예수님의 십자가가 우리의 죄를 위한 영원한 제사임을 마음으로 믿고 입술로 고백하면 하나님께서 우리를 거룩하게 하시고 온전하게 하십니다. 우리는 제물이 되시는 예수 그리스도를 믿음으로 하나님을 가까이하게 되고 은혜를 받아 영생을 누리게 됩니다.

믿음은 제물이 되는 가축의 머리에 안수하는 것과 같습니다. 안수는 나의 모든 것을 제물에게 전가하되 죽어 마땅한 나의 죄까지 전가하는 행위입니다. 마찬가지로 예수 그리스도의 십자가와 부활을 믿는다는 것은 나의 모든 죄가 예수님께 전가되었다는 것을 믿는 것이요, 동시에 예수님의 의가 나에게 전가되었음을 믿는 것입니다.

제물 되시는 예수님을 믿을 때 법적으로 모든 죄가 용서함을 받고, 의롭게 되어 하나님의 자녀가 됩니다. 그러므로 예수님을 믿는 사람들은 죄의 종처럼 육체의 욕망을 채우기 위해 살지 않고, 의롭게 된 하나님의 자녀처럼 거룩하고 의롭게 살아갑니다.

하나님을 가까이함이 최고의 복인데 하나님을 가까이하려면 제물 되신 예수 그리스도의 십자가와 부활을 믿어야 합니다. 제물(코르반) 되신 예수 그리스도를 믿음으로 하나님을 가까이하면 은혜와 참된 복을 받게 됩니다.

매일 밥을 먹고 매일 얼굴을 씻듯이 매일 예수님을 통해 하나님을 가까이하면 속사람이 변화되고 안식을 누립니다. 교회에서 예배드림은 참된 제물 되신 예수님을 통해 하나님을 가까이하는 것입니다. 예수 그리스도를 통한 예배가 하나님께서 기쁘시게 받으시는 영적 제사(벧전 2:5)입니다. 예수 그리스도를 통해 하나님을 가까이하여 은혜와 하늘 생명을 날마다 누리길 바랍니다.

### 2. 향기로운 냄새를 올려 드림이 하나님을 가까이하는 길입니다

번제, 소제, 화목제, 속죄제, 속건제 중에 매일 아침저녁으로 드리는 제사가 번제입니다. 번제는 모든 제사를 드릴 때 항상 같이 드리는 제사입니다. 번제(올라, עלה)는 하나님께 올라간다는 뜻입니다. 하나님께 가까이 가기 위해 제물을 제단에 불태우면 그것이 하나님께 올라갑니다.

> 그 전부를 제단 위에 불살라 번제로 드릴지니 이는 화제라. 여호와께 향기로운 냄새니라(레 1:9).

제물을 번제로 드릴 때 제단에 올려놓고 불태웁니다. 화제(火祭)라는 것은 불태워 드리는 제사입니다. 제물을 불태울 때 향기로운 냄새가 하나님께 올라가 하나님을 가까이하게 됩니다. 하나님께 드려지는 제물은 향기로운 냄새가 있어야 합니다(번제[레1:9, 13, 17]; 소제[레 2:2, 9, 12]; 화목제[레 3:5, 16]).

예수님의 십자가도 향기로운 제물입니다.

> 그리스도께서 너희를 사랑하신 것같이 너희도 사랑 가운데 행하라. 그는 우리를 위하여 자신을 버리사 향기로운 제물과 희생 제물로 하나님께 드리셨느니라(엡 5:2).

예수님의 십자가는 우리의 죄를 대속하기 위해 자신을 버리심입니다. 예수님께서 죄인들을 구원하시기 위해 자신을 향기로운 제물과 희생 제물로 하나님께 드렸습니다. 죄인들을 구원하기 위해 자신을 드린 십자가보다 더 큰 사랑은 없습니다. 선한 사람이나 의로운 사람들을 위해 자신을 조금 희생할 수 있지만 원수와 같은 죄인들을 위해 자신을 버리는 사람은 없습니다. 예수님만이 죄인인 우리를 위해 십자가에서 죽으셨습니다. 최고의 사랑입니다. 이와 같은 아가페 사랑이 하나님 앞에 향기로운 제물이 됩니다.

하나님께 가까이하는 예배는 향기로운 냄새가 되어야 합니다.

향기로운 냄새가 아니라 악취가 나면 사람도 피합니다.

겉모습이 아무리 아름다워도 가까이 갔더니 마늘 냄새를 풍기고 구역질나는 냄새가 난다면 가까이할 수 있겠습니까?

샤워를 하던, 향수를 뿌리던 냄새를 제거하라고 하지 않겠습니까?

하나님을 가까이하는 예배는 향기로운 냄새가 있어야 합니다. 우상 종교를 섬기는 사람들도 우상에게 기도할 때 목욕재계(沐浴齋戒)를 하고 향을 피웁니다. 향기로운 냄새를 만드는 것입니다.

여호와 하나님께 드려지는 예배도 향기로운 냄새가 되어야 합니다. 옛날 어른들은 예배를 드리려고 할 때 목욕을 하고 깨끗한 옷을 입었습니다. 하나님을 가까이하는 예배는 불로 태우는 화제가 되어야 합니다. 더럽고 추한 것을 태우고 정결하고 깨끗하고 거룩한 제물이 되어 하나님께 드려야 합니다. 돼지처럼 더럽고 추하면 돼지에게는 갈 수 있어도 하나님을 가까이할 수는 없습니다. 하나님을 가까이하는 예배는 정결하고 거룩한 예배가 되어야 합니다.

하나님의 모든 자비하심으로 권하노니 너희 몸을 하나님이 기뻐하시는 거룩한 산 제물로 드리라 이는 너희가 드릴 영적 예배니라. 너희는 이 세대를 본받지 말고 오직 마음을 새롭게 함으로 변화를 받아 하나님의 선하시고 기뻐하시고 온전하신 뜻이 무엇인지 분별하도록 하라 (롬 12:1, 2).

사도 바울은 로마서 1-11장에서 구원의 복음을 전한 후 구원받은 성도들에게 가장 먼저 권면한 것이 "너의 몸을 하나님께서 기뻐하시는 거룩한 산 제물로 드리라"는 것입니다. 몸을 거룩한 산 제물로 드리는 것이 영적 예배입니다.

하나님께서 기뻐하시는 예배는 마음의 변화입니다. 하나님께서 기뻐하시는 예배는 마음을 교정하고 마음을 새롭게 함으로 변화를 받아 하나님의 선하시고 기뻐하시고 온전하신 뜻을 분별하는 것입니다. 마음의 변화가 있어야 이 세대, 이 세상을 본받지 않습니다.

탐욕, 시기, 교만, 게으름 등 더럽고 추한 마음을 불태우고 정결하고 깨끗한 마음으로 예배를 드려야 우리 몸이 하나님을 가까이하는 제물이 되는 것입니다. 추악하고 거짓이 가득한 마음으로 하나님께 나온다면 향기로운 냄새가 될 수 없습니다. 마음을 새롭게 함으로 변화를 받아 예배드림이 향기로운 냄새로 하나님께 올라가는 제물입니다.

번제는 아침저녁으로 드렸습니다. 아침 6-9시 사이, 저녁 3-6시 사이에 번제를 드렸습니다. 매일 아침저녁 마음을 새롭게 함으로 변화를 받아 하나님을 가까이하면 향기로운 냄새가 되어 하나님께서 받으십니다.

베드로도 번제를 드리는 시간에("제9시," 즉 오후 3시) 성전에 기도하러 가다 40년 동안 걷지 못한 사람을 만나 그를 치료하고 5,000명에게 복음을 전했습니다. 다니엘도 저녁 기도 시간에 기도할 때 가브리엘 천사가 그를 찾아왔습니다(단 9:21). 마음을 새롭게 함으로 예배하고 기도하면 하나님을 가까이하게 되어 큰 은혜와 복과 능력을 받습니다.

　인생 행복은 하나님을 가까이하는 것입니다. 제물 되신 예수 그리스도를 믿고 마음의 변화를 받아 향기로운 냄새로 하나님을 가까이하는 복을 누리길 바랍니다.

# 명령하여 이르라
(레 6:8-13)

레위기는 구원받은 사람들이 하나님을 가까이하는 규례에 대한 가르침입니다. 즉 하나님께로 가까이 인도하는 매뉴얼이라 할 수 있습니다. 레위기는 엄청난 영적 축복에 대한 비밀이 있습니다. 우리는 아무런 준비 없이 하나님을 가까이하지 못합니다.

하나님을 가까이하려면 제물(코르반, קרבן)을 가지고 정한 규례대로 나아가야 합니다. 제물은 자기 몸을 단번에 속죄제물로 드린 예수 그리스도를 보여 주는 그림자입니다. 우리는 예수 그리스도의 십자가를 근거로 하나님께 가까이 갈 수 있습니다. 레위기 1:1-6:7은 제물을 가지고 하나님께로 가까이 가는 규례에 대한 가르침입니다. 즉 하나님께로 가까이 가는 사람들이 드리는 5가지 제사인 번제, 소제, 화목제, 속죄제, 속건제에 대한 가르침입니다.

이번 주간에 읽을 토라의 말씀인 레위기 6:8-8:36은 하나님을 가까이하기 위해 성막을 찾는 사람들을 도와주는, 성전의 일꾼인 제사장들에 대한 가르침입니다. 제목은 "제사장에게 명령하라"(짜브, ᴨ)입니다. 제사장은 성전의 일을 돕기 위해 하나님께 부름 받은 하나님의 일꾼입니다.

하나님께서 제사장들에게 명령하라고 하셨습니다. 하나님의 명령이란 복된 삶을 위한 충고와 권면입니다. 세상에는 명령이 많이 있고 세상은 명령에 의해 움직입니다. 비행기가 뜨고 내리는 것이 관제탑의 명령에 의하듯이 세상은 명령에 의해 움직입니다. 그렇다고 모든 사람의 모든 명령이 다 유효한 것은 아닙니다.

사람들은 자기가 명령하는 대로 모든 것이 움직이기를 원하지만, 대부분 그렇게 되지는 않습니다. 사회생활에서나 가정에서 나의 부탁과 권면이 다 시행되는 것은 아닙니다. 친구, 남편, 아내, 자녀는 나의 부탁에 짜증을 내기도 합니다. 아마도 그래서 사람들이 개들을 키우는지 모릅니다. 사람들은 말을 듣지 않지만 개는 조금만 훈련하면 말을 잘 들으니 말입니다.

화가 나서 개를 발로 차도 개는 금방 꼬리를 흔들고 달려오지만 사람을 발로 차면 큰일 나지 않습니까?

사람들은 부탁이나 명령을 반드시 따르지 않습니다. 거부할 수 없는 권위자의 명령이나 자기에게 유익이 될 때는 따르지만 그 외에는 거부하거나 거절할 때가 많습니다.

그러나 하나님의 명령은 반드시 따라야 합니다. 하나님의 명령을 따름이 얼마나 큰 복인지 모릅니다.

대저 명령은 등불이요 법은 빛이요 훈계의 책망은 곧 생명의 길이라(잠 6:23).

하나님의 명령은 인생의 등불이요 빛입니다. 칠흑과 같은 어둠의 세상에서 하나님의 명령이 등불이요, 빛입니다. 하나님의 명령을 따르면 복이 됩니다.

제사장들과 같은 하나님의 일꾼들에게 주신 하나님의 명령은 어떤 복이 될까요?

### 1. 하나님을 가까이하도록 돕는 일꾼들이 2가지를 유념해야 복됩니다

제사장들이 하는 사역 가운데 하나는 오늘날의 예배와 같은 당시의 제사를 도와주는 것입니다. 하나님의 백성들이 하나님께 제사를 드리기 위해 제물을 가지고 와서 안수하고 잡으면, 제사장은 그 피를 제단에 뿌리고, 제물을 번제단에 화제로 드려 향기로운 냄새가 하나님께 올라가게 합니다. 백성들이 드리는 제사가 하나님께 상달되도록 제사장은 잘 도와야 합니다. 하나님께서는 제사장들에게 2가지를 유념하라고 명령하셨습니다. 하나는 제단의 불이 꺼지지 않게 하는 것이요, 다른 하나는 제물을 먹는 방법입니다.

> 아론과 그의 자손에게 명령하여 이르라. 번제의 규례는 이러하니라. 번제물은 아침까지 제단 위에 있는 석쇠 위에 두고 제단의 불이 그 위에 꺼지지 않게 할 것이요. … 불은 끊음이 없이 제단 위에 피워 꺼지지 않게 할지니라(레 6:9, 13).

하나님께서는 제사장이 매일 드리는 번제를 위해 불이 꺼지지 않게 하라고 명령하셨습니다. 저녁에 제물을 드리면 아침까지 석쇠 위에 두어 제단의 불이 꺼지지 않게 합니다. 아침에는 나무를 태우고, 번제물과 화목제의 기름을 그 위에 올려 불사릅니다. 이렇게 불이 끊임없이 제단 위에 피도록 하는 책임이 제사장에게 있었습니다. 이 불은 첫 번째 제사를 드릴 때 하나님께로부터 온 불입니다. 제단에 불이 항상 있어야 언제든지 하나님을 가까이하려는 사람들이 제물을 드릴 수 있습니다.

하나님께서는 하나님의 사역에 봉사하는 일꾼들에게 불이 계속 타오르게 하라고 명령하셨습니다. 예레미야는 하나님의 말씀이 불같다(렘 23:29)고 했고 사도행전은 오순절에 임한 성령이 불같다(행 2:3)고 했습니다. 하나님께서는 하나님의 일꾼들에게 교회에서 말씀과 성령의 불이 계속 타오르게 하라고 명령하셨습니다.

하나님께서는 제단의 불이 꺼지지 않기 위해 나무와 제물을 제단에 올리라고 명령하셨을 뿐만 아니라 타고 남은 재는 진영 밖의 정결한 곳으로(레 6:10, 11) 가져가라고도 명령하셨습니다.

불이 꺼지지 않아야 하나님을 가까이할 수 있습니다. 말씀과 성령의 불이 꺼지지 않도록 해야 합니다. 진리의 말씀을 통해 은혜를 받아야 하나님을 가까이할 수 있고, 성령의 임재가 충만해야 하나님을 가까이할 수 있습니다. 누가 언제 와도 하나님을 가까이할 수 있도록 말씀과 성령의 불이 있어야 합니다. 나무와 제물처럼 태울 것은 태우고, 재처럼 버릴 것을 버림으로써 불이 꺼지지 않게 함이 복입니다.

불이 꺼지지 않게 하는 책임과 아울러 제사장은 먹는 규례를 잘 지켜야 합니다. 번제는 제물을 몽땅 불태워 하나님께 드리는 제사입니다. 소제를 드리는 방법은 고운 가루 한 움큼과 기름과 유향을 기념물로 제단에 불사르고 나머지는 제사장들이 거룩한 곳 회막 뜰에서 먹는 것입니다(레 6:15, 16). 속죄제의 고기는 제사장이 먹도록 하셨고(레 6:26), 배상 제사인 속건제를 드리는 방법은 기름진 꼬리, 내장과 콩팥의 기름, 허리와 간을 제단 위에 불사르고 나머지는 제사장이 먹는 것입니다(레 7:3-7). 화목제물의 기름은 제단에 불사르고 가슴과 오른쪽 뒷다리는 제사장이 먹고(레 7:30-34) 나머지는 화목제를 드리는 사람들이 정결케 하고 먹도록 하셨습니다(레 7:11-21).

제물을 먹는 규례를 잘 지켜야 예배와 같은 제사를 통해 하나님을 가까이하여 복을 받을 수 있습니다. 제사장이 제물을 먹는 규례는 다음과 같은 특징이 있습니다.

① 소제: "아론 자손의 남자는 모두 이를 먹을지니"(레 6:18).
② 속죄제: "제사장인 남자는 모두 그것을 먹을지니"(레 6:29).
③ 속건제: "제사장인 남자는 모두 그것을 먹되 거룩한 곳에서 먹을지니라"(레 7:6).

제사장 남자가 제물을 먹으라고 하셨습니다. 여기에 나오는 남자라는 단어는 좀 특별한 의미가 있습니다. 보통 히브리어로 남자라 하면 '이쉬'(איש)인데 이곳에 나오는 남자는 기억하다는 뜻을 가진 '자카르'(זכר)입니다. 제물을 먹으면서 기억하는 남자입니다. 예배를 드리면서 기억하는 남자입니다.

제물을 먹음으로 무엇을 기억하라는 것일까요?

번제, 소제, 속죄제, 속건제, 화목제 제사가 보여 주는 영적 의미를 기억함으로 하나님을 가까이하는 사람들을 도와주라는 명령입니다.

왜 하나님께서 5개 제사를 가르칠까요?

5개 제사는 무엇을 의미할까요?

제물을 제단에 몽땅 태워 드리는 번제(올라, עלה)는 위로 올라가다는 의미입니다. 예수님을 믿는 성도들이 기억해야 할 것은 올라가는 것입니다. 물질적인 세계에서 영적 세계로, 이 세상에서 하나님 나라로 올라가는 것을 기억해야 합니다. 타락 이전의 상태인 하나님의 형상으로 올라가고, 그때에 주신 목적으로 올라가야 함을 기억해야 합니다. 하나님을 가까이하는 예배는 올라가는 것을 기억하는 예배입니다.

번제는 영적 수준이 올라가는 제사입니다. 우리 스스로 높은 경지에 올라가는 것이 아니라 하늘에서 내려오셔서 자신을 온전한 제물로 드리고 하늘로 올라가신 예수 그리스도 안에서 올라가는 것임을 기억하는 제사가 번제입니다.

하나님께서 제사장은 "사람을 위하여 번제를 드리는"(레 7:8) 자라고 하셨습니다. 히브리어 성경에는 "위하여"라는 말이 없고, '사람 번제(올라 이쉬, עלה איש)를 드리는 제사장'이라고 합니다. 즉 사람으로 오셔서 십자가에서 자기 몸을 제물로 드린 예수 그리스도를 예시하는, 번제를 드리는 제사장이라는 뜻입니다. 사람으로 오셔서 자신을 번제처럼 몽땅 드린 예수님 안에서 타락 이전의 상태로 올라가고, 영적 세계로 올라가는 것을 기억해야 합니다. 모든 제사는 번제가 기본이듯이 모든 예배는 우리를 높은 영적 경지로 올리는 예수님의 십자가와 부활을 기억함이 기본입니다.

소제(민하, מנחה)는 고운 가루로 드리는 곡물 제사로서 '선물,' '예물,' '봉헌물'이라는 뜻을 가지고 있습니다. 소제를 드리는 방법은 기억이 되고 기념되는 일부분을 제단에 불태워 드리고 나머지는 제사장 남자가 먹는 것입니다.

소제를 통해 무엇을 기억하라는 것일까요?

소제는 번제와 함께 하나님께 올라가기 위해 고운 가루의 선물을 하나님께 드려야 한다는 것을 기억하는 제사입니다. 고운 가루가 된다는 것은 내가 부서져 선물이 되어야 함을 기억하는 것입니다. 우리가 드리는 예배가 하나님께서 기뻐하시는 선물이 되려면 자신이 고운 가루처럼 부서져야 합니다. 내가 부서지지 않으면 하나님께 나 자신을 드릴 수 없고, 부서지지 않으면 영적 수준이 올라갈 수 없습니다. 내가 부서지지 않으면 영적 예배의 실패자가 됩니다.

　아담의 아들 가인은 자기가 부서져 고운 가루가 되는 데 실패하여 동생 아벨을 죽이고 쫓겨나 도시를 만들었습니다. 아벨은 자기 생각으로 제물을 드린 것이 아니라 자기 생각을 철저하게 버리고 예수님의 그림자인 양의 첫 새끼, 양의 장자를 가져와 예배를 드립니다. 그때 하나님께서 아벨이 드린 예배를 받으셨습니다. 선물을 받으신 것입니다.

　소제를 드리면서 기억해야 할 것은 고운 가루가 되는 것입니다. 고운 가루가 되기 위해 자신의 생각, 자기의 경험, 자신의 상처와 아픔을 철저하게 버려야 합니다. 내 안에 있는 모든 아픔과 상처를 보혈로 덮고 십자가에 못 박아야 고운 가루가 됩니다. 매일 내 생각과 내 경험을 갈아 고운 가루로 하나님께 나아가야 함을 기억해야 합니다. 상대방을 갈구지 말고 나의 생각과 나의 감정을 갈아서 고운 가루와 같이 하나님께 나아가야 아벨의 제사처럼 하나님께서 받으시는 선물과 같은 예배를 드릴 수 있습니다.

　속죄제와 속건제의 제물은 기념이 될 만한 중요한 것만 태워 드리고 나머지는 제사장이 먹습니다. 속죄제와 속건제는 죄를 덮는 제사입니다. 신앙생활을 하면서 은혜를 받으면 받을수록 내 속에 악과 죄가 똬리를 틀고 있는 것이 보입니다. 그래서 내가 죄인 중에 괴수로 죽을 수밖에 없음을 깨닫게 됩니다. 그때는 속죄의 은혜가 필요하여 복음을 다시 생각하고 기억합니다. 예수님께서 십자가에서 우리 죄를 위해 죽으셨음이 복음으로 다가옵니다.

　내 안의 죄가 보일 때, 주님의 십자가를 기억하고 죄를 고백하며 회개하면 주님은 우리의 모든 죄를 덮어 주십니다. 그것이 속죄제와 속건제의 은혜입니다. 속죄제와 속건제는 예수 그리스도께서 십자가를 통해 우리 죄를 덮어 버렸음을 기억하는 것입니다. 예수 그리스도께서 과거의 모든 허물을 덮어 주셨습니다.

　죄를 덮는 곳이 지성소에 있는 속죄소인데 죄를 덮으면 하나님께서 그곳에서 만나주시고 말씀을 주십니다. 죄를 덮어 주신 예수님께서 주님으로 우리 속에서 다스리면 에덴 회복의 복을 받습니다. 속죄제와 속건제의 규례를 지키고 기억하면 하나님을 만나는 복을 받습니다.

　화목제사(할라브, הלב)는 감사할 때, 자원하는 마음이 생길 때, 서원할 때 드리는 감사제사입니다. 화목제사만 제물을 드리는 사람이 먹을 수 있습니다. 제사장이 제물을 흔들어 드리면 제사를 드리는 사람은 감사의 마음으로 함께 먹습니다. 참된 감사는 우리를 위해 희생 제물이 되신 예수님을 먹을 때 생깁니다.

　하나님께서는 제사장에게 불이 꺼지지 않게 하는 것과 먹는 것에 관해 가르치셨습니다. 즉 먹는 것을 통해 기억하라는 메시지입니다. 영적 수준이 올라가야 함을 기억하고, 고운 가루처럼 자신의 생각이 갈아져야 함을 기억하며, 죄를 덮는 유일한 길이 예수님의 십자가임을 기억하며, 감사로 하나님께 나감이 복을 받는 길임을 기억해야 합니다. 하나님께서 제사장들에게 기억하기 위해 제물을 먹는 방식을 가르치신 것입니다.

　사실 먹고 마시는 것은 음식과 하나가 되는 것입니다. 고기를 먹든지 밥을 먹든지 먹는 순간 내 속에 들어와 나와 하나가 됩니다. 그런 의미에서 예수님께서 예수님의 살을 먹고 피를 마실 때 영생하리라고 약속하셨습니다.

　　내 살을 먹고 내 피를 마시는 자는 영생을 가졌고 마지막 날에 다시 살리리니 내 살은 참된 양식이요, 내 피는 참된 음료로다. 내 살을 먹고 내 피를 마시는 자는 내 안에 거하고 나도 그의 안에 거하나니 (요 6:54-56).

예수님의 살을 먹고 피를 마신다는 것은 식인(食人)을 하는 식인종이 되라는 것이 아니라 예수님의 십자가와 부활의 복음을 믿되 내 것이 되도록 믿으라는 말씀입니다. 예수님께서 십자가에서 몸이 찢기시고 피를 흘려 돌아가신 것은 우리를 죄에서 구원하시기 위한 것인데, 이 복음이 내 것이 되도록 믿어야 영생을 얻습니다. 복음이 내 것이 될 때 영생을 얻고 마지막 날 예수님께서 재림하실 때 우리의 몸이 부활되고, 지금 주님과 연합이 되어 우리가 주님 안에, 주님이 우리 안에 거하시게 됩니다. 복음이 내 것이 되도록 믿는 것이 제물을 먹는 것과 같습니다.

하나님을 가까이하는 복을 누리려면 불이 꺼지지 않아야 합니다. 성령의 불, 말씀의 불이 항상 타야 합니다. 때로는 재를 버리듯 버릴 것을 버리고, 나무와 제물과 기름을 올려놓듯 자신이 산 제물이 되어 불을 살려야 합니다. 뜨거움으로 방향을 바꾸고, 뜨거움으로 사명을 향해 달려가야 합니다.

불과 함께 기억하면서 먹어야 할 것이 있었듯이 예수 그리스도의 십자가 복음을 기억해야 합니다. 제물의 고기를 먹듯이 복음이 내 것이 되어야 합니다. 십자가 복음이 내 것이 되려면 마음으로 믿고 입술로 시인해야 합니다.

> 만일 입으로 예수님을 주로 시인하며 또 하나님께서 그를 죽은 자 가운데서 살리신 것을 마음에 믿으면 구원을 받으리라. 사람이 마음으로 믿어 의에 이르고 입으로 시인하여 구원에 이르느니라(롬 10:9, 10).

십자가 복음을 마음으로 믿고 입술로 시인함이 예수님을 먹고 마시는 것입니다. 십자가 복음을 마음으로 믿고 입술로 시인하면 영생을 얻고, 마지막 날에 부활하며, 지금 주님과 연합합니다. 뜨거운 불을 가지고 복음을 먹음으로 하나님을 가까이하길 바랍니다.

### 2. 하나님의 일꾼들은 구원의 실체이신 예수님의 증인이 되어야 복을 받습니다

레위기 6-7장이 제사를 돕는 제사장이 유념해야 할 것에 관한 명령이라면 레위기 8장은 제사장의 위임식에 관한 명령입니다. 제사장으로 취임하려면 위임식을 해야 하는데, 위임식 규례는 아주 엄격합니다.

제사장이 될 아론과 그 아들들을 물로 씻기고(레 8:6), 명령대로 만들어진 제사장 옷을 순서대로 입으며(레 8:7-9), 거룩한 기름으로 성소의 기구와 제사장들에게 발라 거룩하게 구별하며(레 8:10-13), 명령을 따라 속죄제(레 8:14-17), 번제(레 8:18-21), 위임식 제사(레 8:22-29)를 드리며, 관유와 제단 위의 피를 제사장들의 옷에 뿌려 거룩하게 하며(레 8:30), 정해진 제물을 먹어야 합니다(레 8:31). 제사장의 위임식은 사람들이 임의로 한 것이 아니라 여호와 하나님께서 명령하신 그대로 했습니다(레 8:4, 5, 9, 13, 17, 21, 29, 31, 34, 35, 36).

제사장의 위임식을 명령대로 행할 때 받는 복이 있습니다.

> 오늘 행한 것은 여호와께서 너희를 위하여 속죄하게 하시려고 명령하신 것이니 너희는 칠 주야를 회막 문에 머물면서 여호와께서 지키라고 하신 것을 지키라. 그리하면 사망을 면하리라. 내가 이같이 명령을 받았느니라(레 8:34, 35).

하나님께서 이렇게 명령하신 것은 제사장과 회중들의 속죄를 위한 것이요, 그들이 죽지 않기 위함입니다. 하나님을 가까이하는 자들의 죄가 덮

여겨 죽지 않게 하나님께서 세밀하게 가르치셨습니다.

하나님을 가까이하는 구약의 제사장들은 예수 그리스도를 예시(豫示)합니다. 그들은 실체이신 예수님께서 나타나기 전까지 하나님을 가까이하는 자들을 돕는 성전의 일꾼입니다. 그래서 위임식을 엄중하게 하도록 명령한 것입니다.

> 대제사장마다 예물과 제사 드림을 위하여 세운자니 그러므로 그도 무엇인가 드릴 것이 있어야 할지니라. … 그들이 섬기는 것은 하늘에 있는 것의 모형과 그림자라(히 8:3, 5).

실체이신 예수님께서 오시기 전까지 제사장들은 하늘의 모형과 그림자인 성전에서 하나님을 가까이하는 자들을 도우는 일꾼이었습니다.

이제 성전의 실체이신 예수님께서 오셔서 십자가에서 모든 죄를 덮었습니다. 지금 교회의 일꾼은 실체이신 예수님의 증인이 되어야 복을 받습니다. 구약의 제사장들이 예수님을 예시하는 그림자라면 오늘날 교회의 성도들과 일꾼들은 예수님의 십자가 복음을 전하는 증인들입니다.

제사장이 엄중하게 성전에서 주어진 사역을 감당함으로 사람들로 하여금 하나님을 가까이하도록 도왔듯이 교회의 일꾼들은 불과 같은 뜨거움으로 예수님의 복음을 전함으로 사람들이 하나님을 가까이하여 영생을 얻도록 도와야 합니다.

어쩌면 구약의 제사장들처럼 교회의 일꾼들은 고귀한 사명이 있습니다. 즉 복음을 전할 사명입니다. 속죄의 복음, 사망을 이기는 복음을 전하라는 명령이 우리에게 있습니다. 땅 끝까지 이르러 증인이 되고, 온 땅을 두루 다니며 모든 민족을 제자 삼으라는 명령이 있습니다.

속죄의 복음, 사망을 이기는 복음을 전하라는 명령을 받았습니다. 이 명령을 준행하면 사람들은 복음을 듣고 믿음으로 구원을 받아 영생을 누리는 복을 받습니다. 복음의 증인이 되면 생명이 살아나는 생명의 역사를 보게 됩니다.

복음으로 영적 수준이 올라가고, 고운 가루처럼 온유와 겸손으로 섬기며, 회개와 자백으로 죄를 덮으며, 하나님과 화목하며, 복음의 증인됨이 복입니다.

우리는 왜 구원의 실체이신 예수님을 전하는 복음의 증인이 되어야 할까요?

인생이 전부가 아니라 영생이 있기 때문입니다. 예수님을 믿고 복음대로 살면 이 세상을 떠날 때 예수님께서 천국으로 인도하십니다. 예수님께서 우리를 죄에서 구원하여 천국을 선물로 주시기 위해 오셨습니다. 뜨거운 열정으로 구원의 실체이신 예수님의 복음을 전하는 증인이 되길 바랍니다.

# 여덟째 날에
(레 9:1-7)

　복음서에 의하면, 예수님께서 부활하신 후 8회에 걸쳐 사람들에게 나타나셔서 말씀하셨습니다. 예수님께서 무덤 앞에서 마리아에게, 여인들에게, 베드로에게, 엠마오로 가는 제자들에게, 예루살렘에서 도마가 없을 때 제자들에게, 도마가 있을 때 제자들에게, 디베랴 호수에서 제자들에게, 갈릴리에서 제자들에게 나타나셔서 하나님 나라에 대해 가르치셨습니다. 사도행전과 고린도전서에 의하면 예수님께서 하늘로 올라가실 때 500명이 보았습니다.
　8이라는 숫자는 새롭게 시작하는 생명의 숫자요 고상하고 고풍스러운 숫자입니다. 하나님께서 태초에 7일 동안 천지 창조를 완성하셨기에 8일부터 시작입니다. 예수님도 안식 후 첫날, 즉 여덟째 날에 부활하셨고, 노아의 방주에 있던 사람도 8명이고, 아이가 태어나면 여덟째 날에 할례를 행하라고 하셨고(레 12:3), 나병 환자가 치료되었을 때에도 여덟째 날에 결례를 행하라고 하셨으며(레 14:23), 유출병자가 완치되었을 때에도 여덟째 날에 속죄제를 드리라고 하셨습니다(레 15:14,29).

　이번 주에 읽을 토라의 말씀인 레위기 9-11장은 여덟째 날에 대한 말씀으로서 제목은 "여덟째"(쉐미니, שְׁמִינִי)입니다.

　새 생명으로 새롭게 시작하는 여덟째 날이 주는 복은 무엇일까요?

### 1. 하나님께서 나타나셔서 불을 주셨습니다

　레위기 8장에 따르면, 제사장의 위임 제사를 7일 동안(레 8:35) 엄숙하게 행하므로 아론과 그의 아들들이 첫 제사장이 되었습니다. 그리고 여덟째 날에 하나님께서 공식적으로 제사장이 된 아론과 그의 자녀들에게 제사를 드리라고 하셨습니다. 즉 제사장 자신들을 위하여 속죄제와 번제를 먼저 드리고, 이스라엘을 위하여 속죄제와 번제와 화목제를 드리라고 하셨습니다.

> 여덟째 날에 모세가 아론과 그의 자녀들과 이스라엘 장로들을 불러다가 아론에게 이르되(레 9:1).

제사는 오늘날 예배와 같은데, 그 목적은 무엇일까요?

> 오늘 여호와께서 너희에게 나타나실 것임이라(레 9:4).

> 여호와께서 너희에게 하라고 명령하신 것이니 여호와의 영광이 너희에게 나타나리라(레 9:6).

제사장인 아론과 그의 아들들이 죄를 속하고 덮어 버리는 속죄 제사와 올라가는 제사인 번제를 드리면 여호와께서 나타나실 것이라고 약속하셨습니다. 그들은 명령대로 여덟째 날에 자신들의 죄를 사함 받고 덮기 위해 속죄제를 드렸고, 올라가는 번제도 드렸습니다. 그리고 백성들의 죄를 사함 받고 덮기 위해 속죄제를 드렸고, 이어서 올라가는 번제와 명령받은 화목제까지 드리고 백성을 축복했습니다. 그 후 모세와 아론이 다시 회막에 들어갔다가 나와서 백성을 축복할 때, 약속대로 하나님께서 나타나셨습니다.

> 모세와 아론이 회막에 들어갔다가 나와서 백성에게 축복하매 여호와의 영광이 온 백성에게 나타나며 불이 여호와 앞에서 나와 제단 위에 번제물과 기름을 사른지라(레 9:23, 24).

명령대로 제사장이 제사를 드렸더니 약속대로 여호와의 영광이 온 백성에게 나타났고, 불이 여호와 앞에서 나와 제단 위의 번제물과 기름을 살랐습니다. 불이 번제물을 살랐다(아칼, אכל)는 것은 불이 번제물을 먹었다는 말입니다. 여호와 앞에서 나온 불이 번제물을 먹음으로 영적으로 하나님께 올라가게 된 것입니다. 이것은 하나님께서 아론과 제사장들이 드린 제사를 온전히 받으셨다는 의미입니다. 하나님께 올라가는 제물인 번제를 받은 것은 그들이 하나님께 올라가게 된 것을 말합니다. 하나님께 가는 길이 열린 것입니다.

아담의 타락으로 에덴에서 추방되고 하나님께 가는 길이 막혔는데, 다시 하나님께 가는 길이 열려 영생을 얻음이 복음 중의 복음입니다.

하나님께서 여덟째 날에 하나님께 가는 길을 열어 주셨습니다. 레위기 9장에서 불이 번제물을 먹은 것처럼, 하나님께서 안식 후 첫날인 여덟째 날에 부활하신 예수님의 사역을 만족스럽게 흠향하셨고 성령을 부어 주셨습니다.

부활하신 예수님께서 40일 동안 하나님 나라에 대해 가르치시다가 하늘로 올라가시기 전에 성령을 약속하셨습니다.

> 사도와 함께 모이사 그들에게 분부하여 이르시되 예루살렘을 떠나지 말고 내게서 들은 바 아버지께서 약속하신 것을 기다리라. 요한은 물로 세례를 베풀었으나 너희는 몇 날이 못 되어 성령으로 세례를 받으리라(행 1:4, 5).

예수님께서는 제자들에게 아버지께서 약속하신 것을 기다리라고 하셨습니다. 하나님 아버지께서 약속하신 것은 성령입니다. 요한은 물로 세례를 베풀었지만 교회는 성령으로 세례를 받을 것이라고 하셨습니다. 세례란 물에 잠기는 것입니다. 즉 성령의 충만함을 받을 것이라는 약속입니다. 약속을 믿고 오순절까지 기도하며 기다렸더니 예수님께서 성령을 부어 주셨습니다. 기도하며 기다리는 교회에 성령을 부어 주시니 불의 혀 같은 것이 각 사람에게 나타났고, 큰 바람 같은 소리가 들렸으며, 모인 사람들은 성령 충만하여 다른 언어로 복음을 전했습니다.

약속하신 성령을 우리에게 부어 주심이 복입니다. 성령의 충만함을 받은 교회가 복음을 전하니 큰 표적과 기사가 많이 일어나고 사람들은 기뻐서 날마다 성전에 모여 떡을 떼며 기도했습니다. 약속의 성령을 받음이 복입니다. 하나님의 영인 성령을 주셨다는 것은 하나님께서 사람들과 함께 거하신다는 표시입니다.

노아 시대에 죄악이 가득할 때 하나님의 영이 떠나셨는데 예수님께서 죄 값을 지불하시고 죄를 덮어 용서하시니 하나님의 영인 성령이 오셔서 거하시게 되었습니다. 예수님께서 번제처럼 올라가셔서 성령을 부어 주셨습니다. 성령의 오심은 하나님께서 함께하심이기에 성령의 오심이 복입니다. 성령의 오심은 하나님께로 가는 길이 활짝 열린 것이기에 복입니다.

지금도 부활하신 예수님의 복음을 듣고 믿으며, 약속하신 성령을 사모하고 기다리면 성령을 주십니다. 성령을 통하여 하나님께서 우리 안에 거하시고 함께하십니다. 약속하신 성령을 받아 하나님께 날마다 나아가는 복을 누리길 바랍니다.

## 2. 성령을 받은 교회는 정결과 거룩함을 훈련해야 복을 누립니다

성령을 받고 불을 받은 것은 하나님께서 우리를 받으셨다는 표시로서 하나님 나라에서 영원히 하나님과 함께하며 영생을 누리는 복을 받은 것입니다. 상상할 수 없는 큰 복입니다.

그러나 성령을 받고 불을 받았다고 끝이 아닙니다. 하늘의 생명을 주는 성령의 불이 계속 있어야 복이 됩니다. 영원한 생명을 살게 하는 힘은 불(에쉬, אֵשׁ)입니다. 불은 그냥 존재하는 것이 아니라 무엇인가 먹어야 계속 존재합니다. 제단의 불은 나무나 제물을 먹음으로 계속 타올랐습니다. 거룩한 제물을 드림으로 불이 유지되었습니다.

레위기 9장을 보면, 하나님의 불이 번제물을 먹음으로써 하나님께 올라갈 길이 열렸습니다. 그런데 레위기 10장을 보면, 제사장들이 다른 불을 드리다가 큰 사고를 당했습니다. 아론의 아들 중 제사장인 나답과 아비후가 여호와께서 명령하시지 않은 다른 불을 담아 여호와 앞에 분향하다가 불이 나와 그들을 삼켜 그들이 죽었습니다. 불이 그들을 먹은 것(아칼, אָכַל)입니다. 다른(주르, זוּר, '낯선,' '이방인') 불로 분향하다가 여호와께서 치신 불로 제사장들이 죽었습니다.

우리가 하나님께서 주신 하늘의 불로, 하늘의 형상으로 살지 않으면 불이 우리를 먹습니다. 다른 불과 하나님의 불이 함께할 수 없습니다. 귀신과 성령이 함께할 수 없습니다. 다른 복음과 십자가 복음이 함께할 수 없습니다.

나답과 아비후가 다른 불을 드리다 죽임을 당한 후 하나님께서 다음과 같이 말씀하셨습니다.

> 나는 나를 가까이하는 자 중에 거룩함을 나타내겠고 온 백성 앞에서 내 영광을 나타내리라(레 10:3).

> 회막에 들어갈 때 포도주나 독주를 마시지 말아야 죽음을 면할 것이다(레 10:9).

하나님께서 하나님을 가까이하는 자에게 거룩함과 영광을 나타내십니다. 하나님의 영광을 볼 제사장들은 포도주나 독주를 마시지 말라고 명령하셨습니다. 정결하고 거룩함을 유지하라는 것입니다. 하나님의 불을 받고 성령을 받은 자들은 거룩해야 합니다. 거룩해야 거룩하신 하나님을 가까이할 수 있고, 거룩해야 거룩하고 정결한 것을 분별할 수 있으며, 거룩해야 말씀을 통하여 하나님의 가르침을 받을 수 있습니다.

> 그리하여야 너희가 거룩하고 속된 것을 분별하며 부정하고 정한 것을 분별하고 또 나 여호와가 모세를 통하여 모든 규례를 이스라엘 자손에게 가르치리라 (레 10:10, 11).

거룩하신 하나님을 가까이하는 자들은 거룩해야 거룩한 것과 속된 것을 분별할 수 있고, 부정한 것과 정결한 것을 분별할 수 있습니다. 거룩한 자에게 하나님께서 말씀을 통하여 가르쳐 주십니다. 거룩해야만 하나님의 가르침인 토라의 비밀을 배울 수 있습니다. 거룩해야 하늘의 진리를 알 수 있습니다.

그렇다면 어떻게 거룩할 수 있을까요?

먹는 것을 주의해야 합니다. 레위기 11장은 먹는 것에 대한 가르침인데, 먹을 수 있는 정결한 음식과 먹지 말라고 한 부정한 음식이 나옵니다.

왜 하나님께서 어떤 음식은 먹으라고 하셨고 어떤 음식은 먹지 말라고 하셨을까요?

그것은 구별된 생활로 살라는 것입니다.

> 나는 너희의 하나님이 되려고 너희를 애굽 땅에서 인도하여 낸 여호와라 내가 거룩하니 너희도 거룩할지어다 (레 11:45).

모든 사람은 살려면 양식을 먹어야 합니다. 먹지 못하면 살지 못합니다. 예수님을 믿고 구원받은 성도들도 양식을 먹어야 합니다. 그러나 아무것이나 먹으면 하나님의 불이 삼켜 버립니다. 거룩하고 정결한 것만 먹어야 합니다.

먹거나 먹지 않을 것을 구별하는 것은 욕구 훈련입니다. 거듭난 성도들도 욕구 훈련을 해야 합니다. 세상에는 음란과 교만과 게으름으로 유혹하는 것들이 있습니다. 그런 욕구들이 일어날 때 훈련해야 합니다. 속되고 부정한 것을 버리는 훈련을 해야 합니다.

돼지처럼 욕심과 탐욕을 먹으면 안 됩니다. 되새김질하는 (마알라, מעלה)

짐승처럼 우리들의 삶이 하나님께 올라가는 것인지 되새겨 보고 구별되게 살아야 합니다. 영원을 사는 성도들은 하나님께 올라가는 진리, 사랑, 거룩함을 먹어야 하나님의 영광을 볼 수 있습니다.

거룩하라는 것은 구별된 삶을 살라는 것입니다. 부정한 것과 정한 것을 분별하고 먹을 것과 먹지 못할 것을 분별함이 거룩한 삶을 사는 것입니다. 갈 곳과 가지 못할 곳을 분별하고, 해야 할 일들과 하지 말아야 할 일들을 분별하며 사는 삶이 거룩한 삶입니다.

분별하지 않으면 아무 곳에나 가고, 아무 일이나 하고, 아무 것이나 먹어 결국은 죄에 빠지게 됩니다.

사람은 무엇을 먹든지 내 것이 됩니다. 부정한 것을 먹으면 부정한 것이 내 것이 되고 정결한 것을 먹으면 정결한 것이 내 것이 됩니다. 입으로 먹는 것, 귀로 듣는 것, 눈으로 보는 것이 내 안에 들어옵니다.

복음을 듣고 믿음으로 받아들이면 복음이 내 것이 되지만, 무당을 찾아가 점을 보고 그것을 받아들이면 무당의 말이 자기 것이 되어 따르게 됩니다.

부정한 것을 먹지 말라는 것은 속되고 부정한 것을 자기 것으로 만들지 말라는 것입니다. 정결함과 거룩함을 자기 것으로 만들어야 성령의 불을 유지하여 하늘의 생명을 누립니다.

그래서 예수님께서 도마에게 믿는 자가 되라고 하셨습니다. 복음을 받아들이고 믿는 자가 될 때 복을 받습니다. 계속 정결한 음식을 먹듯이 계속 복음을 먹고 먹어야 합니다. 먹되 정결함과 거룩함으로 복음을 믿어야 복음이 복이 됩니다.

> 사랑하는 자들아 이 약속을 가진 우리는 하나님을 두려워하는 가운데서 거룩함을 온전히 이루어 육과 영의 온갖 더러운 것에서 자신을 깨끗하게 하자(고후 7:1).

성도들은 영원히 살게 하는 하늘 생명을 받았기에 거룩함을 온전히 이루어야 복이 됩니다. 육과 영의 온갖 더러운 것에서 자신을 깨끗이 해야 복이 됩니다. 정결하고 거룩한 삶을 훈련함으로 생명의 복을 날마다 누리길 바랍니다.

## 14장

## 여인이 임신하여
(레 12:1-5)

　예수님께서 부활하신 후 예수님을 주와 그리스도로 믿는 교회가 생겼습니다. 교회는 너무 신비롭기에 교회의 본질을 간단하게 설명하는 것이 쉽지 않습니다. 그래서 여러 가지 그림 언어로 교회를 설명합니다. 교회가 하나임을 강조할 때는 그리스도의 몸이라고 했고, 교회가 세상에 진리의 빛을 비추어야 함을 강조할 때는 등대라고 했고, 교회의 연약함을 설명할 때는 목자의 인도함을 받는 양 떼라고 했고, 교회에 하나님께서 거하심을 강조할 때는 성전이라고 했습니다. 교회를 설명하는 그림 언어 중의 하나가 그리스도의 신부, 즉 여자입니다.
　에베소서 5장에서는 남편과 아내의 관계를 가르칠 때 그리스도와 교회의 관계를 가지고 가르쳤습니다. 사도 바울은 그리스도께서 교회를 사랑하여 자기 목숨을 주셔서 거룩하고 흠이 없는 영광스러운 교회로 세워가듯이 남편이 아내를 사랑함이 마땅하고, 교회가 그리스도께 전적으로 복종하듯이 아내가 남편을 순종함이 옳다고 가르쳤습니다. 교회를 여자로 묘사하는 것은 큰 비밀입니다.

> 사람이 부모를 떠나 그의 아내와 합하여 그 둘이 한 육체가 될지니 이 비밀이 크도다. 나는 그리스도와 교회에 대하여 말하노라(엡 5:31, 32).

남자와 여자가 합하여 하나가 되어 뗄 수 없듯이 그리스도와 교회는 뗄 수 없는 하나입니다. 머리가 아프다고 머리를 바꿀 수 없는 것처럼 그리스도와 교회는 뗄 수 없는 하나입니다. 이것은 알 듯하지만 잘 알지 못하는 큰 비밀입니다. 누구나 쉽게 알 수 있다면 큰 비밀이 아닙니다. 교회는 큰 비밀 덩어리입니다. 교회의 비밀을 알아가려면 여자, 즉 신부를 생각하면 조금씩 이해가 됩니다.

이번 주간에 읽을 토라의 말씀은 레위기 12:1-15:33로 제목은 "여인이 임신하여"(타즈리아, תזריע)입니다. 즉 교회 이야기입니다. 윤달일 때는 레위기 12장-13장, 레위기 14-15장(메쪼라, מצרע)으로 나누어 읽습니다.

레위기 12장은 여인이 아이를 낳는 이야기이고 레위기 13-15장은 나병과 유출병에서 정결케 되는 내용입니다. 모두 행복을 말하고 있습니다.

여인이 언제 행복할까요?

아이를 낳을 때입니다.

나병과 같은 큰 질병을 앓는 사람은 언제 행복할까요?

바로 완치될 때입니다.

교회는 언제 행복할까요?

## 1. 그리스도의 신부인 교회는 영적 자녀를 해산할 때 행복합니다

신부된 여인에게 있어서 최고의 행복 중 하나는 신랑의 씨를 받아 아이를 임신하는 것입니다.

> 여인이 임신하여 남자를 낳으면(레 12:2).

여인이 임신하다(타즈리아, תזריע)는 것은 여인이 남자의 씨를 받아 잉태하는(제라, זרע의 히필형, 사역 동사, 미래형) 일을 하는 것입니다. 씨를 잉태하는 일은 어린아이가 아니라 어른이 되어야 할 수 있습니다. 여자가 되었다는 것은 임신하는 일을 할 수 있다(잇솨 키 타즈리아, אשה כי תזריע)는 것입니다. 여인이 임신하여 아이가 잉태되면 해산의 수고를 통하여 아이를 낳게 됩니다(베얄다, וילדה). 그때 여인은 행복합니다.

그리스도의 신부인 교회도 생명의 씨와 같은 복음을 받아(벧전 1:23-25) 영적 자녀를 낳을 때 행복을 느낍니다.

여자가 언제 남편의 씨를 기쁨으로 받을까요?

남편을 사랑할 때입니다. 남자(잇쉬, איש)를 신(א)의 손(י)으로 만든 형상(ש)으로 생각한다면, 여자, 즉 아내(잇솨, אשה)는 신(א)의 손(י)으로 만들어진 형상(ש)인 남편(잇쉬, איש)을 바라보는(ה) 자로 생각할 수 있습니다. 사실 타락하기 전 아담 속에는 하나님의 형상이 있었습니다. 하나님의 형상으로 창조된 아담을 바라보고 사모하면 아담의 씨를 받아 남편의 형상을 닮은 자녀를 낳게 됩니다.

타락 이전에는 여자는 남편만 바라보았는데 여자가 타락할 때 뱀의 유혹, 사탄의 유혹을 받습니다. 그 후로 아내는 남편만 주야장천(晝夜長川)

바라보지 않고 세상을 바라보게 되었습니다. 남편 속에 있는 세상, 돈, 매력, 능력을 바라보니 만족이 없어 행복이 사라진 것입니다.

타락하기 이전의 남편, 하나님의 형상을 보존하고 있는 신랑이 과연 있을까요?

있습니다. 바로 예수 그리스도이십니다. 여인과 같은 교회는 신랑과 같은 예수님을 주야장천 바라보고 사모하며 사랑하면, 씨와 같은 복음의 말씀(벧전 1:23-25)이 마음에 들어옵니다. 예수님만 바라보고 사랑하면 복음의 말씀이 들어와 불덩어리가 됩니다. 복음의 씨가 마음에 들어오면 신랑과 같은 예수님을 사랑하기에 예수님께서 주신 복음을 전하는 사역을 하고 복음대로 사는 훈련을 합니다. 이것이 영적 자녀가 태어나는 과정입니다.

예수님께서 완성하신 복음을 전하고 하나님의 사랑을 나누는 것은 예수님을 사모하고 사랑한다면 누구나 할 수 있습니다. 왕비들과 대단한 미녀들만 임신하는 것이 아니라 자기 남편을 사랑한다면 모든 여인들이 임신을 할 수 있듯이 예수님을 사랑하면 누구나 복음을 전하고 하나님의 사랑을 나누어 영적 자녀를 낳을 수 있습니다.

여인에게 있어 임신하고 해산하는 것이 행복이듯이 신부인 교회가 영적 자녀를 낳고 해산함이 축복이고 행복입니다. 사도 바울은 복음을 깨닫고 복음대로 살면서 사방에 다니며 복음을 전했습니다. 그가 복음을 전할 때 박해도 받고 욕도 먹고 고난도 많이 받았지만 나중에 영적 자녀들이 생기고 교회가 섰을 때 감사하며 행복했습니다.

복음을 전하고 양육하면서 받는 고생은 사실 고생이 아니라 행복입니다. 마치 임신을 하고 10개월을 지내는 과정이 고생이 아니라 행복이고, 아이를 양육함이 고생이 아니라 행복이듯이 복음을 전하고, 제자를 세우며 교회를 섬기는 것은 고생이 아니라 행복입니다. 그래서 바울은 기쁨으로 영적 자녀를 낳는 사역을 했습니다.

> 그리스도 안에서 일만 스승이 있으되 아버지는 많지 아니하니 그리스도 예수 안에서 내가 복음으로써 너희를 낳았음이라(고전 4:15).

스승이란 아이들을 가르치고 인도하는 선생님입니다. 바울은 자신이 잘 가르치고 인도하는 선생님 정도가 아니라 복음으로 자녀를 낳은 아버지라고 했습니다. 즉 영적 자녀를 낳았다는 것입니다. 교회는 그리스도의 신부이기에 그리스도를 닮은 영적인 자녀를 낳을 때 가장 행복합니다.

바울은 자기가 전도하여 양육한 제자들을 영적 아들이라고 했습니다. 디모데를 사랑하는 아들이라고 했고(고전 4:17; 딤전 1:2, 18; 딤후 1:2), 디도도 믿음을 따라 낳은 아들이라고 했고(딛 1:4), 오네시모도 갇힌 중에 낳은 아들(몬 1:10)이라고 했습니다. 베드로도 마가를 아들이라고(벧후 5:13) 했습니다. 사도들은 복음을 전하여 예수님의 제자가 되어 함께 동역자 된 자들을 영적 아들이라고 했습니다.

복음을 전하여 낳은 영적 아들이 많으면 행복합니다. 그들을 낳기 위해 주리고 목마르고 헐벗고 매를 맞고 모욕과 비방과 박해를 받고 정처 없이 다녔지만 그런 아들이 나중에 잘하는 것을 보면 행복을 노래할 수 있습니다.

바울은 오네시모를 갇혀서 낳은 아들이라고 했습니다. 바울이 옥에 갇혔을 때 자기 석방을 위해 기도한 것이 아니라 그곳에서 복음을 전하여 오네시모를 낳았습니다. 바울은 어떤 환경에서도 복음을 전하여 그리스도의 형상을 닮은 영적 자녀를 낳고자 했습니다. 그것이 그리스도를 사랑하는 모습입니다.

예수님을 닮은 영적 자녀를 낳았다는 것은 예수님을 그만큼 사랑했다는 표시입니다. 아이는 여자 혼자 가질 수 없고, 씨를 받아야 합니다. 예수님을 사랑하면 복음의 씨를 그만큼 풍성하게 받게 되고, 복음의 씨를 받을 때 복음을 전하기도 하고 사랑을 베풀기도 하여 영적 자녀를 낳게 됩니다.

예수님을 닮은 영적 자녀를 낳았다는 것은 그만큼 수고했다는 표시입니다. 아이는 그냥 태어나는 것이 아닙니다. 해산의 수고를 해야 합니다. 오늘날은 산부인과에서 많이 도와주지만 옛날에는 산모의 해산의 수고가 얼마나 힘들었는지 모릅니다. 자녀를 낳다가 죽는 여인들도 있었습니다. 복음을 전하고 복음을 가르쳐서 예수님을 닮은 제자가 되도록 양육하는 것은 엄청난 수고가 들어갑니다. 바울도 영적 자녀를 낳기 위해 해산의 수고를 했습니다.

> 나의 자녀들아 너희 속에 그리스도의 형상이 이루기까지 다시 너희를 위하여 해산하는 수고를 하노니 (갈 4:19).

바울은 해산의 고통을 당하더라도 갈라디아 교회가 그리스도의 형상이 이루기까지 수고하고자 결심했습니다. 예수 그리스도를 사랑하기에 성도들이 그리스도의 형상으로 자라나기를 원했습니다. 바울은 성도에게 그리스도의 형상이 아니라 세상의 형상이나 사탄의 형상이 나타날 때 마음 아파하며 해산의 수고를 통해 그들이 그리스도의 형상에 이르도록 도와주려고 했습니다. 그들을 위해 다시 기도하고 양육하는 것은 해산의 수고와 같았지만 그리스도의 형상에까지 자라야 하기에 기꺼이 수고하고자 했습니다.

예수 그리스도를 사랑하면 복음의 씨를 받고 복음을 전하고 사랑으로 섬기려고 합니다. 해산의 수고를 기꺼이 합니다.

우리는 하늘에 있는 예수 그리스도는 볼 수 없지만 그리스도의 지체들은 교회에 가득하기에 언제든지 사랑하고 섬길 수 있습니다. 그리스도의 지체들을 대접하고 사랑하고 섬기면, 그리스도를 대접하고 사랑하고 섬기는 것입니다. 작은 아이처럼 약하지만 그리스도의 분신과 같은 성도들이 굶주릴 때에 먹을 것을 주고, 목마를 때에 마실 것을 주고, 병들었을 때에 찾아가고, 갇혔을 때에 위로하면 그리스도에게 한 것과 같습니다. 진리의 복음 안에서 서로 사랑하면 그리스도의 형상으로 만들어져 갑니다.

예수님께서 원하시는 것은 신부인 교회를 통해 예수님을 닮은 자녀들이 세상에 가득 차는 것입니다. 거룩하고 하나 되고 아가페 사랑으로 사는 예수님의 형상을 닮은 사람들이 온 세상에 가득 차는 것이 주님의 뜻입니다. 그것이 해산의 수고를 통해 영적인 자녀들을 낳는 것입니다.

여인이 자녀를 해산할 때 피를 쏟습니다. 레위기 12장은 피의 이야기입니다.

> 그 여인이 아직도 삼십삼 일을 지내야 산혈이 깨끗하리니 정결하게 되는 기한이 차기 전에는 성물을 만지지도 말며 성소에 들어가지도 말 것이며(레 12:4).

여인들이 아이를 낳을 때 쏟는 피는 월경의 피처럼 이미 죽어서 필요 없는 피 입니다. 이미 죽은 피는 몸 안에 가지고 있는 것보다는 배출하는 것이 훨씬 몸에 좋습니다. 아이를 낳으면서 필요 없는 나쁜 피가 빠져나감이 여자에게는 큰 축복입니다. 아이를 낳으면서 나쁜 피를 쏟기에 여인들은 아이를 낳은 후 건강해집니다.

복음을 전하고 사랑으로 양육하며 섬기는 사역을 할 때 내 안에 나쁜 욕구와 욕망들이 빠져 나가져서 영적 자녀를 낳으려고 하는 교회가 더욱 건강해집니다.

여인들이 아이를 낳을 때 피를 쏟았기에 정결해 지는 기간이 있습니다. 남자아이를 낳으면 7일이 부정하고 33일이 지나 40일 되어야 피가 정결해 집니다. 여자아이를 낳으면 14일 부정하고 66일이 지나 80일이 되어야 피가 정결해집니다.

여인이 남자아이를 낳았을 때 7일 동안 부정하고 33일이 지나야 산혈이 깨끗해진다(슈브 베담 타하라, שוב בדם תהרה)는 것은 피 안으로 돌아가 정결해진다는 뜻이고, 여인이 여자아이를 낳을 때 14일 동안 부정하고 66일이 지나야 산혈이 깨끗하게 된다(슈부 알 담 타하라, שוב אל דם תהרה)는 말은 피 위로 돌아가 정결케 된다는 뜻입니다.

남자아이를 낳으면 40일 동안 생명의 피 속으로 돌아가 정결케 되고 여자아이를 낳으면 80일 동안 생명의 피 위로 올라가 정결케 됩니다. 40일은 고난의 숫자, 광야 훈련의 숫자이고, 80일은 고상한 생명의 숫자입니다. 남자는 광야의 삶, 고난의 삶을 통하여 생명의 피 안으로 들어가 정결케 되고, 여자는 생명의 피 위로 올라가 정결케 됩니다.

여자는 올라가는 생명을 주는 메시아를 소망합니다. 여자의 후손을 통해 메시아가 온다(창 3:15)는 예언의 말씀이 자기를 통해 이루어지기를 소망합니다. 여인들은 자녀를 낳을 때에 메시아를 소망합니다. 그래서 랍비들은 레위기 12장이 메시아 장(章)이라고 합니다. 모든 여인들은 메시아를 낳는 축복의 어머니가 되고자 합니다.

오늘날도 성도가 복음을 알고 예수님을 사랑하면 예수님의 형상을 닮은 사람들이 온 땅에 가득하기를 소원합니다. 열방에 교회를 세우는 사역과 복음을 전하고 사랑을 나누는 사역에 기쁨으로 헌신합니다.

물론 복음을 전하고 교회를 세우는 사역은 사탄에 의해 방해를 받습니다. 레위기 12장의 주석과 같은 요한계시록 12장을 보면, 여자가 아이를 임신하여 해산하려 할 때, 붉은 용인 사탄이 여자가 낳을 아이를 죽이려고 합니다. 이 아들은 장차 철장으로 만국을 다스릴 아들입니다. 그런데 그 아이가 태어나서 하나님 앞과 보좌 앞으로 올라갑니다. 용은 아들을 낳은 여자를 박해하고 죽이려고 하나 실패합니다. 용은 여자의 남은 자손, 즉 하나님의 계명을 지키고 예수님의 증거를 가진 자들과 전쟁을 합니다. 사탄은 토라를 지키고 복음을 증언하는 제자의 길을 걷는 자들과 전쟁을 합니다.

사탄은 하나님의 자녀들이 세상에 가득 차는 것을 가장 싫어합니다. 그래서 사탄은 복음을 깨닫고 복음을 전하며 사랑을 나누는 제자들과 전쟁을 합니다. 사탄의 방해로 인해 박해와 고난을 받지만 예수님을 사랑하는 제자들은 여전히 복음을 전하고, 사랑을 나누는 일을 통해 하나님의 아들딸들이 온 세상에 가득 차게 하는 사역을 위해 헌신합니다. 해산의 수고가 있지만 복음을 전하고 사랑을 전하여 영적 자녀들을 낳음이 가장 큰 행복입니다. 복음을 전하여 영적 자녀들을 많이 낳는 제자의 소명을 감당하길 바랍니다.

### 2. 그리스도의 신부인 교회는 교만을 버리고 치료를 받으면 행복합니다

레위기 13장은 나병 환자가 생겼을 때에 제사장들은 어떻게 진찰하여 판정하는지를 가르치고, 레위기 14장은 나병 환자가 완치되었을 때에는 제사장들은 어떻게 정결예식을 행하는지를 가르치며, 레위기 15장은 유출 병에서 치유되었을 때에는 어떻게 정결예식을 행하는지 가르칩니다.

레위기 13-14장에서 말하는 나병은 오늘날의 나병과 다릅니다. 성경에서 말하는 나병(짜라아트, צרעת)은 하나님께서 주신 피부의 악성 질환입니다. 하나님께서 주신 질환이기에 의사를 찾아 약 처방을 받으라고 하지 않고 제사장에게로 가라고 하셨습니다. 나병의 진단은 제사장의 사역입니다.

> 만일 사람이 그의 피부에 무엇이 돋거나 뾰루지가 나거나 색점이 생겨서 그의 피부에 나병 같은 것이 생기거든 그를 곧 제사장 아론에게나 그의 아들 중 한 제사장에게로 데려갈 것이요 (레 13:2).

레위기 13장의 나병은 처방약이 없기에 제사장에게 가면 제사장은 부정하다고 판정만 해 줍니다. 그러다가 치유되면 다시 제사장에게 가고, 제사장은 진영 밖으로 나와 확인한 후 8일 만에 정결예식을 행하여 깨끗하다고 선포합니다.

나병은 피부, 즉 살과 육체에 생기는 병입니다. 즉 몸에 있는 문제입니다. 현대에도 3명 중에 1명이 암에 걸린다고 합니다. 인류는 몸의 병으로 고생했고 지금도 고생하고 있습니다.

나병 환부는 흰색(라반, לבן)으로 피부에서 올라와 딱딱하게 굳어진 것입니다. 사람이나 옷이나 벽에도 생깁니다. 나병은 궁극적으로 바벨탑을 쌓듯이 올라가고자 하여 생긴 병, 영적 교만을 상징하는 병입니다.

구약 성경에는 나병에서 치료 받은 사람 2명이 나옵니다. 미리암과 나아만 장군입니다. 미리암은 모세의 누이로 하나님의 비밀을 어느 정도 아는 여자 선지자였습니다. 어느 날 모세가 구스 여인과 결혼을 하니 미리암은 모세의 형인 아론과 함께 악한 말로 모세를 비방합니다.

> 그들이 이르되 여호와께서 모세와만 말씀하셨느냐 우리와도 말씀하지 아니하셨느냐 우리와도 말씀하시지 아니하셨느냐 하매 여호와께서 이 말을 들으셨더라 (민 12:2).

여선지자 미리암의 말을 보면 한 눈에 보아도 영적 교만이 가득함을 볼 수 있습니다.

"여호와께서 모세와만 말씀하셨느냐?
우리와도 말씀하지 아니하셨느냐?
우리와도 말씀하시지 아니하셨느냐?"

사실 미리암은 선지자이기에 하나님께서 무엇인가를 알려주셨을 것입니다. 하나님의 은사를 받다보니 미리암이 너무 교만해졌습니다. 마치 자기가 하나님의 뜻을 다 아는 것처럼 착각합니다.

당시 지상에서 최고로 온유한 자는 모세였습니다(민 12:3). 온유한 모세는 자기 마음으로 결정하는 것이 아니라 하나님의 뜻을 알아보고 하나님의 뜻대로 순종하는, 신실하고 충성된(민 12:7) 종이었습니다. 영적 세계를 알지만 가장 낮은 자인 온유한 자로 살았습니다.

80세가 넘은 모세가 자기의 정욕을 채우기 위해 구스 여인을 아내로 취한 것이 아닙니다. 당시 땅끝이라 할 정도로 별로 인정받지 못한 나라의 여인을 모세가 아내로 맞이한 이유는 하나님께서 온 세상의 모든 열방의 사람을 사랑함을 알려주고자 했기 때문입니다.

그런데 미리암은 자신이 선지자로서 예언을 좀 한다고 영적 교만에 빠져 하나님의 뜻을 알아보지도 않고 모세를 악한 말로 비방하다가 나병에 걸렸습니다. 피부가 눈과 같이 희어져 살이 반이나 썩어 모태에서 나온 자 같았습니다.

미리암이 나병에 걸리자 아론은 즉각 회개합니다.

> 미리암은 나병에 걸려 눈과 같더라. 아론이 미리암을 본즉 나병에 걸렸는지라. 아론이 이에 모세에게 이르되 슬프도다. 내 주여, 우리가 어리석은 일을 하여 죄

를 지었으나 청하건대 그 벌을 우리에게 돌리지 마옵소서(민 12:10, 11).

아론은 영적 교만이 어리석인 것이며 죄라는 것을 깨닫고 회개합니다. 회개할 때 모세가 여호와께 부르짖어 그를 고쳐 달라고 하니(민 12:13) 미리암을 7일 동안 진영 밖에 있게 한 후 고쳐 주셨습니다.

은사 받고 능력 받아 모든 것이 잘되어 교만해졌다고 깨달으면 회개해야 합니다. 영적 교만의 병을 고쳐 달라고 부르짖어야 합니다. 부르짖어 기도하면 주님은 치료하여 주십니다. 예수님께서 나병과 같은 우리의 질고를 치료하기 위해 오셨습니다. 주님께 부르짖어 기도하면 치료하여 주십니다.

기도할 때 반드시 기억해야 할 것이 있습니다. 너무 올라갔다고 생각하는 위치에서 내려오는 것입니다. 영적인 병은 내려올 때 치료가 됩니다.

구약의 나아만도 나병이 들었습니다. 나아만은 아람 왕의 군대 장관으로 크고 존귀한 자였습니다. 나병이 들었지만 최고 높은 군대 장관으로 있었으니 얼마나 대단한 사람인지를 알 수 있습니다.

소문을 듣고 엘리사에게 기도 받으러 올 때도 은 10달란트와 금 6,000개를 가져올 정도로 큰 인물이었습니다. 나아만이 엘리사에게 오니 엘리사 선지자는 나가 보지도 않고 사람을 보내 요단강에 몸을 7번 씻으면 깨끗하게 된다고 말합니다.

나아만은 자기를 환대하지 않은 엘리사에게 몹시 화가 나서 발길을 돌립니다. 너무 위대하다고 생각하는 사람들은 누가 무시한다고 느끼면 화를 냅니다. 그러나 자신을 종으로 생각하는 사람은 누가 무시해도 화가 나지 않습니다.

너무 위대하다고 생각했던 나아만은 엘리사 선지자의 말을 듣고는 요단강 물에 씻어서 치료될 병이면 아람으로 돌아가 아람의 더 좋은 강물로 씻겠다고 합니다. 나아만의 말이 옳은 것 같지만 틀렸습니다. 아람에도 강들이 많습니다. 그러나 요단강은 이스라엘에만 있습니다. 엘리사는 요단강에 7번 씻으라고 했습니다. 요단(야르단, ירדן)은 내려가다(야라드, ירד)는 뜻입니다. 헬몬산 밑에서 시작된 물이 내려가 갈릴리 호수에 모이고 다시 사해로 내려가는 물이 요단강입니다. 요단강에 7번 씻으라는 것은 자기가 최고 위대하다는 교만에서 내려와 씻으면 다시 피부가 전과 같은 상태로 돌아갈(슈브, שוב) 것이라는 의미가 내포되어 있습니다.

교만의 자리에서 내려와야 하나님께서 치료하십니다. 영적 교만에서 내려오고, 세상의 교만에서도 내려와야 하나님께서 치료하십니다. 예수님께서 우리를 치료하기 위해 하늘에서 내려오시고 십자가까지 내려가셨습니다. 나병과 같은 교만의 병으로 우리가 죽어갈 때, 예수님께서 우리를 치료하여 살리기 위해 내려오셨습니다. 예수님께서 내려오셨기에 예수님께서 계신 곳까지 7번이라도 내려가면 치료가 됩니다. 죽어가는 교만의 병에 걸렸어도 내려가서 치료를 받으면 참된 행복을 누립니다.

레위기 12-15장은 여자인 교회, 치료받은 교회 이야기입니다. 복음 증거와 사랑으로 예수님의 형상을 닮은 영적 자녀를 낳는 행복을 누리길 바랍니다. 또한 십자가까지 내려가 치료받는 행복을 누리길 바랍니다.

# 15장

## 죽은 후에
(레 16:1-5)

성경에는 죽음에 대한 이야기가 많습니다. 하나님께서 에덴에서 사람에게 명령한 첫 언약이 선악을 알게 하는 나무의 열매를 먹으면 반드시 죽는다(창 2:17)는 것입니다. 아담 타락 이후에도 언약을 가볍게 여기고 계속 죄를 지었기에 노아 시대에는 여덟 명을 제외하고 다 심판 받아 죽었습니다. 시내산 언약 이후에는 사람의 죄를 대신하여 양과 소 같은 제물들이 매일 죽었습니다. 레위기는 제물들의 죽음을 보여 주면서 동시에 중한 죄를 계속 지으면 죽이라고 말씀합니다. 중한 죄를 용납하여 나라 전체에 죄가 가득하면 나중에 나라가 죽임을 당하여 쫓겨나고 흩어질 것이라고 했습니다. 죽음에 대한 이야기가 많습니다.

예수님도 죽음 이야기를 자주 하셨습니다. 제자들이 신앙을 고백할 정도로 신앙이 자라났을 때부터 십자가에서 죽으신다고 반복하여 가르치십니다. 예수님께서 말씀대로 십자가에서 죽으셨습니다.

예수님을 믿는 제자들도 죽음 이야기를 합니다. 그리스도와 함께 십자가에 못 박혀 죽었다고 합니다. 육체와 함께 정욕과 탐심이 십자가에 못 박혀 죽었다고 합니다. 그것도 한 번의 죽음이 아니라 날마다 죽는다고 합니다.

왜 성경은 죽음 이야기를 할까요?

죽음이 복이 되기 때문입니다.

> 내가 진실로 진실로 너희에게 이르노니 한 알의 밀이 땅에 떨어져 죽지 아니하면 한 알 그대로 있고 죽으면 많은 열매를 맺느니라(요 12:24).

한 알의 밀이 죽지 않고 그대로 있으면 한 알뿐이지만 땅에 떨어져 죽으면 많은 열매를 맺습니다. 죽음이 많은 열매를 가져옵니다. 성경이 말하는 죽음은 어쩔 수 없는 죽음이 아니라 풍성한 생명을 위한 복된 죽음입니다. 수많은 제물들의 죽음도 사람의 생명을 살리기 위함이고, 예수님의 십자가 죽음도 우리로 하여금 영생을 얻게 하기 위한 대속의 죽음이며, 거듭난 성도들이 날마다 죽는 것도 영적 생명을 얻는 과정입니다.

이번 주간에 읽을 토라의 말씀은 레위기 16-20장으로 제목은 "죽은 후에"(아하레 모트, אחרי מות)입니다. 윤달일 때는 레위기 16-18장, 레위기 19-20장(케도쉼, קדשים, '거룩하라')을 읽습니다.

이 말씀은 아론의 두 아들이 여호와 앞에 나아가다가 죽은 후에(레 16:1) 여호와께서 주신 말씀입니다. 아론의 두 아들은 제사장입니다. 그들은 제사장 위임식을 엄숙하게 행했고(레 8장), 첫 제사를 드린 후(레 9장) 죽었습니다(레 10장). 그들은 하나님께 나아가다가 죽었습니다. 하나님을 떠나갔기에 죽은 것이 아니라 하나님을 가까이하다가 죽었습니다.

하나님을 가까이 했는데 왜 죽었을까요?

하나님께서 명령하시지 않는 다른 불을 드리다가 죽었습니다. 직분은 제사장이지만 하나님의 말씀을 귀담아 듣지 않았기에 죽었습니다. 하나님을 가까이하는 자는 먼저 말씀을 귀담아 듣고 말씀대로 행해야 합니다.

아론의 두 아들이 죽은 후에 하신 말씀이 무엇일까요?

### 1. 아사셀의 죽음에 연합하면 하나님을 만나는 복을 받습니다

레위기 16장은 모든 죄를 해결하는 대속죄일 규례입니다. 아론의 아들들이 죽은 후에 하나님께서 하나님을 가까이하는 규례에 대해 가르칩니다.

> 여호와께서 모세에게 이르시되 네 형 아론에게 이르라. 성소의 휘장 안 법궤 위 속죄소 앞에 아무 때나 들어오지 말라. 그리하여 죽지 않도록 하라. 이는 내가 구름 가운데서 속죄소 위에 나타남이니라(레 16:2).

하나님께서 성소의 휘장 안의 법궤 위 속죄소에는 아무 때나 들어오지 말라고 말씀하셨습니다. 지성소에는 대제사장이라도 아무 때나 들어가지 못합니다. 왜냐하면 그곳에서 여호와 하나님께서 나타나셔서 만나주시기 때문입니다. 하나님을 가까이하는 만남은 복되지만, 하나님을 만나는 복을 받으려면 반드시 해야 할 일이 있는데, 그것은 바로 죄에서 정결케 되는 것입니다. 하나님을 만나기 위해서는 대제사장이 먼저 자기의 죄를 속죄 받고 백성의 죄도 속죄 받아야 합니다. 죄를 속죄 받는 구체적인 규례가 레위기 16장입니다.

대제사장인 아론이 하나님을 가까이하는 날에는 몸을 씻은 후 거룩한 세마포 속바지를 입고, 그 위에 세마포 속옷을 입으며, 세마포 띠를 띠며, 세마포 관을 씁니다. 그리고 자기와 집안을 위해 수송아지를 잡아 속죄

제물로 드리고, 숫양을 번제로 드립니다(레 16:3-4, 6). 이어서 모든 회중들을 위해 숫염소 두 마리를 속죄제물로 준비하고 숫양을 번제로 드립니다(레 16:5). 숫염소 두 마리 중 제비를 뽑아 한 마리는 여호와를 위하여 속죄제물로 드리고, 다른 한 마리는 아사셀을 위하여 제비 뽑아 두었다가 산 채로 아사셀을 위하야 광야로 보냅니다(레 16:7-10).

대속죄일에 대제사장은 지성소에 몇 번 들어갑니다. 먼저는 향기로운 향으로 채운 향로를 가지고 들어가서 향연으로 속죄소를 가리고(레 16:12, 13). 그 후에 자기를 위한 속죄제물인 수송아지 피를 가지고 들어가 속죄소 동쪽과 속죄소 앞에 7번 뿌립니다(레 16:14). 그 후에 다시 백성을 위한 속죄제물인 염소의 피를 가지고 들어가 속죄소 위와 앞에 뿌립니다(레 16:15). 그렇게 함으로 이스라엘 자손의 부정과 그들이 범한 모든 죄에 대하여 지성소와 회막과 제단을 속죄하여 정결하게 합니다(레 16:16-19). 여기서 속죄의 피가 속죄하는 것은 회중이 아니라 지성소와 회막과 제단입니다.

지성소와 회막과 제단을 속죄한 후에 대제사장은 살아있는 염소에 안수하여 이스라엘 자손의 모든 불의와 범한 죄를 하나님께 아뢰고 그 죄를 염소의 머리에 전가하여 광야로 보냅니다. 아사셀 염소가 회중의 모든 불의를 대신 지고 접근하기 어려운(가자르, גזר) 땅인 아사셀산의 절벽으로 이끌림 받아 그곳에서 떨어뜨림을 당하여 죽게 됩니다(레 16:20-22). 아사셀 염소가 모든 불의를 대신 지고 간 곳은 사람들이 접근하기 어려운 곳입니다. 다시는 돌아올 수 없는 곳입니다. 바위산 절벽의 전체가 할례 칼로 쓰일 정도로 뾰족한 돌로 된 곳이어서 사람들이 접근할 수 없는 험악한 곳입니다.

모든 불의를 대신 지고 간 아사셀 염소가 광야로 가는 날이 7월 10일입니다(레 16:29). 정확하게 유월절 양을 준비한 지 6개월 후입니다. 성경의 절기 중에 이 날만은 스스로 괴롭게 하며(레 16:29, 31) 금식하는 날입니다.

바로 그 날이 우리들의 불의를 지고 간 아사셀의 죽음으로 모든 죄에서 정결하게 되는 날이기 때문에 스스로 괴롭게 합니다.

> 이 날에 너희를 위하여 속죄하여 너희를 정결하게 하리니 너희의 모든 죄에서 너희가 여호와 앞에 정결하리라(레 16:30).

하나님께서 이 날에 우리를 위해 속죄하여 우리를 모든 죄에서 정결하게 하십니다. 그래서 이 날은 복된 날입니다.

아사셀이란 무엇일까요?

성경에 4회(레 16:8, 10, 10, 26; 레아자젤[לעזאזל], 즉 '아사셀을 위하여'의 숫자 값은 145로서 145 x 4 = 580인데, 580이라는 숫자는 싸이르[שעיר], 즉 '염소'의 숫자 값과 동일) 나오는 아사셀은 힘센 염소라는 뜻의 '에즈'(עז)와 이리저리 돌아다니다 떠난다는 뜻을 가진 '아잘'(אזל)의 합성어입니다. 아사셀은 힘센 염소와 같은 것을 떠나보낸다는 뜻입니다.

일부 랍비들의 전승에 의하면 하나님의 아들들이라 불리는 우자와 아자엘 천사가 땅으로 내려와 가인의 후손 중 엄청나게 아름답고 매혹적인 여인인 나아마(창 4:22)를 보고 정욕을 억제하지 못하여 그 여인들을 취했고(창 6장) 그 결과 네피림이라는 거인들을 낳았다고 합니다. 이것은 정상적인 방법으로 하나님의 형상을 닮은 거룩한 사람들을 낳아야 하는데 정욕과 음란으로 거인들인 네피림을 낳아 세상에 죄악이 만연하게 되었음을 은유적으로 설명하는 것입니다. 음란의 죄가 가득했기에 세상이 물로 심판을 받았습니다.

하나님께서 범죄한 천사들을 용서하지 아니하시고 지옥에 던져 어두운 구덩이에 두어 심판 때까지 지키게 하셨고(벧후 2:4), 옛 세상도 홍수로 심판하셨으며(벧후 2:5), 소돔과 고모라도 심판하셨습니다. 심판을 받을 때의 죄가 음란입니다. 그들은 호색을 따르고(벧후 2:2; 유 1:6, 7), 음란한 행실을 즐기며(벧후 2:7), 음심한 눈을 가지고(벧후 2:14) 육체를 따라 더러운 정욕 가운데 행합니다(벧후 2:10). 음란을 즐기는 자들이 겨우 구원받은 자들을 음란으로써 육체의 정욕 중에 유혹하여(벧후 2:19) 종말에 심판과 멸망을 받게 합니다(벧후 3:7).

아사셀은 힘센 염소와 같은 존재를 떠나보냄인데 육체의 정욕을 따르는 죄는 힘센 염소와 같습니다. 머리로는 아니라고 생각해도 육체의 정욕은 머리의 생각을 따르지 않고 정욕을 채우려고 합니다.

홍수 심판 후에도 육체의 정욕을 따르는 죄악이 만연했습니다. 육체의 정욕을 따르는 대표적인 곳이 애굽(미쯔라임[מצרים]은 대항하는 자, 즉 쭈르[צור] 또는 사탄을 의미)과 가나안(네피림이 사는 곳, 민 13:33)입니다. 그래서 하나님께서 애굽 땅의 풍속을 따르지 말고 가나안 땅의 풍속과 규례도 따르지 말며 하나님의 법도와 규례를 지켜 행하라(레 18:3, 4)고 말씀하셨습니다.

애굽이나 가나안의 풍속은 정욕을 따라 음란한 짓을 자연스럽게 행하는 곳입니다. 그곳 사람들은 어머니나 아버지 아내의 하체를 범하고(레 18:6-8), 자매나 손녀나 고모나 이모나 숙모나 며느리나 형수나 처제나 가리지 않고 하체를 범하며(레 18:8-18), 심지어 여인과 여인의 딸이나 손녀들을 동시에 범하기도 했습니다(레 18:17). 하나님께서는 이러한 가나안의 풍속을 따르지 말라고 하셨습니다.

가나안의 풍속은 자녀를 몰렉 신에게 태워 바치기도 하고, 이웃의 아내와 동침하고 동성애를 하며 짐승과 교합하기도(레 18:19-22) 합니다. 가나안 땅에 가증한 일이 너무 많았기에 하나님께서 가나안 사람들을 벌하여 쫓아내라고 하시면서 그들의 풍속을 따르지 말라고 말씀하셨습니다(레 18:24-30).

음란하게 육체의 정욕대로 사는 것은 힘센 염소와 같습니다. 처음에는 양심의 가책을 느끼며 은밀히 즐기지만, 나중에 다수가 가증한 일을 행하면 문화가 되어 아무도 건드리지 못합니다.

미국과 유럽은 이미 육체의 정욕을 따르는 가증한 풍속이 지배하고 있습니다. 옛날 로마가 멸망할 때와 비슷합니다. 옛 로마의 네로 황제는 여러 번 결혼했는데 동성 결혼이 3번 이상입니다. 동성 결혼을 할 때 남자 역할로 2번, 여자 역할로 1번 했습니다. 아무리 로마 법체계가 잘되어 있어도 죄가 만연하면 하나님의 심판을 받아 망할 수밖에 없습니다.

미국이나 유럽에는 유명한 사람들 중에 동성애자들이 많습니다. 심지어 목회자들 중에도 동성애자들이 있습니다. 이런 사람들은 가증한 일들을 문화라고 합니다. 대학들은 이미 가증한 성행위를 문화라고 여기며 즐기고 있습니다. 우리 시대는 음란과 동성애를 문화라고 우기는 사람들이 득세하는 시대입니다.

아사셀은 힘센 염소와 같은 죄악들을 의미합니다. 육체의 정욕과 같은 죄악들을 잘라내지 못하면 결국 하나님의 심판을 받아 망합니다. 그래서 하나님께서 레위기 20장에서 가증한 죄악을 행하면 죽이라고 말씀하셨습니다. 자녀를 몰렉에게 주거나, 신접한 자나 박수무당에게 점보거나, 부모를 저주하는 자는 죽이라(레 20:1-9)고 하셨습니다. 간음한 자, 아버지 아내와 동침한 자, 며느리와 동침한 자, 장모와 동침한 자, 동성애를 한 자, 짐승과 교합한 자는 반드시 죽이라고(레 20:10-16) 하셨습니다. 자매나 이모나 고모나 숙모나, 형제 아내의 하체를 범하지 말라고 명령하셨습니다(레 20:17-21). 가증한 죄를 문화라고 받아들이면 하나님께서 심판하여 토해 내십니다.

7월 10일 속죄일은 힘센 염소인 아사셀과 같은 죄악을 죽이는 날입니다. 먼저 하나님께 속죄제물을 드리고 아사셀을 아무도 접근할 수 없는 곳에 가서 스스로 죽게 합니다. 힘센 아사셀처럼 이리저리 끌고 다니는 강력한 죄악을 죽여야 정결하게 되어 복을 받습니다.

아사셀처럼 우리의 죄를 대신 지시고 죽으신 분이 예수님이십니다. 대제사장이 안수하여 회중의 모든 불의와 죄를 아사셀에게 전가한 것처럼 하나님께서 우리의 모든 사악한 죄를 예수님에게 전가시켜 예수님으로 십자가에서 죽게 하셨습니다.

예수님께서 우리의 사악한 죄를 담당하시고 십자가에서 피를 흘려 죽으셨기에 피에 대한 가르침이 레위기 17장에 나옵니다. 하나님께서는 생명이 피에 있기에(레 17:11) 피를 먹지 말고(레 17:10), 짐승을 잡을 때에도 아무 곳에서나 잡아 피를 흘리지 말고 정한 곳에서 잡으라고 말씀하셨습니다(레 17:1-6).

십자가에서 우리의 죄를 짊어지시고 죽으신 예수님의 피가 우리의 불의와 죄를 덮어 속죄하게 합니다. 예수님의 십자가 보혈을 통해서만 속죄를 받고 죄를 끊을 수 있는 은혜를 받습니다.

어떻게 사악한 죄를 끊을 수 있을까요?

문화라고 포장한 사악한 죄에서 벗어나는 길은 아사셀의 죽음에 연합하는 것입니다. 하나님께서는 대제사장이 안수하여 모든 불의와 죄를 전가했지만 회중들은 스스로 괴롭게(아나, ענה) 하라고 말씀하셨습니다(레 16:29, 31).

아사셀을 죽이는 날은 스스로 자기를 괴롭게 하며 금식하는 날입니다. 스스로 괴롭게 하며 금식함으로 아사셀의 죽음에 연합했습니다. 아사셀 죽음에 연합하여 스스로 괴롭게 할 때 하나님께서 힘센 죄들을 끊어버리고 하나님의 사람으로 새롭게 합니다. 아사셀의 죽음에 연합할 때 하나님께서 사람다운 사람, 하나님의 형상을 닮은 사람으로 고치시기 시작하십니다.
　스스로 괴롭게 함으로 아사셀의 죽음에 연합함이 복이듯이 예수 그리스도의 십자가 죽음에 연합함이 복입니다.

> 그러므로 우리가 그의 죽으심과 합하여 세례를 받음으로 그와 함께 장사되었나니 이는 아버지의 영광으로 말미암아 그리스도를 죽은 자 가운데서 살리심과 같이 우리로 또한 새 생명 가운데서 행하게 하려 함이라(롬 6:4).

　예수 그리스도의 십자가 죽으심에 연합함은 날마다 죽는 것입니다. 정욕과 탐심이 육체와 함께 죽는 것(갈 5:24)이 십자가에 연합함입니다. 육체의 정욕을 제어함으로(벧전 2:11) 사람의 정욕을 따르지 아니하고 하나님의 뜻을 따라 육체의 남은 때를 살아감(벧전 4:2; 벧후 1:4)이 십자가 죽으심에 연합함입니다.
　예수님의 십자가에 연합하여 예수님과 함께 죽고 예수님과 함께 장사되면 아버지의 영광으로 죽은 자 가운데서 살아나게 하여 거듭난 새 생명을 얻어 새 생명 가운데 행하게 하십니다. 거듭난 새 생명만 하나님을 만날 수 있습니다. 아사셀의 죽음에 연합함이 하나님을 만나는 길이듯이 예수님의 십자가에 연합함이 하나님을 만나는 길입니다. 스스로 괴롭게 함으로 죄에 대해 죽고 십자가에 연합함으로 하나님을 만나는 참된 복을 누리를 바랍니다.

## 2. 예수 그리스도의 죽으심에 연합하여 생명을 얻었다면 이웃을 사랑하게 됩니다

자기 스스로를 괴롭게 함으로 아사셀 죽음에 동참한 자를 거룩한 자, 성도라고 합니다. 아사셀에 동참함으로 거룩케 된 자들은 하나님을 만나는 복을 받습니다. 성도가 되어 예수님의 십자가에 연합하여 날마다 죽는 사람은 하나님을 만나고 하나님의 계명을 따릅니다.

문화라는 이름으로 가증한 죄악을 즐기는 애굽과 가나안의 풍속을 버리고 하나님께서 주신 하나님의 계명을 따르면 생명을 얻습니다.

> 너희는 내 규례와 법도를 지키라. 사람이 이를 행하면 그로 말미암아 살리라. 나는 여호와이니라(레 18:5).

여호와 하나님의 계명과 법도를 지키면 살아납니다. 영적 생명인 새 생명으로 살게 됩니다. 새 생명으로 살아감이 레위기 19장에 나오는 하나님 사랑과 이웃 사랑입니다. 십자가에 연합함으로 거듭난 성도들에게 나타나는 자연적인 열매가 하나님 사랑과 이웃 사랑입니다.

하나님과 이웃은 바꿀 수 없습니다. 부모도 바꿀 수 없고 가족도 바꿀 수 없습니다. 바꿀 수 없는 것을 바꾸려고 하면 모든 것이 무너집니다. 십자가의 죽음에 연합함으로 새로운 생명을 얻은 성도들에게 하나님께서 명령하시기를, 바꿀 수 없는 이웃을 사랑하라 하셨습니다. 레위기 19장에서는 하나님 사랑과 이웃 사랑의 형태가 많이 나옵니다.

가장 먼저 명령한 것이 거룩함입니다(레 19:2). 거룩하라(케도쉼 티히유, קדשים תהיו, 익톨, 미래형)는 말은 성도가 될 것이라(you will be)는 말씀입니다.

하나님께서 거룩하시기에(키 카도쉬 아니, כי קדוש אני) 그리스도의 십자가에 연합된 성도들도 거룩해집니다. 왜냐하면 하나님께서 거룩케 만드시기 때문입니다. 거룩(케도쉬, קדוש)이란 영원 전의(케드, 케뎀, קד) 상태, 즉 하늘의 삶을 사는 것입니다. 마귀는 사람이 지옥의 방식을 따르게 하지만, 하나님께서는 성도들로 하여금 하나님의 방식, 하늘의 삶을 살게 하십니다. 이것이 거룩함입니다.

하나님께서 성도로 하여금 세상의 풍습이 아니라 하나님의 규례를 지키게 함으로써 거룩하게 만드십니다(레 20:8). 하나님의 규례를 지킴이 복입니다. 성도들이 지켜야 할 하나님의 법규는 하나님 사랑, 이웃 사랑입니다.

성도가 되면 부모를 경외하고 안식일을 지킵니다(레 19:3). 하나님의 역할을 하는 부모를 공경하는 정도로 만족하지 말고 경외하기까지 해야 합니다(티라우, תיראו). 그뿐만 아니라 성도는 우상을 만들지도 않습니다(레 19:4). 이것이 하나님을 사랑하는 삶입니다.

또한 화목제물을 기쁘게 드리고 이웃과 함께 나누어 먹음도 하나님 사랑, 이웃 사랑의 삶입니다(레 19:5-8). 곡식을 거둘 때에도 이웃을 위해 모퉁이에 있는 것과 떨어진 것을 남겨두는 것도 이웃 사랑이요(레 19:10), 포도원의 열매를 가난한 사람과 거류민을 위해 남겨두는 것도 이웃 사랑이요(레 19:10), 도둑질을 하지 않고 속이지 않으며 거짓말 하지 않는 것도 이웃 사랑이요(레 19:11-12), 이웃을 억압하지 않고 착취하지 않으며 품꾼의 삯은 매일 주며 귀먹은 자를 저주하지 않으며 눈먼 자 앞에 장애물을 놓지 않음도 이웃 사랑이요(레 19:13, 14), 재판을 공정하게 함도 이웃 사랑이요(레 19:15), 돌아다니며 사람을 비방하지 않음도 이웃 사랑이요(레 19:16), 형제를 마음으로 미워하지 않음도 이웃 사랑입니다(레 19:17).

하나님께서는 이와 같이 이웃 사랑의 구체적인 형태를 가르치면서 이웃 사랑의 본질을 다시 말씀하십니다.

> 원수를 갚지 말며 동포를 원망하지 말며 네 이웃 사랑하기를 네 자신과 같이 사랑하라. 나는 여호와이니라(레 19:18).

원수를 갚지 않고 동포를 원망하지 않으면서 이웃을 자신처럼 사랑하라고 하셨습니다. 이웃이 자신이라는 것입니다. 성도, 교회를 집합 명사로 쓰면서 단수로 씁니다. 즉 교회는 몸처럼 하나라는 뜻입니다. 몸에 지체가 많지만 한 몸인 것처럼, 거룩케 된 교회는 하나입니다. 하나이기에 이웃은 나 자신입니다. 이웃 사랑은 자신을 사랑하는 것입니다. 이웃을 위해 아가페 사랑을 하는 것은 자신을 그만큼 사랑하는 것입니다.

하나님의 교회는 하나이기에 사랑하고 순수해야 합니다.

가축을 다른 종자와 교미시키지 않고 밭에 두 종자를 섞어 뿌리지 않고 두 재료로 직조한 옷을 입지 말라(레 19:19)는 말씀의 의미는 그만큼 순수성을 지키라는 것입니다. 과일을 재배하는 것도 하나님의 백성답게 하고(레 19:23-25), 이방인의 나쁜 풍속을 따르지 말며(레 19:26-31), 나그네를 대접하며(레 19:33, 34), 공정한 사회를 만드는 것(레 19:35-37)도 이웃 사랑의 형태입니다.

레위기 19장의 규례를 그대로 행하여 복을 받은 사람이 바로 룻기에 나오는 보아스입니다. 보아스는 곡식을 거둘 때에 레위기 19:9, 10의 말씀대로 행했습니다. 가난한 자와 나그네를 위해 곡식 단을 흘리고 다녔습니다. 보아스는 그것을 룻이 줍게 했고 나중에 룻과 결혼하여 다윗의 직계 조상이 됩니다. 그리하여 보아스는 마태복음 1장에 나오는 메시아 계보에 올라갑니다. 세상 풍속이 아니라 하나님의 규례를 따라 이웃을 사랑함이 복이 됩니다. 이웃 사랑은 천국의 열매입니다.

　천국은 열매만 가지고 갑니다. 사람이 추수할 때 잎사귀를 가져가는 것이 아니라 열매를 가져가듯이 천국은 열매를 가져갑니다. 선지자 노릇하고 귀신을 쫓아내고 권능을 행하여도 그것은 잎사귀와 같습니다. 천국에 가지고 가지 못합니다. 목사, 장로, 권사, 집사와 같은 직분과 오래 교회생활 한 것은 잎사귀와 같은 것입니다. 천국에 가지고 가는 것은 열매입니다.

　그 열매는 하나님 사랑과 이웃 사랑입니다. 즉 사랑과 희락과 화평과 오래 참음과 자비와 양선과 충성과 온유와 절제는 성령의 열매입니다. 믿음과 덕과 지식과 인내와 절제와 경건과 형제 우애와 사랑은 열매입니다. 천국은 열매를 가지고 갑니다. 예수 그리스도의 죽으심에 연합하여 하늘의 생명을 얻은 성도들은 하나님 사랑과 이웃 사랑의 열매를 맺습니다.

　예수 그리스도의 십자가에 연합함으로 새 생명을 얻는 성도들은 세상 사람들의 수준이 아니라 하나님의 수준으로 살아야 합니다. 거룩하게 사는 것이 마땅하고 이웃을 사랑함이 마땅합니다. 이웃 사랑의 삶을 통해 하나님께서 주시는 복을 누리길 바랍니다.

# 16장

## 제사장들에게 말하라
(레 21:1-9)

부모들은 자녀들에게 좋은 것을 주고자 합니다. 선물이나 용돈을 주기도 하고 어디론가 놀러 가서 추억을 만들어 주기도 합니다.

사랑하는 자녀에게 무엇을 주는 것이 가장 좋을까요?

선물도 좋고 추억을 만들어 주는 것도 좋지만 더 좋은 것은 바른 가르침을 주는 것입니다. 바른 가르침은 정신을 건강하게 합니다. 올바른 정신을 가지게 함이 복입니다. 바른 가르침은 바른 세계관을 형성하여 인생의 방향을 이끌어갑니다. 세상 사람들도 바른 가르침의 중요성을 알기에 어려서부터 유치원에 보내 뭔가 좋은 가르침을 배우게 합니다. 유치원에서 시작한 배움은 초등학교, 중·고등학교를 거쳐 대학까지 이어집니다. 좋은 가르침의 유익을 알기에 20년 가까이 배우고자 합니다. 어른이 되어서도 부지런히 배워야 하는 세상입니다.

유대인들의 가르침인 탈무드에는 물고기를 잡아 주기보다 물고기 잡는 법을 아이들에게 가르치라고 합니다. 물고기를 잡는 법을 가르치면 언젠가 부모들이 세상을 떠날 때에 자기들의 문제를 스스로 해결합니다.

그러나 물고기만 잡아 주고 물고기 잡는 법을 가르쳐 주지 않으면 나중에 부모들이 세상을 떠난 후 인생 환난을 당할 때에 어떻게 대처할 수 있겠습니까?

인생을 살다 보면 평탄한 삶만 있는 것이 아니라 환난도 있고 걸림돌도 있고 골짜기도 있습니다.

환난이 있다고 인생을 포기하거나, 걸림돌이 있다고 모든 것을 저버리거나, 골짜기가 있다고 주저앉을 수는 없습니다.

그래서 지혜로운 부모들은 자녀들에게 고기 잡는 법을 가르쳐 주듯이 바른 가르침을 줍니다.

세상에서 환난을 가장 많이 당한 민족이 유대 민족입니다. 자기 나라를 잃고 흩어져서 난민으로 2,000년 가까이 살았습니다. 히틀러에 의해 독가스 실에서 600만 명이 죽은 것은 환난의 일부입니다. 수천 년을 빼앗기고 추방 당하고 죽임 당하는 세월을 보냈습니다. 수천 년 동안 지독한 고난을 받았다면 소멸되어 없어져야 하는데, 없어지지 않고 살아남아 1948년 5월에 나라를 세울 수 있었던 이유는 토라의 말씀을 계속 가르쳤기 때문입니다. 유대인의 정신은 모든 환난을 극복할 정도로 무섭습니다.

세상은 크게 2가지 정신이 지배합니다. 헬레니즘과 헤브라이즘입니다. 헬레니즘은 헬라 정신으로서 자기 욕구를 채우라는 정신입니다. 할리우드 영화나 아이들이 보는 만화 영화의 내용도 자기 욕구를 채우는 것입니다. 자기 욕구를 위해 살다가 갑자기 환난을 만나면 견디지 못하여 낙심하고 우울증에 빠져 생명을 버리기도 합니다. 헤브라이즘은 토라에 근거한 히브리인의 가르침입니다.

가르침은 정신세계를 움직입니다. 자녀들에게 말씀을 통해 건전한 가르침을 주는 것이 얼마나 귀한 선물인지 모릅니다. 삶의 목적이 자기 욕구 추구가 아니라 하나님의 영광이고 거룩함과 아가페 사랑에 고상한 가치가 있음을 가르치는 것이 선물 중의 최고의 선물입니다.

창세기부터 신명기까지를 토라라고 하는데 토라는 하나님의 가르침이라는 뜻입니다. 하나님께서 자신의 백성들에게 정신세계, 영의 세계에 관해 계속 가르칩니다. 가르침을 통해 영적 수준을 높이고 있습니다. 단순히 먹고 마시는 것에 관한 동물적 삶이 아니라 하나님의 형상을 닮은 인간으로 어떻게 살아야 할지를 가르칩니다.

세상을 살다가 동물적 삶을 사는 사람들을 보면 답답하지 않습니까?

육적 욕망만 생각하여 소리지르고 성질내고 자기중심으로 살면서 나중에 자기 영혼이 어떤 재앙을 당할지 생각지도 않는 사람을 보면 답답합니다.

하나님께서 먹고 마시고 누리는 동물적 삶이 아니라 하나님의 형상으로 살도록 말씀을 통해 계속 가르칩니다.

토라의 말씀을 가르치는 것은 복됩니다. 레위기의 가르침은 제사장들에 대한 가르침이 상당히 많습니다. 레위기 1-10장은 제사와 제사장들에 대한 가르침입니다. 레위기 11-20장은 회중에 대한 가르침이지만 제사장과 깊은 연관이 있습니다. 레위기 21장부터도 제사장들에 대한 가르침입니다. 이번 주간에 읽을 토라의 말씀은 레위기 21-24장인데, 제목은 "제사장들에게 말하여 이르라"(에모르, אמר)이고, 제사장들에 대한 가르침입니다.

하나님께서는 제사장들에게 말하라고 하셨습니다. 히브리어에는 '말하다'라는 의미의 단어가 몇 개 있습니다. '다바르'(דבר, speak)도 있고 '아마르'(אמר, say)도 있습니다. 똑같이 말하다는 의미이지만 조금 차이가 있습니다.

'다바르'는 보통 말하는 것입니다. 사람들이 말하지만 알아들을 수도 있고 알아듣지 못할 수도 있습니다. 그 말에 동의하고 수긍할 수도 있고 거부할 수도 있는 말입니다. 길을 가다 외국인들이 말하는 것을 듣지만 무슨 의미인지 알아듣지 못합니다. 누군가가 연설할 때 수긍할 수도 있고 거부할 수도 있습니다. 중요하고 필요한 말이지만 알아듣지 못할 수도 있습니다. 이런 말이 모두 '다바르'입니다.

'다바르'가 보통 말하는 것이라면 '아마르'는 내용을 알아듣고 수긍하는 말입니다. 지각하고 깨달아 반드시 그대로 이루어져야 할 말입니다. 창세기 1장을 보면, 하나님께서 천지 창조에 대해 말씀합니다.

> 하나님이 이르시되 빛이 있으라 하시니 …(창1:3).

이때 "이르시되"라는 말이 '아마르'입니다. 하나님의 말씀을 알아듣게 되고 그대로 되는 것입니다. 우리는 예배를 통해 말씀을 듣습니다. 목사님이 좋은 얘기한 것 같은데 무슨 말인지 모르겠다고 하면 '다바르'입니다. 그런데 오늘 말씀은 하나님께서 나에게 하신 말씀 같다고 할 정도로 명확히 이해하고 수긍하면 '아마르'입니다.

레위기 21장에서 제사장에게 "말하라," "이르라"는 말은 둘 다 '아마르'입니다. 제사장들이 알아듣고 반드시 그대로 준행해야 될 말씀이라는 뜻입니다.

제사장들이 받은 규례들을 깨닫고 지키면 어떤 복을 받을까요?

### 1. 제사장의 규례를 잘 알고 지키면 공동체의 복이 됩니다

제사장들에게 주신 규례를 우리도 배워야 할까요?

제사장들에게 주신 규례가 우리와 무슨 상관이 있을까요?

구약에서는 아론의 자손들만 제사장이 될 수 있었지만 사실 하나님께서 모든 언약 백성을 제사장 나라로 부르셨습니다. 이스라엘이 출애굽하여 시내산에 왔을 때 하나님께서 처음으로 하신 말씀은 다음과 같습니다.

> 너희가 내 말을 잘 듣고 내 언약을 지키면 너희는 모든 민족 중에서 내 소유가 되겠고 내게 대하여 제사장 나라가 될 것이라(출 19:5, 6).

**구약뿐 아니라 지금도 예수님께서 우리를 제사장으로 삼으셨습니다.**

> 일찍이 죽임을 당하사 각 족속과 방언과 백성과 나라 가운데에서 사람들을 피로 사서 하나님께 드리시고 그들로 우리 하나님 앞에서 나라와 제사장들을 삼으셨으니 그들이 땅에서 왕노릇 하리로다(계 5:9, 10).

예수님께서 모든 족속과 방언과 백성과 나라 가운데에서 사람들을 자기 피로 사서 하나님께 드리시고 하나님 앞에서 제사장으로 삼으셨습니다. 우리를 제사장으로 삼으신 것입니다. 성도들은 제사장과 같기에 예수님 이름으로 하나님께 기도할 수 있고, 제사장과 같기에 예수님 이름으로 하나님께 예배할 수 있습니다.

예수님을 믿는 성도들이 제사장과 같기에 제사장에게 주신 규례들을 잘 알고 지키면 복이 됩니다. 제사장의 규례를 잘 알고 지키면 공동체 전체의 복이 됩니다.

여호와께서 모세에게 이르시되 아론의 자손 제사장들에게 말하여 이르라 그의 백성 중에서 죽은 자를 만짐으로 스스로를 더럽히지 말려니와 … 제사장은 그의 백성의 어른인즉 자신을 더럽혀 속되게 하지 말지니라(레 21:1, 4).

제사장과 같은 성도들이 명심해야 할 것은 자신을 더럽히지 말아야 한다는 점입니다. 제사장과 같은 성도들은 하나님께 속한 하나님의 소유이기에 자신을 더럽혀 속되게 하지 말고 거룩해야 합니다.

너희는 나에게 거룩할지어다. 이는 나 여호와가 거룩하고 내가 또 너희를 나의 소유로 삼으려고 너희를 만민 중에서 구별하였음이니라(레 20:26).

제사장과 같은 성도들은 하나님의 소유로 구별되었습니다. 어둠에서 빛으로 옮겨졌고, 심판의 자리에서 생명으로 옮겨졌고, 진노의 대상이었지만 하나님의 자녀로 신분이 바뀌었습니다. 하나님의 소유이기에 자신을 더럽히지 말아야 합니다. 자신을 더럽히지 않으려면 죽은 자를 만지지 말아야 합니다(레 21:1). 죽은 자라는 단어가 재미있습니다. 죽은 자라는 단어는 생명(네페쉬, נפשׁ)이라는 단어입니다. 육체의 생명(네페쉬, נפשׁ)이라고(레 17:11, 14) 할 때도 같은 단어를 썼습니다.

히브리어에는 생명이라는 단어가 많습니다. '네페쉬'(נפשׁ), '네샤마'(נשׁמה), '루하'(רוח), '하이욤'(חיים) 등이 있습니다.

'네페쉬'는 제일 낮은 차원의 생명으로 생명 자체라기보다는 무엇과 연결되어야 온전한 생명이 되는 생명입니다. 육체의 생명은 피에 있다(레 17:11)고 하는 말도 피와 연결된 생명이라는 의미입니다. 사람이 피를 많이 쏟아도 생명을 스스로 유지하지 못합니다. '네페쉬'는 스스로 존재하지 못합니다. 무엇과 연결되어야 합니다.

그런데 사람들이 속는 것이 있습니다. 사람들은 성령이 아니라 악한 영과 연결되어도 생명이 있다고 착각합니다. 그러나 성경은 하나님의 영과 연결되지 않은 생명은 죽었다고 합니다. 죄와 허물로 죽은 것입니다. 살아있는 생명 같지만 죽은 생명입니다. 사람들은 스스로 살아있다고 착각하지만 하나님께서 죽었다고 합니다. 하나님의 영과 연결되지 않은 생명은 진짜 생명이 아니요 죽은 생명임을 깨달아야 합니다. 하나님의 영과 연결되지 않은 생명은 최종 목적을 잃은 것입니다. 반드시 하나님의 영과 연결되어야 참된 생명이 될 수 있음을 인식해야 합니다. 위로부터 나는 거듭남(아노덴 겐나오, $\alpha\nu\omega\upsilon\theta\epsilon\nu\ \gamma\epsilon\nu\nu\alpha\omega$)이 있어야 참된 생명이 있습니다(요 3:1-6).

하나님의 영과 연결이 되지 않은 생명이란 사탄의 영과 연결되고 탐욕의 영과 연결되며 육신의 정욕과 연결된 생명입니다. 제사장과 같은 성도들이 사탄과 연결된 생명을 가까이하면 자신을 더럽히는 것입니다. 이 세상 목숨이 전부인 것처럼 생각하면 자신을 더럽히는 것입니다. 제사장과 같은 성도들은 자신을 더럽히지 말아야 하고 하나님의 거룩한 이름을 욕되게 하지 말아야 합니다(레 21:6; 22:2).

세상에서도 부모의 이름을 욕되게 하는 자식을 호래자식이라고 하지 않습니까?

제사장과 같은 성도들도 하나님의 이름을 욕되게 하지 말아야 합니다.

하나님의 이름을 욕되게 하는 것이 많습니다. 세속의 문화, 죄악의 문화를 따라가는 것도 하나님의 이름을 욕되게 하는 것입니다. 모세 시대에 우상을 섬기는 자들이 머리털을 깎고 수염을 깎으며 살을 베며 문신을 했던 것 같습니다(레 21:5). 우상을 섬기는 자들의 문화를 따라가면 하나님의 이름을 욕되게 하는 것입니다.

육체의 정욕을 따라 부정한 창녀와 같은(레 21:7, 13, 14) 여인과 결혼하는 것도 하나님의 이름을 욕되게 하는 것입니다. 온전하신 하나님을 섬길 때 육체에 흠이 있는 자는 하나님을 가까이하지 못하도록 하셨습니다(레 21:16-24). 성물을 드릴 때도 부정한 상태로 드리면 여호와의 이름을 욕되게 하는 것입니다(레 22:1-9). 성물을 드릴 때는 여호와께서 기쁘게 받으시도록 흠 없는 것을 드려야 합니다(레 22:17-33). 성물을 드릴 때에 여호와의 이름을 욕되게 하지 말아야 합니다.

제사장의 규례는 레위기 24장에도 나옵니다. 회중들이 감람을 찧어낸 순결한 기름을 가지고 오면 그것으로 등잔을 켜야 합니다(레 24:1-4). 아침 저녁으로 등잔을 정리하여 성소에서 불이 꺼지지 않도록 해야 합니다. 또한 안식일마다 성소에 있는 떡 상에 떡을 차려 놓는(레 24:5-9) 것도 제사장이 준행해야 할 규례입니다.

떡과 빛이 성소에 항상 있어야 하듯이 제사장과 같은 성도들은 따끈하고 신선한 말씀이 항상 있어야 하고 어둠이 오지 못하도록 빛이 되어야 합니다. 말씀을 상실하거나 어둠에 묻혀 살면, 하나님의 성호를 욕되게 하는 것입니다.

제사장과 같은 성도들은 하나님께서 주신 계명을 지켜 행함으로 자신을 더럽히지 말아야 하고 여호와의 이름을 욕되게 하지 말아야 합니다.

> 너희는 내 계명을 지키며 행하라. 나는 여호와이니라. 너희는 내 성호를 속되게 하지 말라. 나는 이스라엘 중에서 거룩하게 함을 받을 것이니라. 나는 너희를 거룩하게 하는 여호와요. 너희의 하나님이 되려고 너희를 애굽 땅에서 인도하여 낸 자니 나는 여호와이니라(레 22:31-33).

"속되게"(할랄, חלל) 하지 말라는 말과 "욕되게"(할랄, חלל) 하지 말라는 말은 히브리어가 같습니다. 욕되게 하는 것은 두 마음을 품는 것으로서 하나님도 사랑하고 육적 정욕도 사랑하는 마음입니다. 하나님께서는 두 마음을 품어 하나님의 이름을 모독하고 저주하여 욕되게 하면 죽이라고 말씀하셨습니다(레 24:10-23).

제사장과 같은 성도들은 거룩해야 하고 하나님의 이름을 높이며 찬양하고 경배해야 합니다.

아이들이 부모의 기쁨이 되어 부모의 자랑거리가 되면 부모들은 선물이라도 더 주고 싶은데, 하물며 우리가 하나님의 영광이 되고 자랑거리가 된다면 하나님께서 복을 주시지 않겠습니까?

자신을 더럽히지 않고 거룩하게 하며 하나님의 이름을 욕되게 하지 않으며 영광스럽게 하면 하나님께서 복을 주십니다. 거룩함으로 하나님의 이름을 영광스럽게 하여 복된 사람으로 쓰임 받길 바랍니다.

### 2. 절기를 기억하여 메시아를 소망함이 참된 복입니다

레위기 23장은 절기를 통한 가르침입니다. 성경의 절기는 세상의 절기와 차이가 있습니다. 세상의 절기는 어떤 사건이 일어난 것을 기념하는 것입니다. 세상의 절기는 과거의 어떤 사건을 잊지 않기 위함이지만 성경의 절기는 과거의 어떤 사건을 기억할 뿐 아니라 미래의 사건을 소망하는 것입니다.

성경의 절기는 축제(하그, חג)라는 의미도 있지만 정해진(모에드, מועד) 때라는 의미도 있습니다. 정해진 때를 통해 미래 어느 시점에 메시아가 오셔서 하실 일을 소망함이 절기의 목적입니다.

이것이 너희가 그 정한 때에 성회로 공포할 여호와의 절기들이라. 첫째 달 열 나흗날 저녁은 여호와의 유월절이요, 이 달 열다섯 날은 여호와의 무교절이니 이레 동안 너희는 무교병을 먹을 것이요(레 23:4-6).

기본적으로 하나님께서 정하신 날은 안식일입니다(레 23:3). 그리고 여러 절기를 정하셨습니다. 1월 14일은 유월절(레 23:5)이고, 15일은 무교절(레 23:6)이며, 무교절 기간이 있는 안식일 다음날은 보리의 첫 이삭을 흔들어 드리는 초실절이며(레 23:10,11), 초실절부터 50일을 세어 50일째 날에는 떡 두 개로 소제를 드리는데 그 날이 칠칠절(레 23:15-21)입니다.

성경의 절기는 구원과 추수에 대한 감사와 아울러 메시아가 오셔서 하실 일을 소망하는 것입니다. 모세 시대부터 1,500년 동안 메시아를 소망하며 절기를 지켰는데 때가 되매 예수님께서 우리를 구원할 메시아로 오셨습니다.

예수님께서 절기를 성취하셨는데 유월절에 십자가에서 죽으심으로 우리를 죄에서 구속하셨고, 무교절에 장사 지내셨고, 초실절에 부활하여 우리를 의롭게 하셨습니다. 부활하신 예수님께서 40일 동안 제자들과 함께 계시다가 하늘로 올라가셔서 우리를 위하여 하나님 앞에 나타나시고(히 9:24) 칠칠절인 오순절에 성령을 부어 주셨습니다. 봄에 지켰던 절기를 예수님께서 이루셨습니다.

가을 절기도 있습니다. 일곱째 달 그 날 첫날은 나팔을 부는 나팔절이고(레 23:24), 일곱째 달 10일은 아사셀 염소를 통해 속죄 받는 대속죄일이며(레 23:27), 일곱째 달 15일부터는 초막절(레 23:34)입니다. 예수님께서 다시 오실 때는 가을 절기도 완성하여 새 하늘과 새 땅을 주실 것이고, 우리의 모든 죄를 속죄하여 하나님 나라에서 영생을 누리게 하실 것입니다. 절기를 묵상함으로 다시 오실 메시아 예수님을 소망함이 복입니다.

 레위기 21-24장은 제사장들에게 이르신 말씀입니다. 반드시 깨닫고 분별하며 알아들어야 할 말씀입니다. 제사장과 같은 성도들이 말씀을 알아들으면 말씀이 영과 생명이 됩니다. 말씀을 알아들을 때 영적 힘을 얻고 생명이 풍성해집니다. 자신을 더럽히지 말고 거룩하게 하며, 하나님의 이름을 욕되게 하지 말고 영화롭게 하면서, 절기를 통하여 메시아를 소망함이 참된 복입니다. 예수님께서 이미 성취한 것을 기억하고, 예수님께서 장차 오셔서 이루실 것을 소망함으로 참된 복을 누리길 바랍니다.

# 시내산에서
(레 25:1-5)

성경은 산에서의 가르침이 많습니다. 하나님께서 아브라함에게 모리아산으로 가서 이삭을 드리라고 하셨고, 아브라함은 이해할 수 없는 명령이었지만 믿음으로 순종했습니다. 그때 하나님께서 아브라함에게 큰 복을 주시면서 네 씨가 대적의 문을 차지하고 네 씨로 말미암아 천하 만민이 복을 받을 것이라(창 22:17, 18)고 약속하셨습니다. 모리아산에서 아브라함의 신앙은 절정에 이릅니다.

하나님께서 이스라엘 백성을 애굽에서 구원하실 때도 곧장 약속의 땅으로 인도하시지 않으시고 시내산으로 이끌어 율법을 주시고 성막을 만들게 하셨습니다. 다윗은 모리아산에 성전을 세울 준비를 했고 엘리야는 갈멜산에서 바알의 선지자와 대항하여 승리했습니다. 이처럼 성경에는 산에서의 가르침이 많습니다.

예수님도 처음 사역을 시작하실 때 산에서 말씀을 가르쳤습니다. 산에서의 가르침이 마태복음 5-7장인데 산상수훈(山上垂訓)이라고 합니다.

> 예수께서 무리를 보시고 산에 올라가 앉으시니 제자들이 나아온지라. 입을 열어 가르쳐 이르시되 심령이 가난한 자는 복이 있나니 천국이 그들의 것임이요 (마 5:1-3).

예수님께서 앉아 계신 산으로 제자들이 왔을 때, 예수님께서 그들에게 천국의 말씀을 가르쳤습니다. 즉 8복의 말씀, 소금과 빛이라는 말씀, 박해하는 자를 위해 기도하라는 말씀, 온전하라는 말씀, 구제와 기도와 금식을 할 때 은밀하게 하라는 말씀, 주기도의 가르침, 보물을 하늘에 쌓아 두라는 말씀, 그 나라와 의를 구하라는 말씀, 비판하지 말라는 말씀, 구하고 찾고 두드리라는 말씀, 좁은 문으로 들어가라는 말씀, 열매로 거짓 선지자를 분별하라는 말씀, 반석 위에 세운 집에 대한 말씀입니다. 모두 주옥같은 가르침입니다. 이처럼 예수님께서 산에서 복에 대해 가르치셨습니다.

이번 주간에 읽을 토라의 말씀인 레위기 25-27장도 산에서의 가르침입니다. 제목은 "산에서"(베하르, בהר)입니다. 윤달이면 레위기 25:1-26:2과 레위기 26:3-27:34(베후코타이, בחקתי, '내 규례')로 나누어 읽습니다.

출애굽기 19장부터 민수기 10장까지는 시내산에서 있었던 사건인데 레위기 25장은 시내산에서 여호와께서 하신 말씀임을 강조하고 있습니다. 구약 전체에서 시내산은 21회 언급되는데 레위기에 3회 나옵니다(레 25:1; 26:46; 27:34). 시내산은 하나님께서 친히 강림하시어 언약을 맺으시고 언약의 돌판을 주신 곳입니다. 그곳에서 주신 규례의 말씀입니다. 시내산에서 주신 규례의 말씀을 잘 듣고 지켜 행하면 복을 받습니다.

광야로 출발하기 전 시내산에서 주신 규례는 무엇이고, 규례의 말씀을 지키면 어떤 복을 받을까요?

## 1. 믿음으로 안식년과 희년의 규례를 지키면 땅의 복을 받습니다

시내산에서 주신 말씀 중 레위기 25장에는 안식년과 희년에 대한 규례가 나옵니다. 약속의 땅에 들어갔을 때 7년마다 안식년을 지키고, 안식년이 일곱 번이 지난 다음 해인 50번째 해를 희년으로 맞이하라고 하셨습니다. 안식년은 땅이 안식하는 기간입니다.

> 그 땅으로 여호와 앞에 안식하게 하라(레 25:2).

> 일곱째 해에 그 땅이 쉬어 안식하게 하라. 여호와께 대한 안식이라. 너는 그 밭에 파종하거나 포도원을 가꾸지 말며, 네가 거둔 후에 자라난 것을 거두지 말고 포도나무가 맺은 열매를 거두지 말라. 이는 땅의 안식년이니라(레 25:4, 5).

안식년은 땅이 안식하는 기간입니다. 6년 동안 밭에 파종하고 포도원을 가꾸나 7년째는 땅을 안식하게 하라고 하셨습니다. 땅에서 자연적으로 난 것도 거두지 말라고 하셨습니다. 땅에 대한 안식이 여호와 하나님께 대한 안식입니다.

아담이 타락할 때 땅이 저주를 받았습니다(창 3:17). 하나님께서 안식년을 통하여 땅이 안식하도록 하셨습니다.

희년은 땅에 거주하는 사람에게 자유를 공포하는 때입니다.

> 너희는 오십 년째 해를 거룩하게 하여 그 땅에 있는 모든 주민을 위하여 자유를 공포하라. 이 해는 너희에게 희년이니 너희는 각각 자기의 소유지로 돌아가며 각각 자기의 가족에게로 돌아갈지며(레 25:10).

제49년 속죄일에 전국에서 뿔 나팔을 크게 불고, 제50년에는 모든 사람에게 자유를 공포합니다. 그동안 가난하여 집을 팔고, 자기 몸을 팔았던 모든 사람들은 희년에 자유를 얻어 가족에게로 돌아갑니다. 모든 사람들은 토지와 집을 희년에 다 돌려주어야 하고, 가난한 사람을 종으로 샀다면 희년에는 다 돌려보내어야 합니다.

그래서 희년이 가까이 올수록 토지와 집값이 떨어졌습니다. 몇 년 후에 돌려주어야 하니 값이 나가지 않았습니다. 물론 집이나 토지를 팔았어도 희년 전에 빚을 갚을 능력이 있으면 희년 전에도 다시 찾을 수 있습니다. 가난하여 갚지 못하면 희년에는 그냥 돌려주어야 합니다. 사람이 종으로 팔려도 마찬가지입니다.

희년은 자유와 해방의 기간입니다. 희년은 가난한 자에게는 복음입니다. 희년에도 안식년과 마찬가지로 파종하지 말고 스스로 난 것도 거두지 말라고 하셨습니다(레 25:11).

안식년에도 파종하지 않았는데 희년에도 파종하지 않으면 농경 시대에 어떻게 살 수 있겠습니까?

종들까지 돌려보냈다면 더 어렵지 않겠습니까?

그러나 여호와 하나님께서 믿음으로 안식년과 희년의 규례를 준행하면 땅의 저주를 풀어 주심으로 땅에서 복을 받습니다.

> 너희는 내 규례를 행하며 내 법도를 지켜 행하라. 그리하면 너희가 그 땅에 안전하게 거주할 것이라. 땅은 그것의 열매를 내리니 너희가 배불리 먹고 거기 안전하게 거주하리라(레 25:18, 19).

안식년과 희년의 규례를 지켜 행하면 땅에 안전하게 거주합니다. 왜냐하면 하나님께서 적들로부터 보호하시고 들짐승의 공격으로부터 보호하시기 때문입니다. 또한 땅이 풍성한 열매를 내어 백성들이 배불리 먹고 안전하게 살게 됩니다. 하나님께서 안식년 전에는 2년의 양식이 충분하도록 열매가 맺게 하시고, 희년 전에는 3년 먹고도 남을 정도로 열매를 거두게 하십니다(레 25:20-22). 하나님께서 평화와 풍성한 소출을 주십니다.

안식년과 희년의 규례는 안식에 대한 말씀입니다. 사람들은 문명이 안식을 줄 것으로 착각하지만 성경은 말씀의 규례를 따를 때 안식이 주어짐을 말합니다. 고대 근동을 주도한 문명은 크게 바벨론 문명, 페르시아(고레스) 문명, 헬라(알렉산더) 문명, 로마 문명입니다. 모든 종교와 신들은 바벨론의 종교 문명이고, 숫자는 페르시아 문명이며, 인본주의, 인간 중심 사상은 헬라 문명이며, 모든 법체계는 로마의 문명입니다.

문명화되면 행복할 것 같지만 그렇지 않습니다. 문명화 된 곳보다 문명의 혜택을 적게 받은 곳에 사는 사람들이 오히려 행복하고 평화롭게 지냅니다. 문명이란 이름으로 죽고 죽이고 빼앗아 번성하려고 했지만 결국 인류 문명은 저주를 가져와 문명화된 곳에도 안식이 없습니다. 아가페 사랑이 없습니다.

놀라운 것은 모든 문명이 이스라엘 땅을 정복하려고 했으나 제국과 문명이 그곳에 가면 힘을 잃고 망했습니다. 마지막 때에도 모든 열국이 이스라엘을 치려고 오지만 결국 모든 열국이 무너집니다(슥 14장).

참된 안식은 안식년과 희년에 대한 규례의 말씀을 따름으로 문명의 저주를 제거할 때 누립니다. 가난한 자의 빚을 탕감하고 자유를 주라는 말씀을 순종하는 것이 안식의 지름길입니다. 말씀은 영입니다(요 6:63). 영으로 살아간다는 것은 말씀을 순종하며 산다는 것입니다. 탕감하고 면제하라는 말씀을 따라 나누고 베풀면 안식을 맛봅니다.

안식년을 면제년(슈미타, שמטה, 신 15:1-8)이라 합니다. 6년 동안은 가난한 형제에게 필요한 것을 넉넉히 꾸어 주고 7년째는 면제하라는 말씀은 주는 삶을 살라는 의미입니다. 누군가가 풍족함을 구하는 목적이 가난한 자를 6년 동안 꾸어 주고 안식년에는 모든 빚을 면제하는 데 있다면 하나님께서 그에게 복을 주십니다. 쓰고도 남도록 하십니다. 그러나 풍족함의 목적이 가난한 자에게 나누어 주는 데 있지 않고 자기의 배만 채우려고 하면 항상 부족하고 모자라고 만족이 없습니다. 평생 모자람이 끊이지 않습니다.

참된 안식은 안식년과 희년의 규례를 따를 때 누립니다. 인생의 목적이 주는 데 있으면 하나님께서 복을 주십니다. 돈을 버는 목적이 가난한 자에게 나누어 주기 위함이고, 공부하는 목적이 어려운 사람에게 유익한 것을 주기 위함이라면 하나님의 복을 받습니다. 나누어 주면서 사는 것이 이웃 사랑입니다. 나누어 주면서 사는 것이 영으로 사는 것이고 그 나라와 의를 구하는 것입니다.

의란 말씀의 기준으로 사는 것인데 말씀의 원리가 주는 삶, 탕감의 삶입니다. 의인은 은혜를 베풀고 주는(시 37:21) 삶이 익숙합니다.

왜 (1백 데나리온을) 나누어 주고 면제하고 탕감해 주어야 할까요?

우리가 하나님께 어마어마하게(5만 달란트) 탕감을 받았기 때문입니다. 큰 빚을 탕감 받았기에 작은 빚을 탕감하는 것입니다. 탕감의 원리로 살면 저주받은 땅이 회복됩니다. 가난한 지체를 은밀하게 구제하고 탕감하는 것은 의의 씨앗과 같기에 하나님께서 모든 것을 더하여 주십니다.

우리는 인생의 삶에서 시시각각 위기와 죽음의 그림자를 만납니다. 우리 힘으로 해결할 방법이 없을 때가 많습니다. 문명의 힘으로도 위기와 죽음의 문제를 해결하지 못합니다.

인생 위기와 죽음의 그림자를 만날 때 어떻게 안식을 누릴 수 있을까요?

하나님의 규례대로 행하면 하나님께서 땅에서 안식을 누리게 하십니다. 이것이 시내산의 가르침입니다.

사람은 누구나 세상을 초월하지 않으면 물질의 세계에 목매어 살게 됩니다. 그것 자체가 죽을 운명입니다. 물질은 없어집니다. 세상에서 영원의 삶을 사는 길은 내 것을 줌으로 의를 행하는 것입니다. 내일 일을 염려 하지 말라는 것은 내일 일은 내일 생각하라는 것입니다. 즉 내일 걱정은 내일 생각하고 오늘은 선과 의를 행함으로 안식을 누리라는 것입니다.

안식년과 희년의 말씀으로 사는 것은 씨를 뿌리는 것과 같습니다. 씨를 뿌리면 하나님께서 나무를 주시고 평화의 소출을 주십니다. 믿음으로만 씨를 뿌리듯이 땅을 안식하게 하고 사람에게 자유를 주라는 규례는 믿음으로 살 때만 지킬 수 있습니다. 믿음이 없으면 불안하여 안식년도 지키지 못하고 희년도 지키지 못합니다. 2년을 농사하지 않고, 3년째 씨앗을 뿌려서 열매를 맺으려면 3년 동안 먹을 양식이 있어야 합니다. 이 명령은 하나님께서 풍족하게 주시겠다는 약속의 말씀(레 25:21)을 신뢰하고 믿을 때에만 지킬 수 있는 규례입니다.

시내산의 가르침뿐 아니라 산에서 가르치신 말씀은 믿음이 있어야만 순종할 수 있습니다. 이삭을 모리아산에서 번제로 드리라는 말씀도 믿음이 없으면 순종하지 못합니다. 아브라함은 죽은 자를 살리시고 없는 것을 있게 하시는 하나님을 믿었기에(롬 4:17-21; 히 11:19) 모리아산에서 이삭을 드릴 수 있었습니다.

아브라함이 명령의 말씀을 받고 모리아산에서 믿음으로 이삭을 드렸듯이 레위기 25장의 규례를 믿음으로 순종하면 하나님께서 땅에서 평화롭게 거주하게 하시되 풍성한 소출을 거두며 부족함 없이 살게 해 주십니다.

산상수훈의 말씀도 믿음으로만 순종할 수 있습니다. 무엇을 먹을까 무엇을 마실까 염려하지 않고 그의 나라와 의를 구하려면 적은 믿음으로는 감당하지 못합니다. 공중의 새들을 먹이시고, 오늘 있다 내일 아궁이는 던져지는 들풀도 입히시는 하나님을 믿을 때, 하나님의 나라와 의를 구할 수 있습니다. 구제나 기도나 금식을 할 때도 은밀히 하라는 말씀에는 하나님을 믿고 행하면 하나님께서 갚아 주신다는 약속이 전제됩니다.

> 너는 구제할 때에 오른손이 하는 것을 왼손이 모르게 하여 네 구제함을 은밀하게 하라. 은밀한 중에 보시는 너의 하나님이 갚으시리라(마 6:3, 4).

구제나 기도나 금식이나 사람에게 보이려고 하는 이유는 사람에게 보상과 칭찬을 받고 싶기 때문입니다. 사람들의 보상이나 칭찬이나 인정이 아니라 하나님의 보상만을 믿는다면 사람의 눈을 의식할 필요가 없습니다. 구제를 할 때 오른손이 하는 것을 왼손이 모르게 할 정도로 아무도 모르게 하고, 심지어 받는 사람조차 알지 못하게 하며 하나님께서 갚아 주실 것을 믿으면, 얼마든지 지속적으로 할 수 있습니다. 하나님께서 갚으시는 것을 믿을 때 은밀히 할 수 있습니다.

기도도 하나님께서 들으시는 것을 믿을 때 은밀히 할 수 있습니다. 사람들이 오면 크게 하고 사람들이 없으면 하지 않는다면 사람에게 칭찬을 받기 위함입니다. 하나님께서 들으시고 보신다는 것을 믿으면 은밀히 해도 감사입니다. 아무도 알아주지 않고 칭찬이 없어도 기쁨입니다.

산에서 가르치신 말씀을 지킬 수 있게 하는 것은 믿음입니다. 아브라함이 이삭을 드린 것도 믿음이요, 안식년과 희년의 규례를 지킴도 믿음이며, 산상수훈의 말씀을 지킴도 믿음입니다. 구원과 마찬가지로 믿음도 하나님의 선물입니다. 산에서 주신 말씀을 지켜 순종함으로 땅에서 복을 누리기 위해 믿음을 사모하여 믿음을 선물을 받아 믿음으로 살아가길 바랍니다.

### 2. 믿음으로 모든 규례와 계명을 준행하면 영과 육이 복을 받습니다

레위기 26장은 규례와 계명을 순종했을 때 받는 복과 불순종했을 때 받는 재앙에 대한 말씀입니다. 약속의 땅에서 규례와 계명을 준행하면 큰 복을 받지만 규례와 명령을 순종하지 않으면 큰 재앙을 만나게 됩니다.

하나님의 명령은 몇 가지 종류가 있습니다.

**첫째**, 읽고 듣기만 해도 명확하게 알 수 있는 명령이 있습니다. 살인하지 말라는 명령은 명확합니다. 살인해도 된다고 생각하는 사람은 악당과 같이 나쁜 사람입니다.

**둘째**, 연구를 하고 훈련해야만 가치를 알 수 있는 명령이 있습니다. 복음을 전하라는 명령, 용서하라는 명령, 받는 것보다 주는 것이 복이 있다는 말씀은 훈련을 해야만 맛을 조금씩 느낄 수 있습니다.

**셋째**, 배워도 이해할 수 없는 명령이 있습니다. 하나님께서 명령하신 규례와 같은 것입니다. 하나님께서 지키라고 명령하신 규례가 이해는 되지 않아도 믿음으로 순종하면 복이 됩니다. 하나님께서 명령하신 규례를 지키면 육적인 복과 영적인 복을 받습니다.

> 너희가 내 규례와 명령을 준행하면 내가 너희에게 철따라 비를 주리니 땅은 그 산물을 내고 밭의 나무는 열매를 맺으리라(레 26:3, 4).

규례와 명령을 지키면 하나님께서 철따라 비를 주십니다. 씨를 뿌릴 때와 추수할 때 알맞게 비를 주십니다. 규례와 명령을 듣고 행하면 땅은 산물을 내고 나무는 열매를 맺습니다. 땅의 복입니다. 땅에서 하는 일을 통해 복을 받습니다. 타작은 포도 딸 때까지 미치고, 포도 따는 것은 파종할 때까지 미치고 음식을 배불리 먹고 땅에 안전히 거주합니다(레 26:5). 봄에 추수를 시작하면 가을까지 추수하고, 가을 추수는 봄까지 이어집니다. 땅이 상상할 수 없는 풍작을 줍니다. 안전히 땅에 거주합니다. 창세기 3장에서 타락으로 땅이 저주를 받았는데 믿음으로 순종하는 삶을 살 때 땅이 회복됩니다. 즉 새 하늘과 새 땅이 됩니다.

> 하나님이 땅에 평화를 주어 두렵게 할 자가 없고, 사나운 짐승을 땅에서 제거하고 칼이 땅에 행하지 못하게 하고 원수를 쫓고 너희를 돌보아 번성하게 하고 창대하게 하고 언약을 이행하리라(레 26:5-9).

규례와 명령을 듣고 지키면 전쟁을 막아줍니다. 평화롭게 살고 두렵게 할 자가 없습니다. 사나운 짐승과 칼과 원수도 땅에서 제거됩니다. 짐승은 들짐승도 말하겠지만 요한계시록에서는 사탄의 세력을 가리킵니다. 이해할 수 없지만 믿음으로 규례와 계명을 순종하면 사탄과 어둠의 권세들을 제거합니다. 믿음으로 규례와 계명을 순종하면 육적인 복뿐만 아니라 영적인 복도 받습니다.

> 성막을 너희 중에 세우고, 나는 너희 중에 행하여 너희의 하나님이 되고 너희는 내 백성이 될지라(레 26:11-12).

성막(마쉬카니, משכני)을 세운다는 것은 하나님께서 거처를 우리와 함께 하시는 것입니다. 하나님께서 우리 속에 사시는 것입니다. 우리 마음속에 계신다는 것은 우리를 위해 사시는 것입니다. 하나님께서 우리를 백성으로 삼으시고 우리의 하나님이 되어 주십니다.

> 나는 너희를 애굽 땅에서 인도해 내어 그들에게 종된 것을 면하게 한 너희의 하나님 여호와이니라. 내가 너희의 멍에의 빗장을 부수고 너희를 바로 서서 걷게 하였느니라(레 26:13).

최종적인 복은 바로 서서 걷는 것입니다. 하나님께서 위에 계시면 바로 쳐다보지 못합니다. 그런데 하나님께서 성막에 거하시며 함께하시기에 바로 서서 함께 걸을 수 있습니다. 바로 서서 함께 걷는다는 표현은 얼굴과 얼굴을 맞대고, 눈과 눈을 마주하며 걷는 것입니다.

> 여호와께서 시온으로 돌아오실 때에 그들의 눈이 마주 보리로다(사 52:8).

눈과 눈을 맞추며 하나님과 함께 걷는 것은 엄청난 복입니다. 이해할 수 없지만 믿음으로 규례와 명령을 지키면 땅에서 잘되는 복뿐만 아니라 하나님과 동행하는 영적인 복도 받습니다.

그러나 규례와 명령을 청종하지 않으면 큰 재앙을 받습니다. 규례를 멸시하고 법도를 싫어하며 계명을 준행하지 않으며 언약을 배반하면(레 26:15), 놀라운 재앙으로 폐병과 열병이 생겨 눈이 어둡고, 생명이 쇠약하게 되며, 파종한 것은 대적이 먹게 되며, 대적에게 패하여 미워하는 자가 다스리게 되며, 쫓는 자가 없어도 도망하게 됩니다(레 26:16, 17).

이렇게 재앙을 당해도 규례와 명령을 청종하지 않으면 7배의 징벌을 받아 하늘은 철과 같고 땅은 놋과 같아 땅은 산물과 열매를 내지 못합니다

(레 26:18-20). 그래도 규례와 명령을 청종하지 않으면 다시 7배의 징벌을 받아 들짐승이 자녀와 가축을 칩니다(레 26:21-22). 계속 돌아오지 않고 대항하면 다시 7배나 더 재앙을 받아 전쟁의 칼과 염병으로 양식이 끊어져 기근에 시달리게 됩니다(레 26:23-26). 징벌을 받아도 계속 고집을 부려 청종하지 않고 대항하면 다시 7배나 더 징벌 받아 아들과 딸의 살을 먹게 되는 큰 재앙을 받습니다. 그때 성읍은 황폐되고, 성전은 황량하며, 땅은 황무하게 되며, 여러 민족 중에 포로가 되어 흩어지게 됩니다(레 26:27-33).

땅의 안식을 주라는 규례를 지키지 않으면 나라를 잃고 포로가 되어 자동적으로 땅이 안식을 누리게 됩니다(레 26:34, 35). 포로로 잡혀간 사람들이 나중에 깨닫고 죄악을 자복하면 자비하신 하나님께서 언약을 기억하십니다(레 26:36-45).

규례와 명령을 지켜 행함이 얼마나 큰 복인지 모릅니다. 레위기에는 규례가 많습니다. 레위기 25장에 나오는 규례가 안식년과 희년의 규례이고 레위기 26장은 우상을 만들지 말고 경배하지 말라고 명령하고, 안식일을 지키고 성소를 경외하라고 명령합니다(레 26:1, 2). 즉 구별된 시간과 구별된 장소를 거룩케 하라는 것입니다.

레위기 마지막 장인 27장의 규례는 서원한 것을 지키되 자신이든, 가축이나 집이나 밭이든 서원한 것은 그대로 준행하라는 규례(레 27:1-25)와 처음 난 가축을 드리라는 규례(레 27:26, 27)와 온전히 바친 것(헤렘, חרם)은 무르지 말라는 규례와 십일조 규례입니다(레 27:30-33).

놀라운 것은 레위기 마지막이 십일조 규례로 끝난다는 점입니다. 십일조는 신앙의 연조가 높아도 배우기 어려운 규례입니다. 민수기는 광야로의 출발이기에 광야로 출발하기 직전에 주신 규례가 레위기 27장의 십일조 규례입니다. 십일조는 가장 높은 영성을 가진 사람들도 이해하기 쉽지 않은 규례입니다.

> 땅의 십분의 일은 여호와의 것이니 … 성물이라 … 모든 소나 양의 십일조는 목자의 지팡이 아래로 통과하는 것의 열 번째의 것마다 여호와의 성물이 되리라 (레 27:30, 32).

성물이란 거룩하게 구별된 것이라는 뜻입니다. 십일조는 우리가 소유하고 있는 것이 우리의 것이 아니라 하나님의 것이라는 선언적 고백입니다. 모든 것이 다 하나님의 것인데 그중에서 1/10을 대표를 드리게 하여 모든 것이 하나님의 것임을 나타냅니다. 1/10을 제외하고 9/10도 하나님의 것임을 받아들이고 가난한 이웃을 위해 나눠주고 안식년과 희년에는 면제하는 것이 성경의 가르침입니다.

십일조(마아쎄르, מעשר)는 행함(아싸, עשה)의 머리(ר)라는 뜻입니다. 무엇을 행하기 위해서는 먼저 생각하고 계획하고 의도합니다. 십일조는 영성이 높아질수록 마음의 의도와 의지를 바꾸게 된다는 것을 가르칩니다. 내 마음의 의지를 바꾸지 않으면 아무리 잔소리하고 소리쳐도 소용이 없습니다. 의지를 바꾸는 것이 복입니다. 지금까지 내가 주인이 되어 내 마음대로 계획하고 쓰고 했는데, 이제는 하나님을 주인으로 인정하기에 하나님의 규례를 지키는 것이 복됩니다. 지금까지는 받으려고 살았는데 영성이 높아지면 주려고 살고, 지금까지는 이기적 자기 사랑으로 살았는데 영성이 높아지면 이웃을 사랑하고 다른 지체를 생각하게 됩니다. 행함의 머리가 주님으로 바뀝니다. 그 증거가 십일조입니다.

많은 규례들이 신비에 속한 것처럼 십일조도 신비에 속한 것입니다. 사람들이 다 이해할 수 없는 비밀이지만 믿음으로 순종하면 복이 됩니다.

십일조는 이스라엘이 광야의 삶을 시작하기 전에 하나님께서 규례로 주신 것입니다.

하나님께서는 하나님의 백성인 이스라엘이 만약(임, אם)에 규례대로 행하면 복되지만(레 26:3), 만약(임, אם) 준행하지 않으면(레 26:14) 재앙이라고 말씀하셨습니다.

규례를 믿음으로 순종할 때 하나님께서 적과 전쟁을 막아 주시고, 땅의 소산이 풍족하게 하시며, 평안히 살게 되어 땅의 복을 받게 하십니다. 또한 주님과 함께 얼굴과 얼굴을 마주하며 눈과 눈을 마주치며 걷는 복을 받게 하십니다.

땅의 회복은 창세기 3장의 저주가 풀리는 복입니다. 새 하늘과 새 땅이 되는 복입니다. 하나님께서 땅이 회복되어 새 땅이 되도록 규례와 계명을 주셨고 예수님을 보내셨습니다. 시내산에서 주신 규례뿐 아니라 예수님께서 가르치신 산상수훈의 규례를 행함이 복입니다 새 하늘과 새 땅의 복을 받습니다. 주님과 동행하는 복을 받습니다. 안식년, 희년 규례를 비롯한 규례를 지킴으로 영과 육이 복을 누리길 바랍니다.

# 제3부

# 더 묵상하기

18장 유월절 - 종려주일(고난주일, 출 12:1-14)

19장 갈라진 홍해로 걸어가기(출 14:19-21)

20장 광야의 시험에서 승리하기(출 16:1-4)

21장 말씀을 행하고 듣기(출 24:1-11)

22장 예수님을 모시는 성전 만들기(출 25:1-9)

23장 순수한 기름 만들기(출 27:20-21)

24장 주님만을 원합니다(출 33:1-11)

25장 영광이 임하다(출 40:17-38)

26장 오메르(레 23:9-22)

27장 제사장의 옷(레 16:1-5)

## 18장

## 유월절 – 종려주일
### (고난주일, 출 12:1-14)

　예수님께서 우리 죄를 위하여 십자가에서 못 박히심을 앞두고 예루살렘 성에 입성한 것을 기념하는 주일을 종려주일이라고 합니다. 종려주일이라는 이름이 붙은 것은 예수님께서 겸손한 왕으로 나귀 새끼를 타고 예루살렘에 들어가실 때 사람들이 영생을 의미하는 종려나무 가지를 흔들면서 환영한데서 시작되었습니다. 사람들은 왕이 취임할 때 부르던 노래인 '호산나 찬송하리로다. 주의 이름으로 오시는 이여, 이스라엘의 왕이여'(요 12:13) 하며 예수님을 영접했습니다. 그러나 며칠이 지난 후 종교 지도자들의 은밀한 선동을 받은 사람들이 예수님을 십자가에 못 박으라고 외쳤고 빌라도 총독은 종교 지도자들의 협박과 군중들의 외침을 거절하지 못하고 예수님을 십자가에 처형하도록 넘겨주었습니다.

　그때가 유월절입니다. 예수님께서 유월절 양을 잡는 무교절(눅 22:7)의 첫날 저녁에 유월절 예식을 겸한 식사를 하시고(눅 22:14-23), 습관을 따라 감람산에 있는 겟세마네 동산에서 기도를 마치셨을 때(눅 22:39-46), 가룟 유다가 데리고 온 종교 지도자들의 종들에게 잡혀(눅 22:47-53) 그날 밤에 대제사장과 종교 지도자들에게 심문을 받으셨습니다(눅 22:63-71). 다음날 새벽에는 예수님께서 로마의 총독인 빌라도에게 넘겨져 조사를 받으셨으나 빌라도는 예수님의 죄를 찾지 못했습니다. 예수님께서는 털끝만 한 죄도 없었지만 민란이 일어날까 염려한 빌라도는 결국 예수님을 십자가에 넘겨주어 죽였습니다(눅 23:1-25).

그 날이 유월절 양 잡는 날입니다.

하루가 지났는데 왜 동일하게 유월절 양 잡는 날이라고 할까요?

우리는 하루를 계산할 때 밤 12시에서 시작하여 밤 12시로 마치지만 창세기를 믿었던 유대인들은 하루를 계산할 때 저녁에서 시작하여 저녁으로 마쳤습니다. 예수님께서 저녁에 유월절 예식(세데르)을 행하셨고, 다음날 아침 번제 드리는 시간에 십자가에 달리셨으며, 저녁 번제와 소제 드리는 시간인 3시경에 십자가에서 돌아가셨습니다. 유월절 식사에서 십자가에 돌아가시기까지는 하루에 일어난 사건입니다.

십자가에 돌아가신 다음날이 누룩 없는 떡을 먹는 무교절이며 안식일이었고, 안식일 다음날이 갈릴리에서 수확되는 첫 보리 이삭을 드리는 초실절인데 그 날에 예수님께서 부활하셨습니다. 유월절에 십자가에서 죽으셨고, 무교절에 장자지내셨으며, 초실절에 부활하셨습니다.

성경의 모든 절기는 예수 그리스도의 구속 사역을 알려주는 그림자입니다. 출애굽기 12장에 처음으로 나오는 유월절은 이스라엘이 노예로 살던 애굽에서 구원받은 날입니다. 하나님께서 모세를 보내 하나님의 장자인 이스라엘을 보내라고 명령하셨지만 바로는 거절합니다. 결국 10가지 재앙이 애굽에 임했는데 10번째 재앙이 애굽의 모든 장자가 죽는 심판입니다.

10번째 재앙이 애굽 온 땅에 임하기 전 하나님께서 대비책을 말씀하셨습니다. 10일에 양을 준비하고, 14일에 양을 잡아 피를 문 인방과 설주에 바르고, 집 안에서 불로 구운 양의 고기와 누룩이 없는 떡인 무교병과 쓴 나물을 먹되, 신을 신고 지팡이를 가지고 먹으라고 하셨습니다. 하나님의 신호가 있으면 즉시 출애굽 할 준비를 하고 먹으라고 하신 것입니다. 출애굽기 12장의 첫 유월절 이후 계속 유월절 명절을 지키라고 하신 이유는 유월절이 예수 그리스도의 십자가 죽으심을 보여 주는 그림자이기 때문입니다.

> 요한이 예수께서 자기에게 나아오심을 보고 이르되 보라 세상 죄를 지고 가는 하나님의 어린 양이로다(요 1:29, 36).

예수님께서 세상 죄를 지고 가시는 하나님의 어린 양으로 오셨습니다. 사도 바울은 예수님의 십자가 사건을 우리의 유월절 양, 즉 그리스도께서 희생되셨다(고전 5:7)고 했습니다.

유월절을 완성하신 예수 그리스도의 십자가를 기억하는 종려주일은 엄청난 축복입니다.

어떤 복일까요?

## 1. 어린 양이신 예수 그리스도의 십자가 죽음이 구원의 복음입니다

하나님께서 애굽을 심판하실 때 10번째 재앙인 장자의 죽음이 있기 전 양을 잡아 피를 문에 바르라고 하셨습니다. 아무 양이나 잡아 피를 바른다고 재앙이 지나가는 것은 아닙니다. 여호와께서 지시하신 양이 있습니다.

> 이 달 열흘에 너희 각자가 어린 양을 취할지니 각 가족대로 그 식구를 위하여 어린 양을 취하되 … 이 달 열나흘 날까지 간직하였다가 해질 때에 이스라엘 회중이 그 양을 잡고 그 피를 양을 먹을 집 좌우 문설주와 인방에 바르고(출 12:3, 7).

하나님께서 각자가 어린 양을 취하라고 하셨습니다. 각 사람이 흠 없는 어린 양을 한 마리씩 준비하라는 말이 아닙니다.

한 사람이 어떻게 한 마리 양을 한 끼에 모두 먹을 수 있겠습니까?

한 마리의 양으로 가족이 함께 먹거나 이웃과 함께 먹었습니다(출 12:3, 4, 21).

그렇다면 각자가 어린 양을 취하라는 말은 무슨 뜻일까요?

히브리어를 직역하면 그들을 위하여(라헴, להם) 남자 사람, 어린 양(잇쉬 쉐, איש שה)을 취하라는 뜻입니다. 어린 양을 취하여 14일까지 간직했다가 해질 때에 양을 잡아 피를 양을 먹을 집 좌우 문설주와 인방에 바르는데 그 양은 남자 사람을 예시(豫示)하는 그림자입니다.

유월절의 흠 없는 어린 양은 남자 사람으로 오신 죄 없으신(히 4:15) 예수 그리스도를 예시합니다. 그래서 남자 사람, 어린 양이라고 한 것입니다. 예수님께서 오셨을 때 세례 요한이 세상 죄를 지고 가는 하나님의 어린 양이라고 한 것이나, 사도 바울이 예수님을 유월절 양이라고 한 것은 예수님이 출애굽기 12:3을 성취하실 메시아임을 말한 것입니다. 예수님의 십자가 죽으심이 유월절을 완성한 것입니다.

유월절(페싸흐, פסח)이란 넘어가다(파싸흐, פסח)는 뜻입니다.

> 내가 애굽 땅을 칠 때에 그 피가 너희가 사는 집에 있어서 너희를 위하여 표적이 될지라. 내가 피를 볼 때에 너희를 넘어가리니 재앙이 너희에게 내려 멸하지 아니하리라(출 12:13).

> 여호와께서 애굽 사람들에게 재앙을 내리려고 지나가실 때에 문 인방과 좌우 문설주의 피를 보시면 여호와께서 그 문을 넘으시고 멸하는 자에게 너희 집에 들어가서 너희를 치지 못하게 하실 것임이라(출 12:23).

> 이는 유월절 제사라. 여호와께서 애굽 사람에게 재앙을 내리실 때에 애굽에 있는 이스라엘 자손의 집을 넘으사 우리의 집을 구원하셨느니라(출 12:27).

유월은 넘어간다는 의미입니다. 여호와께서 애굽을 심판하시고 재앙을 내리실 때 어린 양의 피를 보고 넘어가셨습니다. 어린 양의 피가 있는 사람은 심판의 재앙이 넘어갔기에 구원을 받은 것입니다.

그렇다면 왜 여호와 하나님께서 애굽을 재앙으로 심판하셨을까요?

> 내가 그 밤에 애굽 땅에 두루 다니며 사람이나 짐승을 막론하고 애굽 땅에 있는 모든 처음 난 것을 다 치고 애굽의 모든 신을 내가 심판하리라(출 12:12).

애굽에 있는 모든 처음 난 것이 죽는 재앙은 애굽의 신을 심판한 것입니다. 사탄을 심판한 것입니다.

사람들이 무지하여 사탄을 신으로 섬기고 있습니다. 아무리 복음을 전해도 깨닫지 못합니다. 사탄은 사탄이라는 이름으로 나타나기도 하지만 자기의 본질을 숨기고 광명의 천사(고후 11:4)로 나타납니다. 사탄은 자신이 사람들을 잘되게 하고 축복한다고 속입니다.

사탄은 자신을 따르면 농사의 복, 재물의 복, 건강의 복, 자녀의 복, 사업의 복 등 모든 복을 준다고 속입니다. 사탄은 축복이라는 이름으로 다가옵니다. 애굽에 물이 풍족하여 농사가 잘된 것, 사업이 잘된 것, 건강하게 살아가는 것, 아들을 낳은 것이 모두 사탄이 한 것이라고 속입니다. 사탄을 잘 섬겨야 농사와 사업과 자녀가 잘될 것이라고 속이며 사람을 붙잡고 있습니다.

여호와 하나님께서 모세를 통해 아무리 복음을 전해도 애굽 왕 바로는 듣지 않았습니다. 하나님께 택한 받은 백성인 이스라엘 사람들도 애굽에서 나가 여호와 하나님을 섬길 생각을 하지 않습니다. 애굽에 있으면 비록 종이지만 편히 먹고 살 수 있고 자녀들도 잘 키울 수 있기에 하나님께 나아가지 않습니다.

하나님께서 모세를 통해 바로에게 메시지를 전하고, 표적을 보여 주며, 경고를 하며, 재앙들을 내려도 바로는 깨닫지 못했습니다. 공중의 권세 잡은 신이 바로를 사로잡고 있었기 때문입니다. 그래서 하나님께서 애굽 백성들이 사탄이 주었다고 여기고 있는 복들에 재앙을 내립니다.

나일강이 피가 되고, 가축과 사람에게 전염병이 생기며, 우박과 메뚜기를 보내 농사와 사업이 망가지게 하여도 바로는 여호와 하나님의 말씀을 듣지 않았습니다. 농사와 사업은 타격을 받고, 건강은 타격을 받았어도 자기 신을 버리면 자녀에게 어려움이 생길 것 같았기 때문입니다. 애굽의 신이 자녀들을 잘되게 할 것처럼 착각한 것입니다. 그래서 하나님께서 애굽의 신과 깊게 연결된 자녀를 죽이면서 애굽의 신을 심판하십니다.

장자의 죽음은 세상 신인 사탄을 심판하는 것이고, 동시에 사탄에 속아 사탄을 섬기며 창조주 하나님을 버린 죄를 지은 사람들을 심판한 것입니다.

왜 종말에 세상에 살았던 모든 사람들이 백보좌 심판대에서 심판을 받아 지옥으로 갈까요?

그들이 세상 신인 사탄에 속아 죄를 지었기 때문입니다. 하나님께서 계속 사람들을 보내 복음을 전하고, 여러 가지 징조를 주셨지만 돌이키지 않고 마지막까지 하나님을 등지고 자기주장을 하고 죄를 회개하지 않기에 종말에 심판을 받고 지옥에서 형벌을 받는 것입니다.

주님께서 종말에 온 세상 사람들을 심판하실 때, 십자가와 부활의 복음을 믿는 사람들은 심판의 재앙이 넘어갑니다. 마치 어린 양의 피가 있는 집은 심판의 재앙이 넘어갔듯이, 십자가와 부활의 복음을 믿고 예수님을 주님으로 섬기는 사람은 심판을 받지 않습니다. 그것이 구원이고 구속입니다.

그들은 왜 심판을 받지 않고 구원을 받을까요?

이미 심판을 받은 것으로 인정하기 때문입니다. 사탄을 따르며 죄를 짓은 사람들은 죽음의 심판을 받아야 하는데, 예수님께서 우리 대신 죄에 대한 심판을 받아 십자가에서 돌아가신 것을 믿는 이들은 이미 심판 받아 죽은 것으로 인정된 것입니다.

마찬가지로 유월절 양이 죽은 것을 그 양을 잡은 사람이 죽은 것으로 여겨집니다. 이스라엘 백성들은 집의 문설주와 인방에 유월절 양의 피를 바르고 그 집 안에서 양고기를 불에 구워 무교병과 쓴 나물과 함께 먹었습니다. 하나님께서는 날 것으로나 물에 삶아서 먹지 말고 불에 구워 먹으라고 하셨습니다(출 12:8, 9). 백성들은 양고기를 불에 구울 때 자신이 불 속에서 심판을 받을 수밖에 없다는 것을 생각합니다. 내가 죽어 지옥의 불구덩이에서 저주의 형벌을 받을 수밖에 없는데, 예수님께서 내 대신 죽으시고 저주의 형벌을 받으신 것을 기억하는 것입니다.

하나님께서 종말 심판 때에 예수님께서 하나님의 백성들을 대신하여 죽으셨음을 인정해 주십니다. 하나님께서 어린 양의 피를 보면 이미 죄인이 죽었고 형벌을 받았다고 여기시고 그에게서 심판이 넘어가게 하셔서 그를 구원하십니다. 예수님께서 십자가에 달리신 것이 자신이 받을 저주의 형벌을 받은 것으로 인정하고 믿는 사람은 구원을 받습니다. 우리의 구원은 어린 양 같은 예수 그리스도의 보혈로 된 것입니다.

> 헛된 행실에서 대속함을 받은 것은 은이나 금같이 없어질 것으로 된 것이 아니요 오직 흠 없고 점 없는 어린 양 같은 그리스도의 보배로운 피로 된 것이니라 (벧전 1:18, 19).

예수님의 십자가와 부활을 기억하고 기념하는 종려주일에 어린 양 같은 예수 그리스도의 보배로운 보혈을 깊이 묵상하고 믿음으로 받아 영원한 대속의 복을 받길 바랍니다.

### 2. 십자가 복음으로 밤에서 나와 빛으로 들어감을 기억해야 합니다

유월절은 밤에 일어난 사건입니다. 애굽의 신인 사탄을 심판하는 유월절은 14일 밤에 일어났습니다. 14일 밤에 여호와 하나님께서 애굽을 두루 다니며(출 12:12, 29, 30, 31, 42) 심판하셨습니다.

그 날 밤에 피를 바르고 불에 구운 양의 고기와 쓴 나물을 먹으면(출 12:8; 13:6) 구원을 받는 날이 됩니다. 그래서 애굽, 곧 종 되었던 집에서 나온 그 날(출 12:14; 13:3)을 기념하라고 합니다. 날(욤, יוֹם)이라는 말은 날짜의 날도 의미하지만, 동시에 빛이 있는 낮이라는 의미도 있습니다. 어둠이 빛이 있는 낮이 된 것입니다.

어둠의 특징은 보지 못하는 것입니다. 9번째 재앙인 흑암이 3일 동안 애굽에 가득할 때 사람들은 서로 볼 수가 없었고 자기 처소에서 일어나는 자가 없었습니다(출 10:23). 서로(아하브, אָחִיו: 아흐, אָח의 3인칭, 남자, 단수) 볼 수가 없었다는 것은 형제가 형제를 볼 수 없었다는 말입니다. 어둠이 가득하면 자기 외에는 인식하지 못합니다. 다른 사람들을 생각할 겨를이 없습니다. 옆에 있는 형제도 생각하지 않습니다. 인생의 목적도 방향도 보이지 않습니다. 인생이 어디서 와서 어디로 가며 왜 사는지 모릅니다. 어둠에 있으면 보이지 않습니다.

자기 처소에서 일어나지도 못합니다. 자기가 하고 싶을 일을 하지 못합니다. 하고 싶어도 할 힘도 없고 무엇을 해야 할지도 보이지 않습니다. 자기의 마음도 다스리지 못합니다. 왜냐하면 어둠이기 때문입니다. 처음부터 땅에는 어둠이 가득했습니다.

> 땅이 혼돈하고 공허하며 흑암이 깊음 위에 있었다(창 1:2).

사람의 마음은 어둠이 가득하여 광야와 같이 황폐되고 텅 비어 있습니다. 무엇을 해도 혼돈이고 공허입니다. 예수님께서 십자가에서 죽으신 것은 우리를 어둠에서 빛으로 구원하기 위함입니다.

십자가와 부활의 복음을 듣고 마음으로 믿으면 생명의 빛이 마음에 들어옵니다. 혼돈과 공허가 떠나고 생명의 씨앗이 생깁니다. 형제뿐 아니라 사람들을 알아보고, 사랑하게 되며, 자기의 처소에서 일어나 자기의 사명을 감당하게 됩니다.

예수 그리스도의 십자가와 부활의 복음을 믿으면 어둠에서 벗어나 빛으로 들어가는 복을 받고, 사탄의 권세에서 벗어나 하나님의 자녀가 되는 복을 받으며, 심판에서 생명으로 옮겨지는 복을 받습니다. 이러한 복을 받으려면 예수님을 주와 그리스도로 영접해야 합니다.

예수님을 영접한 사람들의 표가 있습니다. 마치 유월절의 은혜를 받기 원하는 사람들이 유월절 예식에 동참했던 것처럼 유월절의 완성인 예수님을 믿고 참된 복을 받으려면 예수님을 영접한 표시가 있어야 합니다.

> 너희와 함께 거류하는 타국인이 여호와의 유월절을 지키고자 하거든 그 모든 남자는 할례를 받은 후에야 가까이하여 지킬지니 …(출 12:48, 참조. 12:44).

구원자이신 메시아를 기다리는 유월절 예식을 지키려면 할례를 받아야 했습니다. 할례는 다른 신과 우상을 버리고 하나님을 섬기며 메시아를 기다리는 백성이 된다는 표시로 생식기의 표피를 잘라내는 것입니다.

유월절 예식에 참여하려면 잘라내는 것이 있어야 했듯이 십자가의 복을 받으려면 다른 신과 우상을 단칼에 잘라 버리고 예수님을 주와 그리스도로 영접해야 합니다. 십자가의 복을 누리려면 우상과 다른 신을 버릴 뿐 아니라 집도 청소하고 누룩을 제거해야 합니다.

무교절을 지키는 규례의 내용은 7일 동안 누룩 없는 빵을 먹는 것입니다. 절기가 시작되는 14일에 집 안에 있는 모든 누룩을 버리고, 14일 저녁부터 21일까지 누룩 없는 빵을 먹으면서 절기를 지킵니다. 누룩 없는 빵을 무교병이라고 합니다. 하나님께서는 누룩 없는 빵인 무교병만 먹으라고 계속 강조하십니다(출 12:8, 15, 18, 19, 20; 13:6, 7).

지금도 이스라엘은 유월절이 되면 누룩이 들어간 모든 빵을 불태웁니다. 집 안에 있는 누룩을 찾아 아이들을 통해 불에 집어넣게 합니다. 어려서부터 살아 있는 신앙 교육을 시킵니다. 철저하게 누룩을 집 안에서 없앱니다. 어떤 사람들은 누룩이 묻었던 가구들까지 바꾸기도 합니다. 어떤 사람은 누룩이 교훈을 의미하기에 세상적인 교훈을 가르치는 책을 태우기도 합니다.

누룩(쉐오르, שְׂאֹר)는 부풀고(쏴아르, שָׂאַר) 끓어오르게 하는 것입니다. 누룩을 가루에 넣고 끓이면 부풀어 오르고, 막걸리와 같은 술을 만들 때도 누룩을 넣으면 끓어오릅니다. 누룩이 상징하는 것은 부글부글 끓어오르게 하는 감각, 감정으로 사는 옛 사람 혹은 이기적 삶의 방식, 습관적인 죄를 말합니다. 감각으로 살면 죄를 짓게 됩니다. 감정이 끓어오르면 앞뒤가 보이지 않고, 형제가 보이지 않으며, 자신의 생각에 몰입이 되어 죄를 짓게 됩니다.

십자가와 부활의 복에 참여하려면 누룩과 같은 옛 습관의 죄를 제거해야 합니다. 어둠에서 벗어나 빛으로 들어가고, 사탄의 권세에서 벗어나 하나님의 자녀가 되며, 심판에서 생명으로 옮기는 복을 받을 사람들은 누룩을 제거해야 합니다.

> 너희는 누룩 없는 자인데 새 덩어리가 되기 위하여 묵은 누룩을 내버리라. 우리의 유월절 양 곧 그리스도께서 희생되셨느니라. 이러므로 우리가 명절을 지키되 묵은 누룩으로도 말고 악하고 악의에 찬 누룩으로도 말고 누룩이 없이 오직 순전함과 진실함의 떡으로 하자(고전 5:7, 8).

예수님을 영접한 성도들은 누룩이 없는 자와 같습니다. 예수 그리스도 안에서 새로운 피조물이 되었습니다. 이제는 묵은 누룩과 같은 세상적인 구습을 버려야 합니다. 죄를 짓게 하는, 악한 옛 사람의 습관을 버려야 합니다. 세상 사람들이 일상적으로 생각하는 교만과 시기와 음란과 탐심과 게으름과 모든 옛 사람의 습관을 버려야 합니다. 그동안 감정이 끓어올라서 지었던 모든 죄를 회개하고, 다시 은혜를 구해야 합니다. 집 안뿐 아니라 마음도 청소해야 합니다.

유월절과 무교절에 누룩이 없는 무교병을 먹었던 것처럼 하나님 앞에서 죄가 되는 모든 것을 회개하고 자기를 정결케 함이 복입니다. 겉모습이 아니라 우리의 마음을 정결케 해야 합니다. 겉은 아무리 좋은 화장품을 발라도 속이 더러우면 소용이 없습니다. 왕이신 예수님을 맞이하려면 영과 마음을 정결케 해야 합니다. 마음과 영이 성결케 되어 영으로 살아야 합니다. 성질나게 하는 일들이 있을 때, 감정적으로 반응하지 말고 영으로 반응하며 살아야 합니다. 하나님의 뜻과 하나님의 마음으로 살아야 합니다.

할례를 받고 무교병을 먹으면서 유월절 예식을 행하는 사람들은 유월절 기간이 있는 안식일 다음날에 첫 이삭을 드리고 50일을 손꼽아 기다립니다. 그 날이 오순절인데 할례 받고 누룩을 제거하고 무교병을 먹는 사람들은 가장 큰 선물을 받습니다. 예수님께서 그 날에 성령을 부어 주셨습니다.

예수님을 영접하고 회개하며 오순절을 기다리는 성도들은 큰 선물을 받습니다. 기도 응답을 받고 능력을 받으며 복을 받습니다.

예수 그리스도의 십자가는 믿고 기억하는 자에게 복음입니다. 십자가 복음을 믿으면, 저주의 형벌에서 벗어나 구원을 받고, 어둠에서 벗어나 빛으로 들어가며, 심판에서 생명으로 옮겨집니다. 예수님을 영접하고, 죄를 버리며, 회개함으로 십자가의 복음을 누리길 바랍니다.

## 갈라진 홍해로 걸어가기
(출 14:19-21)

출애굽기 14장은 홍해가 갈라지는 사건입니다. 이스라엘 앞에서 인도하시던 하나님의 사자가 이스라엘을 추격한 애굽의 진영으로 옮길 때 구름기둥도 함께 뒤로 옮겨 애굽과 이스라엘 진영 사이에 섰습니다. 애굽 진영은 구름과 흑암이 있었고, 이스라엘 진영은 대낮처럼 밝으므로 애굽은 이스라엘 쪽으로 가까이 오지 못했습니다. 하나님께서 막아 주신 것입니다.

그동안 홍해가 갈라집니다.

> 모세가 바다 위로 손을 내밀매 여호와께서 큰 동풍이 밤새도록 바닷물을 물러가게 하시니 물이 갈라져 바다가 마른 땅이 되었더라(출 14:21).

"여호와께서 큰 동풍이 … 바닷물을 물러가게 하시니"(바요렉크 아도나이 에트 하얌 베루하 카딤 아자흐, ויולך יהוה את הים ברוח קדים עזה)라는 히브리어를 직역하면 '강력한 동쪽의 영 안에서 여호와께서 그 바다를 걸으셨다'입니다. 태고부터 있는 강력한 영 안에서 여호와께서 바다를 걸으시니 바다가 갈라지는 놀라운 일이 일어났습니다.

"물이 갈라져 바다가 마른 땅이 된지라"(바야셈 에트 하얌 레하라바 바이바크우 하마임, וישם את־ הים להרבה ויבקעו המים)를 직역하면 '그 물이 쪼개져 마른 땅이 되도록 그 바다에게 그가 임명했다'는 뜻입니다. 여호와께서 바다를 걸으시면서, 바다에게 물이 쪼개지고 갈라져 마른 땅이 되도록 명하시니 마른 땅이 된 것입니다. 홍해가 갈라진 이유는 여호와께서 걸으시면서 물에게 쪼개어져 갈라지라고 명령하셨기 때문입니다. 하나님께서 이스라엘을 구원하시기 위해 행하신 놀라운 일입니다.

여호와께서 바다를 걸으신 것처럼 예수님도 바다를 걸으셨습니다. 한밤중에 제자들이 거친 물결로 말미암아 고난을 당할 때 예수님께서 바다 위로 걸어서 오셨습니다(마 14:24, 25). 베드로는 말하기를, "주님이시면 나를 명하여 물 위로 오라 하소서"라고 하니 예수님께서 오라 하시니 베드로도 물 위로 걸어서 예수님을 향해 갔습니다. 이처럼 예수님께서 자신의 제자들이 고난을 당할 때 고난의 현장으로 걸어서 오셨습니다. 예수님께서 고난의 현장으로 걸어오시면 고난의 세력은 갈라집니다. 이처럼 예수님께서는 우리에게 밤과 같은 환경이 올 때 우리를 찾아오십니다. 우리가 죽을 것 같고, 망할 것 같은 환경이 올 때 부르짖어 기도하면, 예수님께서 오셔서 앞서 걸으시며 해결하십니다.

예수님께서 고난의 바다에 오셔서 앞서 걸으시면 고난의 세력이 갈라져 맥을 못 추는데, 이것을 위해서는 믿음이 중요합니다. 베드로처럼 믿으면 고난의 현장을 걸어도 고난에 빠지지 않습니다. 고난의 바다를 예수님과 함께 믿음으로 계속 걸으면 고난의 세력이 깨어져 나가고 마른 땅과 같이 됩니다. 고난의 물에 빠지지 않습니다. 물에 빠지지 않고 물 위를 걷는 것처럼, 고난의 환경이지만 고난 위를 걸어 다니는 것입니다. 믿음으로 고난의 바다를 걸으면 마른 땅과 같이 됩니다.

그러나 베드로처럼 믿음이 흔들리면 바람이 두려운 것처럼 환경이 두렵게 느껴집니다. 왜냐하면 믿음이 적기 때문입니다. 즉 예수님께서 바다를 걸으시고 다스리며 바람을 잠잠케 하심을 믿는 믿음이 흔들리는 것입니다. 모든 자연의 주권은 예수님께 있습니다. 태고부터 있었던 성령으로 말미암아 예수님께서 다스립니다. 그것을 믿으면 고난의 바다를 걷게 됩니다.

고난의 바다를 걸으시고 고난의 세력을 갈라지게 하시는 예수님을 믿음으로 고난의 환경을 걸어갈 수 있습니다. 예수님께서 베드로에게 고난의 바다로 오라고 하셨습니다. 우리에게도 고난의 바다로 오라고 하십니다. 믿음으로 가면 됩니다. 출애굽기 14장과 마태복음 14장은 놀라운 사건입니다. 예수님께서 앞서 걸으심을 믿고 승리하길 바랍니다.

# 광야의 시험에서 승리하기
(출 16:1-4)

유월절에 애굽에서 나온 후 시내산에 이르기까지 50일 동안 5가지 사건이 있었고, 그때마다 이스라엘은 원망합니다. 10일에 한 번 정도 원망한 것입니다. 이스라엘은 하나님께서 10가지 재앙을 통하여 자기들을 구원하신 것을 보았음에도 원망합니다. 이처럼 사람은 기적과 능력을 맛보아도 환경이 어려우면 원망합니다.

원망이 있었던 사건은 5가지이지만 원인은 3가지입니다. 전쟁과 마실 물과 먹을 양식의 결핍입니다. 성경 내용의 순서대로 보자면 다음과 같습니다.

- 출애굽기 14장: 전쟁.
- 출애굽기 15장: 쓴 물.
- 출애굽기 16장: 먹을 양식.
- 출애굽기 17장: 물, 전쟁.

가운데 '먹을 양식'을 중심으로 '물'과 '전쟁'이 감싸고 있습니다. 성경이 이러한 구조로 기록되었다는 것은 가운데 위치한 것을 강조하는 것입니다.

바로가 총공격하는 전쟁에서 이스라엘 백성들은 "애굽에 매장지가 없어 홍해 앞에서 죽게 하느냐"라고 원망했습니다(출 14:11). 그때 모세는 하나님의 구원을 보라고 했습니다. 구원자이신 예수님을 보면 믿음이 생깁니다. 출애굽기 17장에서는 아말렉의 공격으로 전쟁이 일어났습니다. 모세가 손을 들면 이스라엘이 이겼습니다. 영적 전쟁에 있어서 구원자이신 예수님을 바라보며 보좌를 향하여 손을 들면, 하나님께서 승리를 주십니다(출 17:16).

바로와의 전쟁 후 마라의 쓴 물로 이스라엘이 다시 원망했을 때, 나무를 던져 달게 합니다(출 15:25). 아말렉과의 전쟁 전에도 물이 없어 원망하니 하나님께서 반석을 치라고 명하셨고 그대로 하니 물이 반석에서 나왔습니다(출 17:6). 반석은 예수 그리스도이시고(고전 10:4), 친다는 것은 예수님의 십자가를 말합니다. 예수님의 십자가를 믿을 때 하나님께서 성령을 주십니다(요 7:39). 갈급함은 성령을 통해 해결됩니다.

출애굽기 14-17장에 나오는 5개의 원망 중 가운데 있는 것이 먹을 양식에 대한 원망입니다. 광야의 이스라엘 백성들은 "애굽에서는 고기도 먹고 떡도 먹었는데 굶주려 죽게 되었다"라고 하며 원망합니다(출 16:3). 그때 하나님께서는 하늘에서 양식을 비같이 내리실 것이라고 말씀하셨습니다. 하나님께서 만나를 주시면서 일용할 것을 날마다 거두라고 하십니다. 즉 매일 양식을 주신다는 약속입니다. 만나를 통해 율법을 준행하는지를 시험하셨습니다(출 16:4). 하나님을 믿는지를 시험하는 믿음의 시험입니다.

믿음이란 무엇일까요?

이미 이루어진 것을 받아들임도 믿음이지만 아직 이루어지지 않은 것을 이루어질 줄로 받아들임도 믿음입니다. 지금까지 받은 하나님의 은혜를 고백할 뿐 아니라 앞으로도 하나님께서 은혜로 공급하시고 이끄실 것을 확신함이 참된 믿음입니다.

하나님께서 날마다 먹을 것을 하늘에서 줄 것이니 매일 만나를 거두라고 말씀하셨습니다. 하늘에서 내리는 만나가 우연이라고 생각하면 구름이 끼거나 눈이 오거나 비가 오면 염려가 됩니다. 혹시 만나가 내리지 않으면 어찌할까 염려합니다. 염려가 생기면, 만나를 창고에 쌓아 두려는 유혹을 받습니다.

하나님의 공급을 신뢰하지 않으면 불안합니다. 내 힘으로 살려고 하면 뭔가 저장해야 안도감이 생깁니다. 하나님께서 우리를 광야에서 훈련하실 때 일용할 것만 주십니다. 이것이 믿음의 시험입니다. 굶을 각오, 죽을 각오를 해야 믿음으로 살아갑니다.

하나님을 믿지 못하면 만나를 저장합니다. 그러나 저장한 것을 먹지는 못합니다. 벌레가 생기고 냄새가 나서 결국은 버립니다. 말씀을 따라 안식일 전에 거둔 것은 벌레도 생기지 않고 냄새도 나지 않지만 다른 날에 저장하면 벌레가 생겨 먹을 수 없습니다.

왜 하나님께서 매일 공급하실까요?

사실 조금만 생각하면 매일 공급받음이 축복입니다. 매일 주어진 신선한 것을 먹음이 축복일 뿐만 아니라, 광야는 이동의 삶이기에 짐도 줄어들어 축복입니다. 구름이 떠오르면 이동하는데 짐이 많으면 불편합니다. 간소함이 광야 생활의 축복입니다.

하나님께서 우리에게 가장 좋은 것을 주심을 믿어야 합니다. 때로는 없는 것도 가장 좋은 축복임을 믿어야 합니다. 하나님께서 구하는 자에게 돌이 아니라 빵을 주십니다. 가장 좋은 것을 주십니다. 돌처럼 보여도 가장 좋은 것입니다. 자신의 힘으로 살지 않고 주님의 공급으로 산다는 것을 믿으면 오히려 평안합니다.

결국 광야의 시험은 믿음의 시험입니다. 전쟁 때 보좌 우편에 계신 예수님을 바라보면 승리합니다. 갈증을 느낄 때 십자가와 부활을 통해 우리에게 주시는 성령을 간구하면 해갈됩니다. 불안할 때 가장 좋은 것을 주시는 하나님을 믿으면 복이 됩니다. 기도와 성령과 믿음이 광야 인생에서 양식입니다.

# 21장

## 말씀을 행하고 듣기
(출 24:1-11)

　출애굽기 24장은 시내산에 임하신 하나님께서 이스라엘과 언약을 맺는 장면입니다. 피로 언약을 맺습니다. 언약은 결혼식과 같이 중요합니다. 언약은 하나님의 백성들이 하나님께 복종하고 순종하겠다는 다짐일 뿐만 아니라 하나님께서 그들을 백성 삼아 주시고 은혜와 보호와 복을 주시겠다는 약속입니다.

　하나님께서 피로 언약을 맺기 전에 먼저 출애굽기 20-23장에서 지켜야 할 십계명과 법규를 말씀하셨습니다. 이것은 이스라엘 백성들이 지켜야 할 율법과 규례입니다. 이스라엘은 언약을 맺기 전에 하나님께서 명령하신 율법과 규례를 듣고는 준행하겠다고 약속합니다(출 24:3). 준행하겠다는 말은 행하겠다(아솨흐, עשׂה)는 뜻입니다.

　이스라엘이 계명과 규례를 준행하겠다고 약속을 하니 모세는 짐승을 잡아 피의 절반을 제단에 뿌리고 언약서를 낭독하였습니다. 그러자 이스라엘은 준행하겠다고 다시 고백합니다(출 24:7). 준행하겠다는 말은 행하고 듣겠다(아쏴흐 샤마, עשה נשמע)는 뜻입니다. 보통 듣고 행하겠다고 하는데 성경은 행하고 듣겠다고 합니다. 들어보고 마음에 들지 않으면 행하지 않는 것이 아니라 말씀을 들었으니 계명과 율례대로 행하고 그리고 계속 귀를 기울이고 듣겠다는 고백입니다.

하나님의 말씀을 행하면 많은 복을 받습니다.

**첫째, 말씀을 행하면 영적 승리의 복을 받습니다**(출 23:22).

하나님께서 대적과 친히 싸워 주십니다. 하나님께서 우는 사자와 같은 사탄을 대적하십니다. 하나님께서 대신 싸워 주시면 승리는 보장된 것입니다. 계명과 율례를 행하면 영적 승리의 복을 복습니다.

**둘째, 말씀을 행하면 인도함의 복도 받습니다**(출 23:23).

하나님께서 천사를 보내어 앞길을 인도하여 주십니다. 하나님의 천사가 앞장서 가면서 대적을 물리치고 길을 만들면 평탄한 길을 갈 수 있습니다. 말씀을 행하고 들으면 인도함의 복을 받습니다.

**셋째, 말씀을 행하면 양식과 물의 복도 받습니다**(출 23:25).

즉 배고픔과 갈증이 없다는 것입니다. 영적인 배고픔과 갈증이 있으면 허무함에 시달립니다. 무엇을 해도 만족이 없습니다. 말씀을 행하면 배부름의 복을 받습니다. 만족의 복입니다. 말씀의 은혜를 받으면 힘이 납니다. 만족이 있고, 감사가 넘치며, 노래가 나옵니다. 이것은 말씀을 믿음으로 행할 때 받는 복입니다. 그뿐만 아니라 생수의 은혜를 받습니다. 물의 복입니다. 배에서 생수의 강이 흘러넘칩니다. 성령의 충만함을 받으면 기쁨이 넘칩니다. 즉 생수의 복입니다. 말씀을 행하면 성령의 기름 부으심의 복을 받습니다.

**넷째, 말씀을 행하면 하나님께서 병을 제하십니다**(출 23:25).

영적 건강의 복을 받습니다. 영적으로 병이 들면 작은 사역도 감당하기가 벅찹니다. 병든 닭이 쪼그리고 앉아 있는 것처럼 영적으로 병들면 만사가 귀찮고 짜증이 나며 움직이기가 싫습니다. 말씀을 행하면 영적으로 건강합니다. 활기가 넘치고 뛰어다녀도 기쁩니다. 몸은 피곤한데 마음이 행복합니다. 이것이 영적 건강입니다.

### 다섯째, 말씀을 행하면 전도의 열매가 있습니다(출 23:26).

말씀을 행하면 복음을 전하고 싶습니다. 영적으로 낙태하는 자가 없고 임신하지 못하는 자가 없습니다. 복음을 전하여 영혼을 구원합니다. 복음을 전할 때 열매를 보게 됩니다. 말씀을 행하면 전도의 열매가 있습니다.

### 여섯째, 말씀을 행하면 하나님을 보게 됩니다(출 24:10).

이스라엘의 대표들이 언약을 맺고 하나님을 보았습니다. 말씀 행함을 전제로 언약을 맺으니 비로소 하나님을 봅니다. 말씀의 정신은 아가페 사랑입니다. 아가페 사랑을 행하면 주님이 우리 안에 거하고 우리가 주님 안에 거합니다(요 13:34; 14:21, 23). 아가페 사랑의 말씀을 행하면 주님을 보는 은혜를 받습니다.

### 일곱째, 말씀을 행하면 토라를 가지는 복을 받습니다(출 24:12).

율법인 토라는 하나님의 가르침입니다. 언약을 맺고 십계명 돌판을 받은 것처럼 말씀을 행할 때 말씀이 심령에 들어오고, 말씀을 높이는, 말씀의 사람이 됩니다. 말씀을 듣고 "예, 주님 순종하겠습니다"라고 결단하는 것이 복됩니다. 말씀을 행함, 사랑을 행함이 복입니다.

말씀을 행하여 영적 승리, 영적 인도함, 영적 배부름, 영적 건강, 영적 열매, 하나님을 봄, 그리고 토라를 가지는 복을 받길 바랍니다.

# 예수님을 모시는 성전 만들기
(출 25:1-9)

성막에 관한 말씀을 잘 묵상하면 큰 은혜가 됩니다. 성막을 짓는 재료는 회중들이 기쁜 마음으로 드린 것입니다.

> 이스라엘 자손에게 명령하여 내게 예물을 가져오라 하고 기쁜 마음으로 내는 자가 내게 바치는 모든 것을 너희는 받을지니라(출 25:2).

"내게 바치는 … 것"(테루마티, תרומתי)이란 '나의 예물'이라는 뜻입니다. 이스라엘이 드리는 예물은 그들의 것이 아니라 하나님의 예물이라고 하셨습니다. 금, 은, 보석, 청색, 자색, 홍색 실 등 모든 것이 하나님의 것이라고 하셨습니다. 하나님께서 우리에게 잠시 맡기신 것을 하나님께 드리는 것입니다. 하나님께서는 백성들이 하나님의 성막을 위해 기쁨으로 드리면 그것을 취하여 성막을 위해 사용하라고 하셨습니다.

성막은 회중들이 주님을 위해 짓는 것입니다. 성막을 지으면 하나님께서 성막에 거하시는 것이 아니라 그들 중에 거하십니다(출 25:8). 하나님께서 화려한 집에 거하시는 것이 아니라 성막을 짓는 사람들 중에 거하십니다. 장소보다 중요한 것이 장소를 만드는 사람들입니다.

요한복음 4장에는 수가성 여인이 예수님께 질문을 합니다. 예루살렘과 그리심산 중에 어디서 예배를 드려야 하는지를 질문합니다. 예수님께서 그리심산도 아니고, 예루살렘도 아니라고 하십니다. 장소의 문제가 아닙니다. 아버지께 참되게 예배하는 자는 영과 진리로 예배해야 한다고 하셨습니다. 하나님 아버지는 영과 진리로 예배하는 사람을 찾으십니다(요 4:23). 장소보다 중요한 것이 예배하는 사람입니다.

하나님께서 주신 모든 것을 즐거운 마음으로 하나님께 드려 성막을 만드는 사람들 가운데 하나님께서 거하시고 그들의 예배를 받으십니다.

우리의 몸이 성령의 전입니다(고전 6:19). 자원하여 우리의 몸을 성전으로 만들면 하나님께서 거하십니다. 성전은 하나님께서 설계하신 대로 만들어야 합니다. 성전에는 지성소, 성소, 뜰이 있듯이 우리에게도 영과 혼과 몸이 있습니다.

뜰에는 번제단과 물두멍이 있듯이 육적인 것은 십자가에 못 박아 죽어야 하고, 날마다 우리의 죄를 자백함으로 씻어야 합니다. 그리스도 예수의 사람들은 육체와 함께 정욕과 탐심을 십자가에 못 박습니다(갈 5:24). 또한 육적인 것을 날마다 회개함으로 성소를 만들어야 합니다.

성소에는 떡상, 향단, 금 등잔대가 있듯이 성도는 말씀과 기도로 마음에 생명의 빛이 흐르도록 해야 합니다. 성도는 말씀에 파묻혀 기도를 드리며 빛이 나타나도록 해야 합니다. 착함과 의로움과 진실함이 성도를 빛처럼 나타나도록 만드는 것입니다.

지성소에는 증거궤와 속죄소가 있고 그 위에 그룹 천사가 있습니다.

증거궤를 만들 때 조각목으로 궤를 짜고 순금으로 그것을 쌉니다. 조각목은 아카시아 나무의 일종입니다. 조각목(쉩팀, שטים)이라는 단어는 '쉩타'(שטה)에서 나왔는데 어근이 '쇼트'(שוט)입니다. '쇼트'는 돌아다닌다는 뜻입니다. 여기서 사탄이라는 말이 나왔습니다. 사탄은 두루 돌아다니며 욥과 같은 사람을 참소합니다.

타락한 사람들의 성향 중 하나가 만족이 없어 두루 돌아다니는 것입니다. 매일 여행하고 돌아다녀도 만족이 없습니다. 조각목을 가지고 대패질을 하여 궤를 만들고 정금으로 입히면, 언약의 돌비를 넣는 증거(에드, עד)궤가 됩니다. 만족하지 못하고 돌아다니는 자신을 대패질하여 정금과 같은 믿음으로 싸서 증거궤에 있는 말씀을 따라 언약대로 살면, 영이 잘됩니다. 예수님을 믿고 하나님 사랑, 이웃 사랑의 말씀대로 살면 속죄소(카파르, כפר) 위에 피가 뿌려지듯이 예수님의 보혈로 죄가 덮여집니다. 예수님의 보혈로 죄가 덮이면 그룹 천사들이 머물게 됩니다.

속죄소가 있는 지성소에는 대제사장만 들어갑니다. 천사들이 지키고 있는 에덴으로 가는 길도 대제사장이신 예수님 안에서만 갈 수 있습니다. 복음을 듣고 예수님을 믿어 언약 백성이 될 때 예수님 안에서 지성소에 들어갑니다(히 10:19). 선악을 알게 하는 나무로 살지 말고 언약의 말씀으로 살면, 에덴 회복의 복을 받습니다. 바로 거기서(샴, שם) 하나님을 만나고 하나님의 명령을 받습니다(출 25:22). 여호와 삼마, 즉 여호와가 계시는 곳이 에덴입니다. 육신적 자아가 십자가에 못 박힘으로 육으로 살지 않고 영으로 살고, 마음에는 말씀과 기도로 빚된 삶을 만들며, 영으로는 언약의 삶인 아가페 사랑을 행하는 것이 영과 진리로 예배를 드리는 것입니다. 그때 주님을 만나게 됩니다.

성령이 거하시는 우리 몸을 성전으로 만들면 주님이 거하십니다. 빛으로 오십니다. 빛이 오면 어둠이 떠나듯 예수님을 모시면 죄에서 벗어납니다. 죄의 열매인 혼돈, 고통, 불행, 질병도 떠납니다. 빛이신 주님이 거하시는 성전을 만들면 복됩니다. 자원하여 날마다 육이 십자가에 못 박히고, 말씀과 기도로 살며, 빛으로서 살며, 언약의 삶인 아가페 사랑으로 사는 것이 성전을 만드는 것입니다.

# 순수한 기름 만들기
(출 27:20-21)

성막을 만드는 것이 끝이 아니라 성막을 완성한 후 해야 할 일이 있습니다. 번제단에서 번제를 드리고, 물두멍에서 손을 씻으며, 매일 아침저녁 성소에 들어가 향을 피우며, 밤에는 등잔대에 순결한 기름으로 불을 켭니다. 안식일마다 떡을 새롭게 차려 놓고, 1년에 한 번은 지성소의 속죄소에 피를 뿌립니다. 매일 아침저녁으로 해야 할 일이 향을 사르고 등잔대를 소지하고 불을 켜는 것입니다.

그때 사용하는 기름이 감람(올리브)으로 짠 순수한 기름입니다. 순수한 기름으로만 성소의 불을 켜 어둠을 밝힐 수 있습니다.

주님께서 우리를 소금과 빛이라고 하셨는데, 우리가 빛이 되려면 순수한 기름이 있어야 합니다.

순수한 기름이 무엇일까요?

성경에는 나오는 이름 중 순수(자크, זַךְ)하다는 뜻을 가진 사람이 있습니다. 그 사람은 바로 삭개오(자카이, זַכַּי)입니다. 삭개오가 태어났을 때 그의 부모는 그가 순결하고 순수한 아들이 되라고 이름을 그렇게 지었을 것입니다.

그런데 삭개오는 순결한 삶을 살지 못했습니다. 사람들이 그를 죄인이라고 손가락질했습니다(눅 19:7). 삭개오는 키가 작았지만 세리장이었고 부자였습니다(눅 19:2). 세상의 기준으로 보면 나름대로 성공한 것입니다. 그런데 사람들은 그를 죄인이라고 여깁니다. 삭개오는 큰 죄를 지은 것은 아니지만 일반적으로 죄인 취급을 받습니다. 왜냐하면 그는 자기만 위해 살았기 때문입니다. 아마도 그는 부자가 되기 위해 세리장으로서 옳지 않은 일을 했을 것입니다. 세금을 더 거두어 자기는 부자가 되었지만 사람들의 인정을 받지 못합니다.

삭개오가 예수님의 얼굴을 보기 위해 돌무화과나무 위로 올라갑니다. 그 나무는 별로 맛없는 무화과가 열리기에 돌무화과나무입니다. 아담이 타락한 후 무화과 잎으로 자신의 수치스러운 부분을 가렸습니다. 무화과는 영생을 사모하는 사람들이 즐겨 찾는 나무입니다. 나다나엘도 무화과나무 밑에 있을 때 예수님께서 보시고 나중에 부르십니다(요 1:48). 삭개오는 예수님을 보기 위해 예수님 가까이로 갈 용기가 없었는지 돌무화과나무에 올라갑니다.

삭개오는 세리장이요 부자였지만 죄인 취급을 받으며 살고 있습니다. 마음의 위로도 필요하고 오늘날로 말하면 마음의 치료도 필요합니다. 그런데 예수님께서 그 즉시 그의 마음을 치료해 주시지 않았습니다. 단순히 병을 고치고 다급한 문제를 해결한다고 마음의 치료가 되는 것은 아닙니다. 병을 고치고 문제를 해결해도 어둠 속에 있으면 다시 병들고 문제에 빠집니다. 마치 방을 청소해도 곧 다시 더러워지는 것처럼 스스로 마음을 바꾸지 않으면 머지않아 다시 더러워집니다.

예수님께서 사람들이 교회에 온다고 당장 급한 문제나 병이나 귀신의 문제를 해결하시지 않으십니다. 왜냐하면 사람이 계속 어둠 속에 살아간다면 아무리 해결해주어도 다시 병들고 귀신에 사로잡히기 때문입니다. 예수님께서 먼저 빛으로 오셔서 어둠에서 벗어나게 합니다.

그래서 예수님은 삭개오에게 "속히 내려오라 내가 오늘 네 집에 유하여야 하겠다"(눅 19:5)고 하십니다. 삭개오의 사모하는 마음을 예수님께서 보시고 빛으로서 삭개오의 집에 들어가셨습니다. 빛이 들어가니 어둠이 떠납니다. 어둠이 떠나니 변화됩니다. 전에 삭개오는 자기중심으로 살았습니다. 그는 부자가 되고 세리장이 되기 위해 수단과 방법을 가리지 않았습니다. 그래서 그는 부자가 되었지만 죄인 취급을 받으며 살았습니다.

빛이신 예수님께서 삭개오의 집에 들어가니 삭개오가 변화되었습니다. 삭개오가 자기중심으로 살지 않고 이웃을 위해 살게 되었습니다. 소유의 절반을 가난한 자에게 주고, 속여 빼앗은 것은 4배로 갚아 주겠다고 고백합니다(눅 19:8). 그것이 순수함입니다. 자기를 기쁘게 하지 않고 다른 사람의 기쁨을 위해 사는 것이 순결한 빛입니다.

어렵게 번 돈을 반이나 가난한 자를 위해 내어 주는 것은 정신 나간 짓이 아니라 정신이 바로 든 것입니다. 이것은 순수한 기름과 같아서 빛을 비추게 됩니다. 주변을 밝히는 빛은 자신을 위해 살지 않고 순수한 동기로 이웃을 위해 삽니다. 자기 행복이 아닌 이웃의 행복을 위해 삽니다.

예수님께서 구원이 이 집에 이르렀다고 하시면서 삭개오가 아브라함의 자손이라고 하셨습니다. 그리고 예수님께서는 자신이 온 것은 잃어버린 자를 찾아 구원하려 함이라(눅 19:9, 10)고 하셨습니다.

예수님께서 순결함이 무엇인지 말씀합니다. 삭개오는 이전까지 자기를 위해 이웃의 것을 합법적으로 빼앗아 부자가 되고 세리장이 되고 성공하려고 했지만, 빛이신 예수님을 만난 후에는 재산의 반을 나누고, 자기 때문에 마음 아파하는 사람에게 4배나 갚아주는 삶으로 변화되었습니다. 이것이 바로 순수함입니다. 순수함이란 남의 행복을 위해 사는 것이 목적이 되는 삶입니다. 그것이 구원받은 증거요, 아브라함의 자손이 된 증거입니다. 주님이 그런 일을 하십니다. 내가 빻아져서 하나님께서 기뻐하시는 순수한 기름이 되면 행복합니다.

## 주님만을 원합니다
(출 33:1-11)

　출애굽기 32장에는 금송아지 사건이 있습니다. 금송아지 사건 후 하나님께서 모세의 중보 기도를 들으시고 이스라엘에게 약속의 땅으로 올라가라고 하십니다. 하나님께서 천사를 보내 그들이 그 땅에 이르게 하실 것이라고 약속하십니다. 그러나 하나님께서는 이스라엘과 함께하지 않겠다고 하십니다.

　약속의 땅을 주심은 큰 축복입니다. 몇 천 평의 땅만 주어도 횡재라고 하는데, 하나님께서 이스라엘에게 어마어마한 땅을 주신다고 하십니다. 하나님께서 아브라함과 하신 언약이니 지키신다고 하십니다. 천사까지 보내신다고 하십니다. 그러나 하나님께서 땅만 주시고 함께하시지는 않겠다고 하십니다.

　그렇다면 땅만 받는 것이 축복일까요?
　우리가 예수님을 믿는 동기가 무엇인가요?
　우리가 사역하고 봉사하는 동기가 무엇인가요?

축복인가요?

땅, 집, 돈, 명예, 권력을 얻기 위함인가요?

아니면 예수님과 함께 살기 위함인가요?

믿음과 사역과 봉사와 기도의 동기가 축복만이라면 과연 성경적 신앙일까요?

우상 종교와 무엇이 다른가요?

우상 종교도 축복을 준다고 합니다. 축복만 바라는 것은 금송아지 신앙입니다. 예수님을 수단으로 축복을 원한다면 잘못된 신앙입니다. 나의 공허함과 욕망을 채우기 위해 신앙생활을 한다면, 하나님께서 '그것 줄 터이니 나를 떠나'고 하십니다. 하나님께서 천사를 보내어 원하는 땅도 주고 성취하고자 하는 것도 주겠지만 하나님 자신이 함께하지는 않겠다고 하십니다. 하나님께서 우리에게 물으십니다.

"너희들이 원하는 것이 나냐?

축복이냐?"

즉 선택하라는 것입니다.

무엇을 선택할 것인가요?

진짜 주님 사랑은 이 단계에 와야 알 수 있습니다.

"우리는 축복이 아니라 주님을 원합니다. 주님의 신부가 되기 원합니다. 하나님께서 함께하지 않으면 땅도 축복은 필요 없습니다. 우리는 주님을 원합니다. 주님이 함께하시지 않으면 절대 가지 않겠습니다."

위의 같은 마음의 고백을 할 때, 하나님께서 장신구를 떼어내라고 하셨습니다.

장신구는 여인들과 신부들이 자기 단장하는 것입니다. 장신구를 가지고 있는 것은 하나님을 섬긴다고 하면서 하나님의 선물, 보석에 관심이 있는 것입니다. 하나님을 제대로 섬기려면 보석과 같은 세상의 욕심을 버려야 합니다. 나를 빛나게 하는 모든 것, 즉 재물과 명예를 다 버려야 합니다.

이스라엘이 장신구를 버릴 때 모세는 장막을 취하여 진 밖에 치고 회막이라고 불렀습니다. 회막이란 지정된 장막이라는 뜻입니다. 절기처럼 하나님을 만나기 위해 지정한 장소입니다.

여호와를 앙모하는 자는 자기가 거주하는 처소를 떠나 지정한 장소인 회막으로 왔습니다(출 33:7). 앙모하다(바카쉬, בקשׁ)는 말은 간청하고 간절히 요청하며 강렬하게 원한다는 뜻입니다. 이전에 아론을 찾아온 자들이 강렬하게 원한 것은 자기의 욕망, 자기 비전, 자기 야망을 채울 신이었습니다. 그들은 금송아지를 원했습니다.

그러나 약속의 땅과 선물과 축복을 원하는 것이 아니라 여호와를 간절히 찾는 자는 지정된 장소인 회막으로 왔습니다. 회막에는 금은보화도 없고, 만나도 없습니다. 아무것도 없는 회막은 여호와만 원하는 자들이 오는 곳입니다. 즉 회막은 내가 원하는 것의 전부(콜, כל)는 여호와뿐이라고 고백하는 자들이 오는 곳입니다. 다시는 내 욕구(금송아지)를 채우기 위해 금식하거나 철야하는 것이 아니라 주님만을 원한다고 고백하는 자들이 오는 곳입니다. 예수님만 사랑하고 예수님만 섬기겠다고 고백하며 예수님을 갈망하는 자들이 찾는 곳입니다.

여호와만 간절히 찾는 사람들이 각기 장막에서 엎드려 예배했습니다(출 33:10). 진정한 예배는 여호와를 앙모하는 데서 나옵니다. 여호와를 사랑하고 간절히 찾고 강렬하게 원할 때, 엎드려 예배합니다.

여호와를 갈망하지 않으면 우상을 예배합니다. 금송아지 같은 성공과 축복을 예배합니다. 여호와를 갈망할 때 한 사람(잇쉬, אשׁ), 즉 예수 그리스도를 예배합니다.

우리가 천국을 원하는 것은 천국이 좋기 때문이 아니라 천국에 예수님께서 계시기 때문입니다.

집이 아무리 좋아도 그 집에 사는 것 자체가 중요한 것이 아니라 사랑하는 가족과 함께 사는 것이 중요합니다. 그래서 우리는 집이 아름답기 때문에 집에 가는 것이 아니라 사랑하는 가족이 있기 때문에 집으로 갑니다.

천국은 예수님을 사랑하는 사람들이 갑니다. 그래서 천국 가기 전에 먼저 혼인 잔치가 있는 것입니다. 예수님께서 신랑이고 우리가 신부입니다.

우리는 무엇을 원하고 있습니까?

선물입니까?

선물을 주시는 예수님입니까?

출애굽기 33장은 우리에게 예수님을 앙모하는지를 묻습니다.

진정으로 주님만을 원합니까?

기도의 제목이 주님과 함께 함입니까?

내 필요를 구하는 것이 전부입니까?

말씀 적용도 나에게 맞추지 않습니까?

진정으로 주님을 사랑합니까?

예수님만을 원한다면, 예수님께서 가시는 길이라면, 우리도 기꺼이 노래하며 함께 갑니다. 그 길이 좁은 길이고 십자기의 길이라도 감사하며 갑니다. 협착하고 좁아도 주님과 함께 함을 기뻐하며 갑니다.

예수님께서 우리에게 말씀하시기를, 예수님을 통해 무엇을 얻고자 한다면 그것을 가지고 떠나라고 하십니다. 그러나 예수님께서 함께하지 않겠다고 하십니다. 우리는 정신을 차려야 합니다. 예수님 없는 축복과 성공을 버리고 지정된 장소에 계시는 예수님과 함께 좁은 길을 가기로 결단해야 합니다. 이것이 참 믿음입니다.

예수님을 따르기 위해 자기를 부인하고 자기 십자가를 지면, 예수님께서 함께하시고, 영광도 보여 주시며, 언약의 말씀도 주시며, 성막도 주십니다.

# 영광이 임하다
(출 40:17-38)

신부의 성전인 성막은 최고의 지혜요, 계시입니다. 성막을 세울 때 3개의 벽면은 48개의 널빤지와 4개의 기둥으로 연결되었고(출 36:20-38) 오른쪽에 있는 출입구에는 휘장을 쳤습니다.

벽이 연결되어 있듯이 모든 지체들은 서로 연결되어 성전을 만들어야 하고, 서로 사랑으로 연합되어야 합니다. 분리 자체는 악이고 어둠이며 고통입니다.

성막의 재료는 기쁜 마음으로 자원하여 예물(출 25:2)로 드린 것입니다. 하나님께서 아담의 갈비뼈를 취하여 여자를 만들었듯이(창 2:22), 하나님의 백성들이 기쁨으로 하나님께 예물을 드릴 때 하나님께서 그것을 취하여 신부를 위한 거처인 성막을 만드셨습니다.

이렇게 만들어진 성막(미크다쉬, מקדש)은 거룩한 곳(카도쉬, קדש)입니다. 성막을 건축한다는(바나, בנה) 말은 아들(벤, בן)이라는 단어에서 나왔습니다. 인자(벤 아담, בן אדם), 즉 사람의 아들이신 예수님께서 성전을 건축하는 분이라 할 수 있습니다. 주의 전을 사모하는 열심이 예수님을 삼켰습니다(요 2:17).

아담이 타락한 후 하나님께서 아브라함을 택하여 씨와 땅에 대한 약속을 주셨고 모세의 시대에 이스라엘을 구원하여 언약 백성 삼으시고 성막을 만들게 하셨습니다(출 25:8). 성막은 사람의 지혜대로 만든 것이 아니라 하나님께서 지시한 명령대로 만들었습니다. 성막(출 40:1), 지성소의 증거궤(출 40:21), 상(출 40:23), 등잔대(출 40:25), 향단(출 40:27), 번제단(출 40:29), 물두멍(출 40:32)은 명령대로 만들어졌습니다. 7번이나 명령대로 되었다고 기록합니다. 모든 것이 명령대로 되었습니다.

이같이 역사를 마쳤다(출 40:33)는 말은 모든 일을 다 이루었다는 것입니다. 하나님께서 천지 창조를 다 이루신 것처럼(창 2:1-4) 성막을 완성했습니다. 예수님께서 십자가에서 구원 사역을 다 이루신 것처럼(요 29:28-30) 성막을 완성했을 때, 여호와의 영광이 그 성막에 충만하여 모세도 그곳에 들어 갈 수 없었습니다. 명령대로 성막이 완성 될 때, 하나님의 영광이 나타납니다.

영광(카보드, כבוד)이란 무거움을 말합니다. 영광을 보았다는 것은 무거운 것을 보았다는 의미입니다. 성도들이 영광을 보지 못하면 경망스럽고 천박하고 가벼워집니다. 영광을 보지 못해 가벼워지면 하는 일이 경거망동하여 아무것도 할 수 없습니다. 영광을 알지 못하면 값싼 복음에 마음이 쉽게 움직입니다. 왜냐하면 모든 죄의 유혹은 영광을 모르고 가볍기 때문입니다.

성막이 완성될 때 하나님께서 영광으로 임하셨습니다. 우주에서 가장 복된 일은 하나님의 영광을 보는 것입니다. 우주를 창조하신 그리스도의 신부가 되어 그리스도와 연합할 때 영광을 보게 됩니다. 날마다 영광으로 오신 주님의 인도함을 받기를 바랍니다.

# 오메르
(레 23:9-22)

　예수 그리스도의 부활에서 성령 강림까지의 기간인 50일을 '오메르'(עמר) 기간이라고 합니다. 오메르는 구약 성경에 14번 나오는 단어인데 8번은 곡식 단을 말할 때 사용되었고, 6번은 만나를 측량하는 단위로 오멜을 언급할 때, 사용되었습니다. 아마 곡식 한 단이 들어가는 용기가 오멜이었던 것 같습니다.

　유월절이 첫째 달 14일이고, 무교절 시작이 15일이며, 곡식 한 단을 드리는 초실절이 무교절 기간에 있는 안식일 다음날입니다(레 23:10). 첫 이삭 한 단을 제사장에게 가져오면 제사장은 그 단을 여호와께서 기쁘게 받으시도록 흔들어 드렸습니다. 곡식을 흔들어 드리는 날에 번제도 드리고 소제도 아울러 드리는 이유는 그 날이 축제의 날이기(레 23:12) 때문입니다. 예수님께서 첫 이삭 한 단을 드리는 날에 부활하셨습니다. 그날에 지진으로 땅이 흔들렸는지도 모릅니다.

　예수님께서 부활하신 날부터 50일을 세어서 그 날에 떡 2개로 새 소제를 드리는데(레 23:16, 17) 이것은 새로운 시작을 의미합니다. 떡 2개는 이스라엘과 이방인 교회를 의미하는 것으로 볼 수 있고, 이 둘이 하나가 되기를 시작한 것을 보여 주는 상징일 수 있습니다(엡 2:14-18).

'오메르'의 첫 글자는 '아인'(ע)인데 눈(目)을 의미하는 상형 문자입니다. '마르'(מר)는 '죽다,' '쓰다'는 뜻입니다. '마라'도 '마르'와 의미가 같습니다. '오메르'는 눈의 죽음, 즉 관점의 죽음이라는 의미를 내포하고 있습니다.

첫 이삭을 드리는 날, 즉 예수님께서 부활의 첫 열매로 부활하신 이후 50일을 기다리면서 해야 할 일 중의 하나가 관점의 죽음입니다. 내 생각, 내 뜻, 내 관점이 죽고 하나님의 생각과 뜻에 복종하는 훈련을 하는 기간입니다. 내 관점에서 성경의 관점으로 옮기는 훈련을 하는 것이 복입니다. 관점의 변화는 머리를 바꾸는 것과 같습니다. 예수님을 머리로 받아들여 예수님의 말씀을 따르는 훈련을 해야 합니다.

관점이 바뀌면 기도가 바뀝니다. 하나님께서 내 뜻과 내 소원을 성취해 달라는 것이 아니라 하나님의 뜻에 내가 굴복하게 해 달라고 기도하게 됩니다. 사실은 기도한다고 내 뜻대로 모든 것이 이루어지지 않습니다. 기도는 마법이 아닙니다. 하나님께서 마법을 일으키지 않습니다. 참된 기도는 하나님의 뜻을 구하는 것입니다.

'오메르' 기간에 말씀 묵상과 암송을 통해 하나님의 뜻에 굴복하면 복이 됩니다. 내 관점이 죽는 것이 복입니다. 관점의 죽음을 통과하면 복을 받습니다. 내 죽음에 이르면 복을 받습니다.

관점이 바뀌어 복을 받은 사람이 룻입니다.

룻이 왜 고향인 모압을 떠나서 아무런 희망도 없는 베들레헴으로 왔을까요?

룻은 남편도 죽었고 자녀들도 없는데 왜 시어머니 나오미를 따라 왔을까요?

룻의 관점이 바뀌었기 때문입니다. 룻은 백성과 신(神)과 땅을 보는 관점이 바뀌었습니다(룻 1:16-17). 백성과 신과 땅을 바라보는 관점이 바뀌었다는 것은 자신의 모든 것이 죽었다는 반증입니다. 즉 자기 죽음입니다.

자기 죽음으로 관점이 바뀔 때 베들레헴으로 왔습니다. 그때가 보리 추수 때입니다(룻 1:22). 유월절 이후부터 오순절까지 보리를 추수합니다. '오메르' 기간에 룻이 베들레헴으로 온 것입니다. 룻은 단 사이에서 이삭을 주었습니다(룻 1:7). 단이 '오메르'입니다. '오메르' 기간에 '오메르,' 즉 단 사이에서 이삭 줍기를 청했습니다. 룻은 이삭을 줍다가 보아스에게 은혜를 받습니다(룻 2:10).

보아스는 룻에게 왜 은혜를 베풀었을까요?

룻이 자기 관점을 죽였기 때문입니다. 은혜를 받은 룻은 보아스에게 더 큰 은혜를 구합니다(룻 2:13). 보아스는 룻이 곡식 단 사이에서 이삭을 줍게 하고 일부러 곡식 다발을 조금씩 흘립니다(룻 2:15, 16). 나중에 룻은 보아스의 아내가 되어 오벳을 낳고 다윗의 증조할머니가 됩니다.

'오메르' 기간을 보내면서 자기 관점의 죽음을 경험하면 큰 선물을 받습니다. '오메르' 기간은 자기 관점이 죽는 기간입니다. 내 생각, 내 뜻이 죽는 기간입니다. 내 시선으로 보지 말고 예수님의 관점으로 보는 훈련을 하면 성령을 선물로 받습니다. 보아스를 만난 룻처럼 성령을 선물로 받는 복을 받길 바랍니다.

# 27장

## 제사장의 옷
(레 16:1-5)

    출애굽기 28장에는 대제사장이 입는 옷이 8가지로 나옵니다. 그중에 금이 들어간 것이 4가지입니다. 에봇은 가슴에 붙이는 옷인데 금실과 청색, 자색, 홍색 실과 가늘게 꼰 베실로 만듭니다. 호마노라는 2개의 보석에 이스라엘 12지파의 이름을 기록하여 에봇의 어깨받이에 붙입니다.

    판결 흉패도 금실과 청색, 자색, 홍색 실과 가늘게 꼰 베실로 만드는데 가로 세로 한 뼘씩 두 겹으로 만듭니다. 판결 흉패 위에 이스라엘의 이름을 기록한 보석 12개를 네 줄로 붙입니다. 우림과 둠밈이라는 판결 흉패를 넣어서 에봇 위 가슴에 붙입니다.

    통으로 된 겉옷은 청색으로 만드는데, 밑에는 돌아가며 금 방울과 석류를 붙였습니다.

    순금 패에 "여호와께 성결"이라고 써서 머리에 쓰는 관 위에 붙입니다.

    금이 들어가지 않고 베로 만든 4가지 옷이 있습니다. 즉 하체를 가리는 속옷, 속바지, 머리에 쓰는 관, 허리를 메는 띠입니다.

8가지 옷 중에 7월 10일 속죄일에 대제사장이 입는 옷은 금이 들어가지 않는 베실로 된 4가지 옷입니다. 세마포 속옷, 세마포 바지, 세마포 띠, 세마포 관입니다. 금송아지 사건 후에 몸에 있는 장신구를 떼라고 한 것처럼 회개하여 속죄할 때는 대제사장이라도 금이 들어간 옷을 입을 수 없었습니다.

인간의 대표적 죄가 금송아지 죄입니다. 사람들은 금송아지를 만들고 우리를 인도할 신이라고 했습니다. 금송아지 신은 벧엘과 단에 세워져 이스라엘이 포로로 잡혀갈 때까지 있었습니다. 지금도 미국의 경제 도시라고 하는 뉴욕에는 금송아지 상을 세워 놓고 물질의 복을 구합니다. 내 육신의 욕구를 채우고자 섬기는 금송아지 신은 사람들의 마음과 온 땅에 가득합니다. 사람들은 자신을 인도하여 복을 준다고 하면 그것이 무엇이든 따라갑니다.

속죄일에 속죄해야 할 죄는 육신의 욕구를 채워 달라는 금송아지 죄입니다. 속죄일에는 흰 세마포만 입고 하나님 앞에 나아가서 속죄합니다. 그리고 아사셀 양을 안수하여 보낸 후 세마포 옷을 벗고 몸을 씻고 8가지로 된 제사장의 복장을 갖춰 입고 하나님께 올라가는 번제를 드립니다 (레 16:23, 24).

예수님께서 십자가에 달려 돌아가실 때도 아무 옷도 입지 않으셨습니다. 군인들이 예수님의 옷을 벗겨 겉옷은 4명이 한 깃씩 나누고 속옷은 제비 뽑아 가졌습니다(요 19:23, 24). 나중에 예수님께서 돌아가신 후 아리마대 사람 요셉이 시체를 달라하여 깨끗한 세마포로 싸서 자기를 위해 준비한 새 무덤에 두었습니다(마 27:58, 59). 예수님께서 부활하셨다는 소식을 듣고 베드로와 요한이 달려가 보니 무덤에는 예수님의 시신을 쌌던 세마포와 머리를 쌌던 수건만 있었습니다(요 20:1-7). 예수님께서 십자가와 부활로 속죄 사역을 끝내셨기에 세마포를 벗고 영광의 옷을 입으신 것입니다. 레위기 16장을 성취하신 것입니다.

 속죄일의 은혜를 구하는 성도들은 영광의 옷을 입지 않고, 세마포로 된 옷만 입습니다. 속죄의 은혜를 구하는 성도는 자기 영광을 추구하는 육신의 옷을 입지 않습니다(롬 13:11-14). 즉 성도는 어둠의 일인 방탕, 술 취함, 음란, 호색, 다툼, 시기의 옷을 입지 않고, 정욕을 위해 일을 하지 않으며, 자신을 위해 금송아지를 만드는 일을 하지 않으며, 육신의 정욕을 위해 살지 않습니다. 봉사, 선교, 기도, 헌신이라는 명목으로 육신의 정욕을 추구한다면 그 일들은 금송아지 우상과 같습니다. 그런 것을 다 버리고 빛의 갑옷인 예수 그리스도로 옷을 입읍시다.

 자기를 부인하고 자기 십자가를 지고 예수님을 따르는 삶이 거룩한 세마포입니다. 예수님을 전부로 생각하고 주님을 따름이 세마포 옷입니다. 그리스도의 신부는 깨끗한 세마포만 입는데 그 옷은 성도의 옳은 행실이고, 말씀을 따라 하나님 사랑, 이웃 사랑으로 사는 삶이 의의 옷입니다.

 깨끗한 세마포, 의의 옷이 혼인 잔치 때 입을 신부의 옷입니다. 세마포 옷처럼 사랑의 삶을 살았던 성도들에게 하나님께서 영광의 옷, 즉 하늘의 영광을 주십니다. 육신의 정욕을 위해 살지 말고 자기를 부인하고 자기 십자가를 지며 예수님을 따름이 예수님으로 옷 입는 것입니다. 그것이 바로 마귀를 능히 대적하고 모든 일을 행한 후에 서게 하는 전신갑주입니다.

# 부록

1. IM 선교회 소개
2. 트리플 스쿨 MAP
3. 안식일 회당에서 토라 읽기 순서

# IM 선교회 소개

IM 선교회는 마태복음 24:14의 말씀을 따라 천국 복음이 온 세상에 증거되는 선교 완성을 향해 마지막 시대에 주님의 마지막 때를 예비하기 위하여 각 사람을 선교사로 세워 선교의 사명을 완수하게 하는 것을 목적으로 합니다.

이에 전 연령의 그리스도인들이 자기가 선 땅을 선교지로 삼아 전인격, 전 인생, 전 방향의 삶을 살 수 있도록 교육 및 선교 사역을 꾸준히 하고 있습니다. 복음은 차별이 없는 줄로 믿기에 한국 땅을 넘어 필리핀, 말레이시아, 미얀마, 인도 등 열방 각지에 복음을 전파하고 제자를 삼아 하나님 나라의 일꾼된 소명을 가진 자로 양성하여 파송합니다.

효과적인 사역을 위하여 학교를 세워 다음 세대를 선교사로 훈련하고 있으며 사역자 재훈련학교, 부모학교, 가정학교 등을 통해 전 세대에게 복음에 입각한 제자의 삶을 살도록 권면하고 있습니다.

IM 선교회는 "트리플 스쿨 – 복음, 제자, 소명"을 중심 정신으로 사역합니다. 트리플 스쿨은 예수님을 믿는 사람들로 하여금 하나님을 아는 지식을 갖추게 하여 전인격적으로 하나님을 섬기고 전 인생을 선교사로 살게 하기 위해 가르칩니다. 그 가르침은 1단계 그리스도인(복음 스쿨), 2단계 전인격 그리스도인(제자 스쿨), 3단계 전 인생 그리스도인(소명 스쿨)을 거쳐 그리스도의 장성한 분량에 이르는 것을 목표로 합니다.

복음 스쿨에서 그리스도인의 3가지 관점(구속사, 하나님의 나라, 언약)을 배우고, 제자 스쿨에서 그리스도인의 가치관(경건한 생각, 경건한 행동, 경건한 삶)을 세우며, 소명 스쿨에서 그리스도인의 영향력(비전과 사명, 전도와 선교,

교회와 종말)을 갖춥니다.

　결국 모든 그리스도인이 바른 관점과 세계관을 가지고 제자의 삶을 살아 세상에 빛과 소금의 역할을 감당하는 소명자로 사는 것, 이 진리를 수호하고 진리를 다음 세대에게 전수하는 것을 IM 선교회 사역의 최고 목표로 둡니다.

# 트리플 스쿨 MAP

# 안식일 회당에서 토라 읽기 순서

**1주** בראשית
베레쉬트, "태초에"
창 1:1–6:8(토라, Torah), 사 42:5–43:11(하프타라, Haftarah, "예언서")

**2주** נח
노악흐, "노아"
창 6:9–11:32(토라), 사 54:1–55:5(하프타라)

**3주** לך-לך
레크 레카, "너는 너에게 걸어가라"
창 12:1–17:27(토라), 사 40:27–41:16(하프타라)

**4주** וירא
바예라, "그가 나타나시다"
창 18:1–22:24(토라), 왕하 4:1–37(하프타라),

**5주** חיי שרה
학예이 사라, "사라의 삶"
창 23:1–25:18(토라), 왕상 1:1–31(하프타라)

**6주** תולדת
톨레돗, "족보"
창 25:19–28:9(토라), 말 1:1–2:7(하프타라)

**7주** ויצא
바예쩨, "야곱이 떠나다"
창 28:10–32:2(토라), 호 12:12–14:9(하프타라)

**8주** וישלח
바이슐라흐, "그가 보내다"
창 32:3–36:43(토라), 옵 1:1–21(하프타라)

**9주** וישב
바예쉐브, "야곱이 거주하다"
창 37:1–40:23(토라), 암 2:6–3:8(하프타라)

**10주** מקץ
미케쯔, "후에"
창 41:1–44:17(토라), 왕상 3:15–4:1(하프타라)

**11주** ויגש
바이가쉬, "그가 가까이 가다"
창 44:18–47:27(토라), 겔 37:15–28(하프타라)

**12주** ויחי
바예히, "그가 생명으로 살았다"
창 47:28–50:26(토라), 왕상 2:1–12(하프타라)

**13주** שמות
쉐모트, "이름"
출 1:1–6:1(토라), 사 27:6–28:13; 29:22–23(하프타라)

**14주** וארא
바예라, "그가 나타났었다"
출 6:2–9:35(토라), 겔 28:25–29:21(하프타라)

**15주** בא
보, "들어가라"
출 10:1–13:16(토라), 렘 46:13–28(하프타라)

**16주** בשלח
베샬락흐, "보냄 안에"
출 13:17–17:16(토라), 삿 4:4–5:31(하프타라)

**17주** יתרו
이트로, "이드로"
출 18:1–20:26(토라), 사 6:1–7:6; 9:6–7(하프타라)

**18주** משפטים
미쉬파팀, "판결 규례"
출 21:1–24:18(토라), 렘 33:25–26; 34:8–22(하프타라)

**19주** תרומה
테루마, "예물"
출 25:1–27:19(토라), 왕상 5:12–6:13(하프타라)

**20주** תצוה
테짜베, "너는 명령하라"
출 27:20–30:10(토라), 겔 43:10–27(하프타라)

**21주** כי תשא
키 티싸, "들어 올릴 때"
출 30:11–34:35(토라), 왕상 18:1–39(하프타라)

**22주** ויקהל
바야크헬, "그리고 그가 모으다"
출 35:1–38:20(토라), 왕상 7:40–50(하프타라)

**22-1주** פקודי
페쿠데이, "물품 목록"
출 38:21–40:38(토라), 왕상 7:51–8:21(하프타라)

**23주** ויקרא
바이크라, "그리고 그가 부르시다"
레 1:1–6:7(토라), 사 43:21–44:23(하프타라)

**24주** צו
짜브, "명하다"
레 6:8–8:36(토라), 렘 7:21–8:3; 9:23–24(하프타라)

**25주** פסח
페싸흐, "유월절"
출 33:12–34:26, 민 28:19–25(토라)

**26주** שמיני
쉐미니, "8일"
레 9:1–11:47(토라), 삼하 6:1–7:17(하프타라)

**27주** תזריע
타즈리아, "임신하다"
레 12:1–13:59(토라), 왕하 4:42–5:19(하프타라)

## 안식일 회당에서 토라 읽기 순서

**27–1주** מצרע
메쪼라, "나병환자"
레 14:1–15:33(토라), 왕하 7:1–20(하프타라)

**28주** אחרי מות
아하레이 모트, "죽은 후에"
레 16:1–18:30(토라), 겔 22:1–19(하프타라)

**28–1주** קדשים
케도쉼, "거룩하라"
레 19:1–20:27(토라), 암 9:7–15(하프타라)

**29주** אמר
에모르, "말하다"
레 21:1–24:23(토라), 겔 44:15–31(하프타라)

**30주** בהר
베하르, "산에서"
레 25:1–26:2(토라), 렘 32:6–27(하프타라)

**30–1주** בחקתי
베후코타이, "규례 안에"
레 26:3–27:34(토라), 렘 16:19–17:14(하프타라)

**31주** במדבר
바미드바르, "광야 안에서"
민 1:1–4:20(토라), 호 1:10–2:20(하프타라)

**32주** נשא
나쏘, "계수하다, 들어올리다"
민 4:21–7:89(토라), 삿 13:2–25(하프타라)

**33주** בהעלתך
베하알로테카, "켤 때에"
민 8:1–12:16(토라), 슥 2:10–4:7(하프타라)

**34주** שלח־לך
쉘라크레카, "너에게 보내다"
민 13:1–15:41(토라), 수 2:1–2:24(하프타라)

**35주** קרח
코락흐, "고라"
민 16:1–18:32(토라), 삼상 11:14–12:22(하프타라)

**36주** חקת
후카트, "율례"
민 19:1–22:1(토라), 삿 11:1–33(하프타라)

**37주** בלק
발락, "발락"
민 22:2–25:9(토라), 미 5:7–6:8(하프타라)

**38주** פינחס
핀하스, "비느하스"
민 25:10–29:40(토라), 왕상 18:46–19:21(하프타라)

**39주** מטות
마토트, "지파들"
민 30:1–32:43(토라), 렘 1:1–2:3(하프타라)

**39–1주** מסעי
마쎄이, "노정들"
민 33:1–36:13(토라), 렘 2:4–28; 3:4(하프타라)

**40주** דברים
데바림, "말씀들"
신 1:1–3:22(토라), 사 1:1–27(하프타라),

**41주** ואתחנן
바에트하난, "그리고 내가 간구하다"
신 3:23–7:11(토라), 사 40:1–26(하프타라)

**42주** עקב
에케브, "때문에"
신 7:12–11:25(토라), 사 49:14–51:3(하프타라)

**43주** ראה
레에, "보라"
신 11:26–16:17(토라), 사 54:11–55:5(하프타라)

**44주** שפטים
쇼프팀, "재판장들"
신 16:18–21:9(토라), 사 51:12–52:12(하프타라)

**45주** כי תצא
키 테쩨, "네가 나아갈 때"
신 21:10–25:19(토라), 사 54:1–10(하프타라)

**46주** כי־תבוא
키 타보, "네가 들어갈 때"
신 26:1–29:9(토라), 사 60:1–22(하프타라)

**47주** נצבים
니짜빔, "서 있는 것은"
신 29:10–30:20(토라), 사 61:10–63:9(하프타라)

**47–1주** וילך
바옐레크, "그리고 그가 가다"
신 31:1–30(토라), 사 55:6–56:8(하프타라)

**48주** האזינו
하아지누, "그 귀를 기울이라"
신 32:1–51(토라), 삼하 22:1–51(하프타라)

**49주** סוכות
수콧, "초막절"
출 33:12–34:26, 레 22:26–23:44(토라)

**토라축제일** וזאת הברכה
베조트 하브리카, "축복함이 이러하니라"
신 33:1–34:26, 창 1:1–23(토라), 수 1:1–18(하프타라)

## 토라 출애굽기, 레위기로 배우는 복음 제자 소명

Exodus & Leviticus, the Great Message to the Christian- Gospel, Disciple, Calling

2018년 6월 1일 초판 발행

지 은 이 | 배성환

편　　집 | 정희연, 곽진수
디 자 인 | 전지혜
펴 낸 곳 | 사)기독교문서선교회
등　　록 | 제16-25호(1980. 1. 18)
주　　소 | 서울시 서초구 방배로 68
전　　화 | 02) 586-8761~3(본사)　031) 942-8761(영업부)
팩　　스 | 02) 523-0131(본사)　031) 942-8763(영업부)
홈페이지 | www.clcbook.com
이 메 일 | clckor@gmail.com
온 라 인 | 기업은행 073-000308-04-020, 국민은행 043-01-0379-646
　　　　　예금주: 사)기독교문서선교회

ISBN 978-89-341-1816-9 (94230)

ISBN 978-89-341-1733-9 (세트)

* 낙장·파본은 교환해 드립니다.

이 도서의 국립중앙도서관 출판시 도서목록(CIP)은 서지정보유통지원시스템 홈페이지(http://seoji.nl.go.kr)와 국가자료공동목록시스템(http://www.nl.go.kr/kolisnet)에서 이용하실 수 있습니다.
(CIP제어번호: CIP2018013449)